Restgarn Remix

KLEIDUNG STRICKEN
AUS WOLLRESTEN

Restgarn Remix

KLEIDUNG STRICKEN AUS WOLLRESTEN

ERICA
BERNTSEN

*Aus dem Norwegischen
von Daniela Stilzebach*

EMF

EIN BUCH DER
EDITION MICHAEL FISCHER

Impressum

Bibliografische Information der Deutschen Bibliothek.

Die Deutsche Bibliothek verzeichnet diese Publikation in der Deutschen Nationalbibliografie.
Detaillierte bibliografische Daten sind im Internet über http://www.d-nb.de/ abrufbar.

EIN BUCH DER EDITION MICHAEL FISCHER

1. Auflage 2024

Erstveröffentlicht bei © Kagge Forlag AS, Norwegen, 2024
Veröffentlicht in Abstimmung mit Oslo Literary Agency

Titel der Originalausgabe: Bernt. Strikk med Restegarn

Umschlaggestaltung und Satz: Sabine Mayr

Texte und Fotos: © Guro Sommer, © Erica Berntsen (S. 6–7, 16–17, 22, 26, 29, 32–35, 124–125, 145, 152, 163)

Projektmanagement: Melanie Kowalski

ISBN 978-3-7459-2455-8

Gedruckt bei PNB Print SIA „Jansili", Silakrogs, Ropazu novads, LV-2133, Lettland

www.emf-verlag.de

Inhaltsverzeichnis

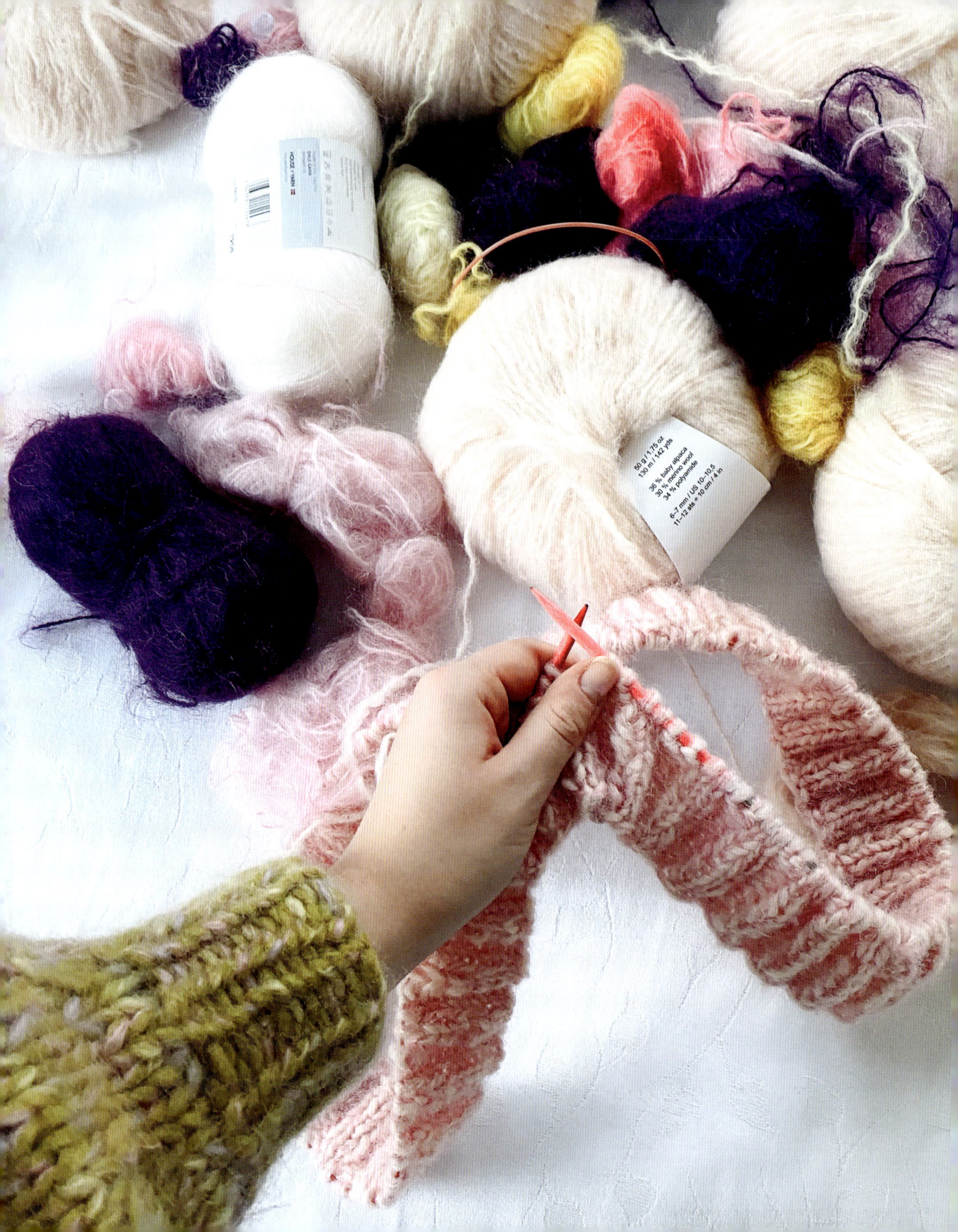
50 g / 1,75 oz
130 m / 142 yds
36 % baby alpaca
30 % merino wool
34 % polyamide
6–7 mm / US 10–10,5
11–12 sts = 10 cm / 4 in

Grundlagen

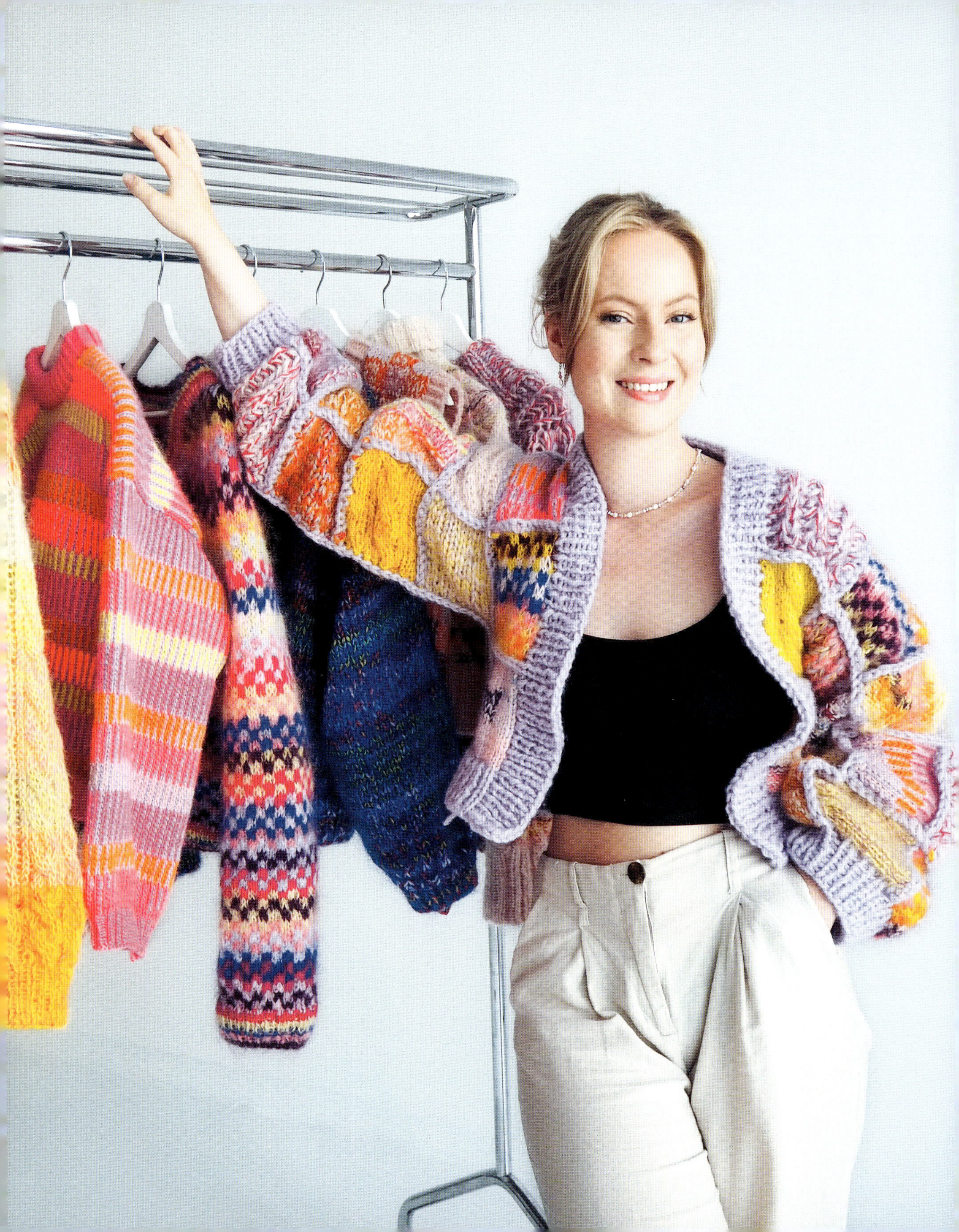

Eine Abrechnung mit dem eigenen Garnverbrauch

Im Dezember 2022 beschloss ich, mein Garnlager aufzuräumen. Bald stand ein Umzug in eine wesentlich kleinere Wohnung bevor und ich musste mir einen Überblick über meinen Garnvorrat verschaffen. Zudem war es der Tag vor meinem Examen, und da mein Prokrastinationsgen stark ausgeprägt ist, bestand kein Zweifel daran, dass dies der ideale Zeitpunkt war, um alles andere zu tun, als für die Prüfung zu lernen. „Wie lange kann das schon dauern?“, dachte ich mir.

Vier Stunden später hatte ich mein komplettes Garn durchgesehen, sortiert und auf zehn ganz neue Projekte verteilt. Zehn Projekte! Und da reden wir nicht von Handschuhen und kleinen Teilen, sondern von großen, umfangreichen Strickvorhaben. Die Menge an Garn war überwältigend, mir wurde regelrecht ein wenig flau zumute. Sonderlich nachhaltig war das schließlich nicht!

Das war der Auftakt zu meiner Zero-Waste-Kollektion, die schon bald viel Aufmerksamkeit erlangte. Wie sich herausstellte, waren große, sich auftürmende Garnmengen etwas, das viele kannten. Einer Umfrage der Restgarn-App SaveYarn zufolge gaben 43 Prozent der Teilnehmenden an, zu Hause mehr als 100 Knäuel liegen zu haben. Auf dem Secondhandmarkt finden sich über 15.000 Anzeigen für Garn, mit durchschnittlich etwa 18 Knäuel pro Anzeige*, was mehr als 270.000 zum Verkauf angebotene Garnknäuel bedeutet. Geht man davon aus, dass man für einen Pullover im Durchschnitt 15 Knäuel benötigt, entspricht das 18.000 Pullovern. Das sind viele Restgarn-Projekte!

** Berechnungsgrundlage waren die Ergebnisse der ersten 100 Anzeigen, die bei meiner Suche nach Garn am 25. September 2023 auf der norwegischen Plattform finn.no auftauchten, wobei ein Knäuel 50 Gramm entspricht.*

Da draußen gibt es also enorme Mengen Garn, und ich habe den Eindruck, dass die meisten nicht genau wissen, was sie mit all diesem Garn anstellen können oder wo sie anfangen sollen. Dieses Buch ist der Versuch, einen Prozess in Gang zu setzen, der das Stricken mit Restgarn zu einem Spiel macht und es erleichtert, den Vorrat an Restgarn ein für alle Mal zu reduzieren. Ich möchte zeigen, dass das Stricken mit Restgarn mindestens genauso viel (wenn nicht sogar mehr!) Spaß machen kann wie das Kaufen von neuem Garn.

BRAUCHE ICH RESTGARN, UM DIE ANLEITUNGEN IM BUCH ZU STRICKEN?

Die Hauptbotschaft dieses Buches lautet: Verwende das Garn, das du hast, bevor du neues kaufst. Ich hoffe selbstverständlich, so viele wie möglich zu ermuntern, ihre Garnreste zu verwenden, womit jedoch nicht gesagt ist, dass die Anleitungen nur mit Restgarn gestrickt werden können. Wenn du keine Garnreste mehr hast, ist es selbstverständlich keine Schande, neues zu kaufen. Hast du Reste, aber nicht ausreichend, um einen kompletten Pullover zu stricken, kannst du als Ergänzung auch Garn hinzukaufen. Die Modelle in diesem Buch haben oft eine Grundfarbe sowie eine Rest- oder Musterfarbe, hast du also nicht genug Garn, kannst du zum Beispiel die Grundfarbe neu kaufen und die Reste für das verwenden, was in anderen Farben gestrickt werden soll. Kaufst du beispielsweise die Hälfte des Garns für einen Pullover, kannst du für die andere Hälfte Reste verwenden – jeder Einsatz von Resten ist besser als nichts. Musst du das Garn erst kaufen, lege ich dir nahe, einen Blick in den Secondhandmarkt zu werfen, bevor du ins Garngeschäft rennst. Vielleicht kannst du anderen Strickenden dabei helfen, ihren Garnvorrat zu verkleinern?

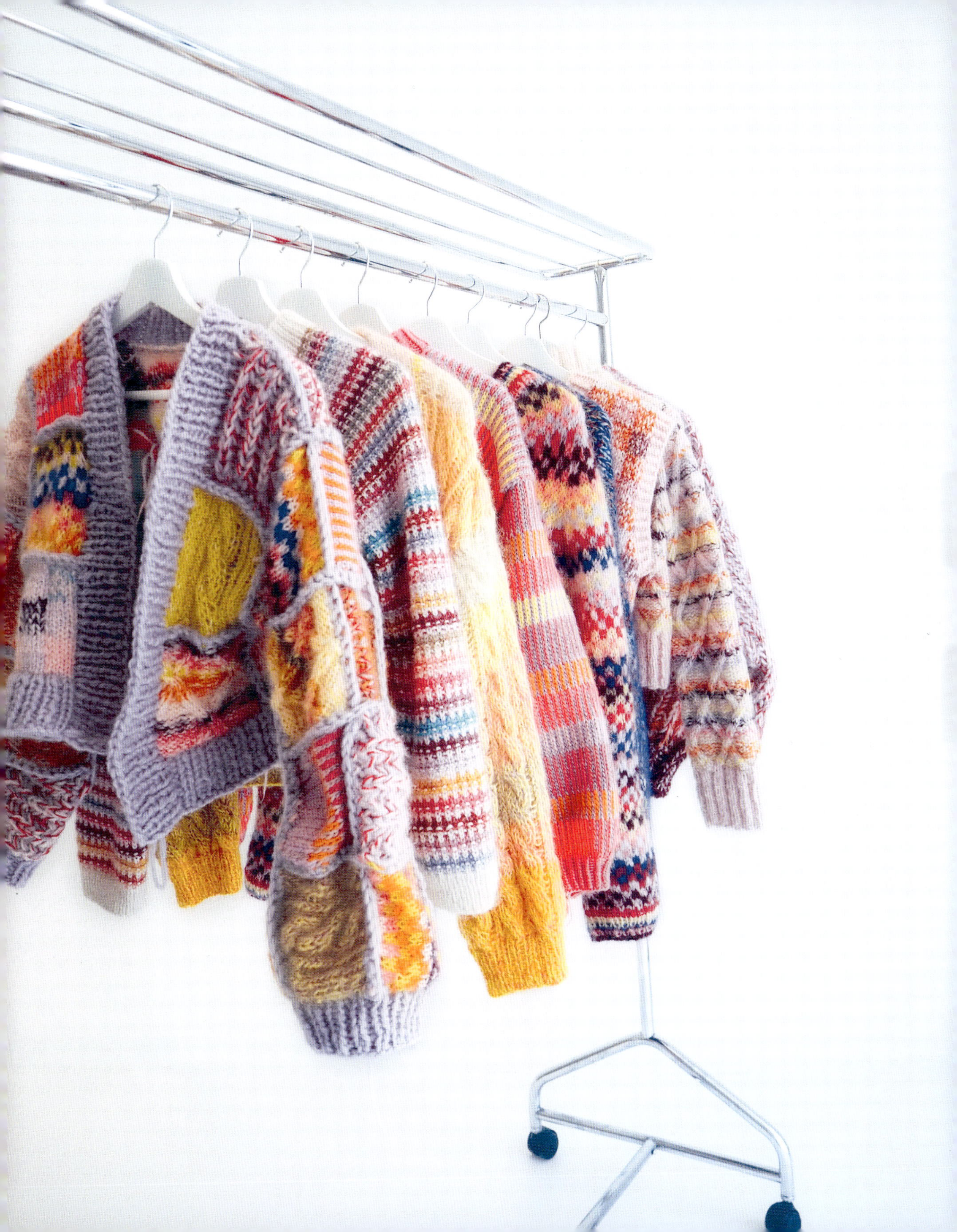

Fünf gute Gründe dafür, mit Restgarn zu stricken

1. ES IST NACHHALTIGER

Stricken, als ein Bereich der Slow-Fashion-Bewegung, ist eine nachhaltige Alternative zur Fast-Fashion-Industrie, die oft durch ein hohes Tempo und qualitativ schlechte Materialien gekennzeichnet ist. Strickt man mit Garn aus hochwertigen Materialien, erhält man Kleidung, die Generationen überdauern kann. In der Abstellkammer Garn für zehn Pullover liegen zu haben, ist hingegen nicht besonders nachhaltig. Zu einem nachhaltigen Lebensstil gehört, das zu verwenden, was man hat, und das gilt auch für Garn! In den heimischen Domizilen norwegischer Strickender finden sich enorme Mengen Restgarn, und obwohl Garn, das keine langen Transportwege zurückgelegt hat, schon nachhaltiger ist, besteht die nachhaltigste Alternative darin, das zu verwenden, was man bereits hat.

2. ES IST KOSTENGÜNSTIG

Wenn ich ganz ehrlich sein soll, dann ist ein Teil meiner Motivation für dieses Projekt wirtschaftlichen Aspekten geschuldet. Garn von guter Qualität ist mitunter teuer, und als Studierende konnte ich es mir nicht leisten, neues Garn zu kaufen. Als ich mich entschloss, meinen Garnvorrat aufzuräumen, stellte ich fest, dass es beinahe so war, als würde ich zum Garneinkauf aufbrechen, mit dem Unterschied, dass alles gratis war. Also sammle all dein Garn an einem Ort und betrachte es in einem neuen Licht – plötzlich kannst du die schönsten Sachen hervorzaubern, ohne dass dein Geldbeutel darunter leidet!

3. MAN KANN GRÖSSERE RISIKEN EINGEHEN

Verwendet man bereits vorhandenes Garn, dann ist es, als sei die Schwelle, sich auszuprobieren, ein Stück weit herabgesetzt. Schließlich hat man nicht mehr als Zeit in das Projekt investiert, und man wirft kein Geld weg, wenn es nicht wie gewünscht läuft. Meine Projekte werden nicht immer so, wie ich es mir am Anfang vorgestellt habe, traue ich mich aber erst einmal, Risiken einzugehen und meinem Bauchgefühl zu folgen, wird das Ergebnis in der Regel noch besser, als ich es mir zu Beginn ausgemalt hatte!

4. RESTE ERGEBEN EINZIGARTIGE KLEIDUNGSSTÜCKE

Wenn du es wagst, mit deinen Resten etwas zu riskieren, und unterschiedliche Qualitäten und Farben miteinander kombinierst, ist die Chance groß, dass du ein ganz einzigartiges Kleidungsstück erhältst.

Mit Restgarn zu stricken, zwingt dich dazu, dich der eigenen Kreativität zu bedienen, du musst zwischendrin Entscheidungen treffen – vielleicht geht dir eine Farbe oder eine Garnsorte aus und du musst zu etwas anderem wechseln, vielleicht musst du die Länge des Kleidungsstücks justieren, um ausreichend Garn zur Verfügung zu haben oder um all das vorhandene Garn zu verwenden. Traue dich, diese Entscheidungen zu treffen – dann verspreche ich dir als Ergebnis einen vollkommen einzigartigen Pullover.

5. STRICKEN MIT GUTEM GEWISSEN

Strickt man mit Restgarn, bietet das in Bezug auf Geldbeutel und Umwelt die Möglichkeit für ein besseres Gewissen. Man kann größere Risiken eingehen und der Kreativität freien Lauf lassen. Was kann im schlimmsten Fall geschehen? Zum Glück sind Stricksachen recycelbar, entspricht das Ergebnis also nicht ganz den eigenen Vorstellungen, kann man es immer wieder auftrennen und einen neuen Versuch starten. (Und obwohl das Auftrennen selbstverständlich zeitraubend und demotivierend sein kann, lohnt es sich letztendlich immer!) Worauf wartest du also? Hole dein Restgarn hervor und stricke mit gutem Gewissen!

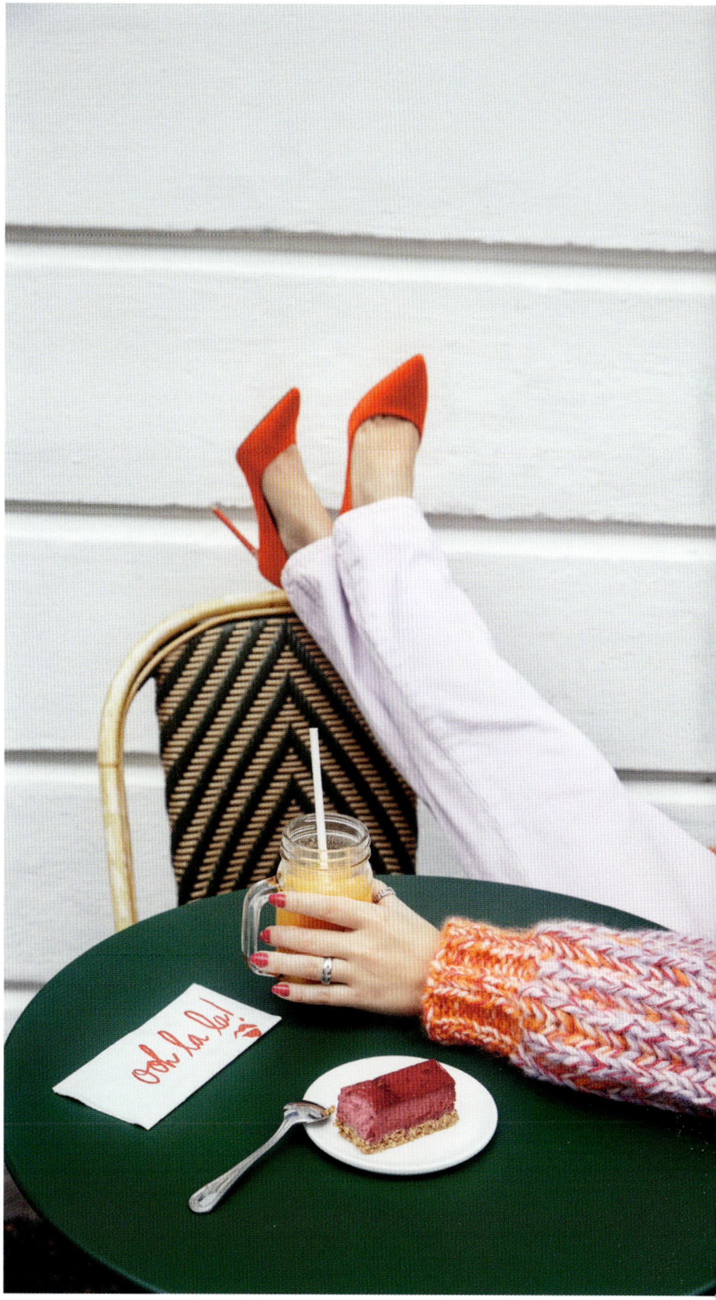

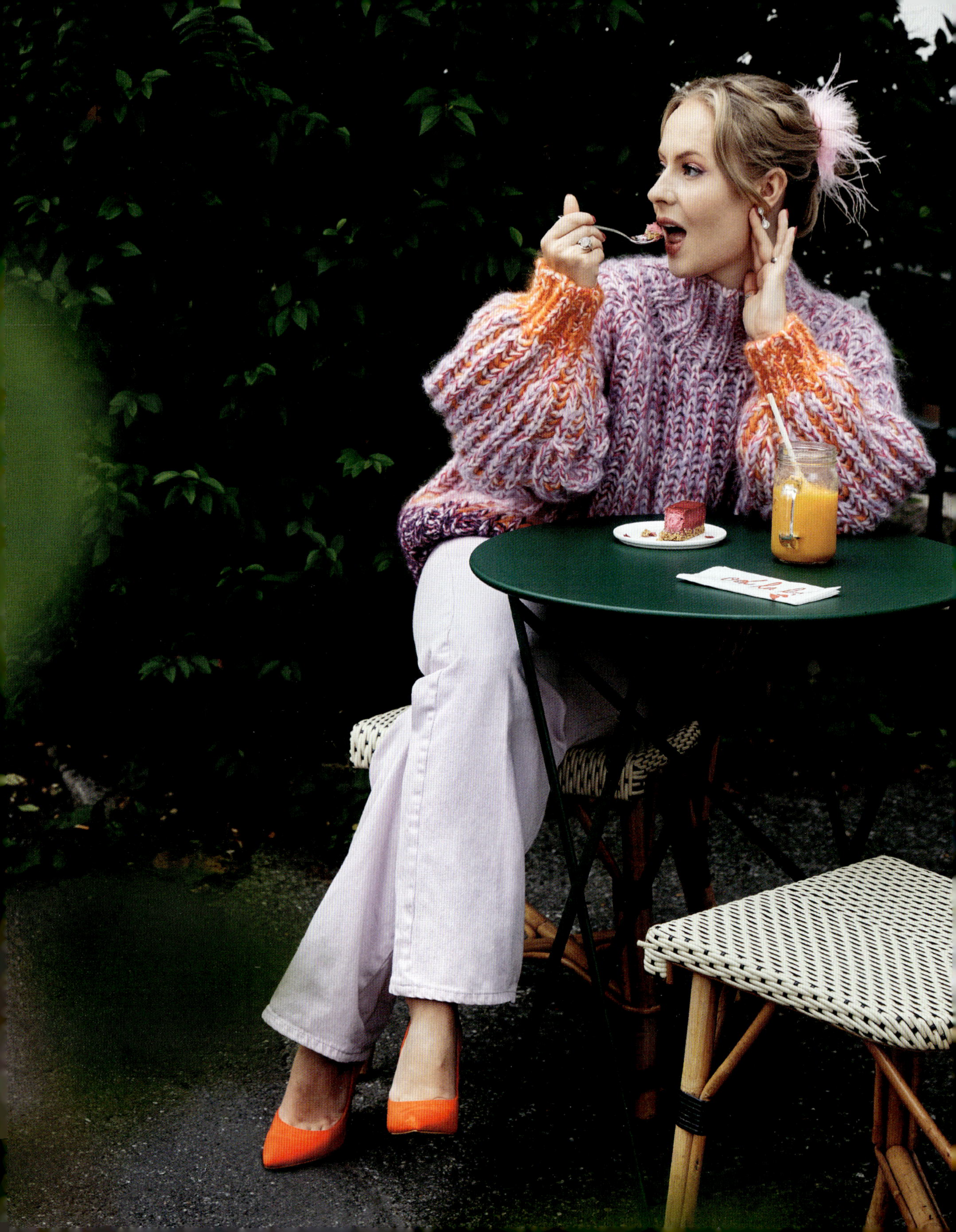

Was ist der Unterschied zwischen Restgarn und Garnvorrat?

In diesem Buch verwende ich sowohl das Wort Restgarn als auch den Ausdruck Garnvorrat. Daher denke ich, dass es vielleicht Sinn macht zu definieren, was ich meine, wenn ich diese beiden unterschiedlichen Begriffe gebrauche.

Restgarn definiere ich als Garn, das nach einem abgeschlossenen Projekt übrig ist. Dabei kann es sich sowohl um angefangene als auch um unbenutzte Knäuel handeln. Restgarn ist dadurch gekennzeichnet, dass man geringere Mengen vom jeweiligen Garntyp und/oder einer Farbe hat und man für die Umsetzung eines komplett neuen Projekts mitunter davon abhängig ist, unterschiedliche Garntypen und Farben miteinander zu kombinieren.

Ein Garnvorrat kann Restgarn, aber auch Garn beinhalten, das man gekauft und aus unterschiedlichen Gründen nie verwendet hat. Der Garnvorrat umfasst also alles, was man an Garn zu Hause hat. Mitunter gehören zu deinem Garnvorrat auch Strickpullover, die du nie trägst – vergiss nicht, dass die Stricksachen, die im Kleiderschrank verstauben, über einen hohen Garnwert verfügen!

NEUES GARN, SECONDHANDGARN UND GEBRAUCHTES GARN

Neues Garn bezeichnet Garn, das vorab noch niemand anderem gehört hat und direkt vom Garnproduzenten oder aus dem Laden kommt. **Secondhandgarne** können vollkommen neue, nie zuvor verwendete Knäuel sein, sind jedoch dadurch gekennzeichnet, dass sie zuvor jemand anderem gehört haben und du sie entweder von Privatpersonen gekauft oder bekommen hast. **Gebrauchtes Garn**, auch Auftrenngarn genannt, ist Garn, mit dem bereits gestrickt wurde, das aber so aufgetrennt wurde, dass man es erneut verwenden kann.

Wir brauchen die Strickprojekte mehr als die Stricksachen

Früher hat man gestrickt, weil es die einzige Möglichkeit war, an Kleidung zu gelangen, die einen im Winter warm hielt. Heute ist es billiger und zeitsparender, einen Strickpullover im Geschäft zu kaufen. Wir leben in einer Fast-Fashion-Gesellschaft und generell in einer Welt, in der alles in einem atemberaubenden Tempo geschehen soll. Daher haben wir oft das Bedürfnis herunterzufahren, unsere Hände zu gebrauchen und zu entspannen. Einst unerlässlich, um kalte Winter zu überleben, ist Stricken nunmehr zu einer Luxusbeschäftigung geworden, die uns in einem hektischen Alltag zu Achtsamkeit verhilft. In vielerlei Hinsicht befinden wir uns also in einer Zeit, in der wir die Strickprojekte mehr brauchen als die fertigen Stricksachen.

Zudem ist es heute leichter als früher, neues Garn zu kaufen. Man sagt auch, Stricken bestehe aus zwei Hobbys: Garn kaufen und das Stricken damit. Ein Garngeschäft zu betreten, ist vergleichbar damit, in einen Süßwarenladen zu kommen, es strotzt nur so vor schönen Farben und Qualitäten – es ist leicht, in Versuchung zu geraten! Da wir nicht mehr stricken, um zu überleben, vergisst man mitunter schnell, dass das Gestrickte auch einen Gebrauchswert haben soll. Ein Strickprojekt zu beenden, ist nicht mit ebenso viel Spaß verbunden wie ein neues zu beginnen, weshalb man schnell ein wenig süchtig nach dem Anschlagen von neuen Projekten wird. Was mich betrifft, resultierte dieses „Leiden" in einem Berg unfertiger Projekte, sogenannten UFOs (= unfinished objects). Diese UFOs wurden schließlich zum Nährboden für jede Menge schlechtes Gewissen.

Heutzutage werden wir in den sozialen Medien mit Bildern von neuen Projekten und fertigen Stricksachen bombardiert, die den Eindruck vermitteln, dass Stricksachen in hohem Tempo erschaffen werden. Unentwegt gibt es neue Trends; neue Farben, Formen, Strukturen und Muster, und die Liste der Stricksachen, die man gern umsetzen möchte, ist lang! Nachhaltiges Stricken handelt aber auch davon, Sachen zu stricken, die einen Gebrauchswert haben und die so lange genutzt werden, bis jemand anderes das Kleidungsstück übernehmen kann, wenn man selbst es nicht mehr braucht.

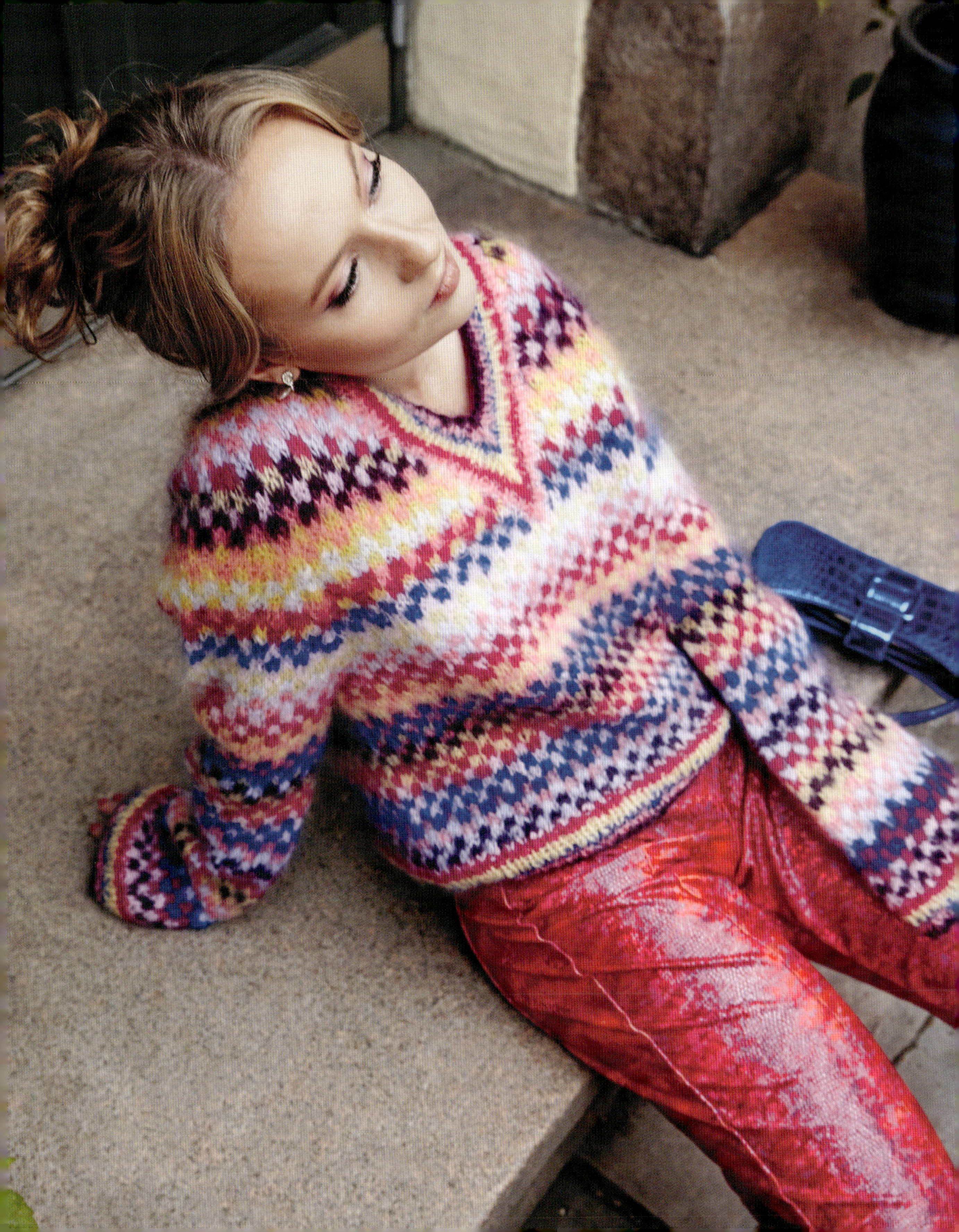

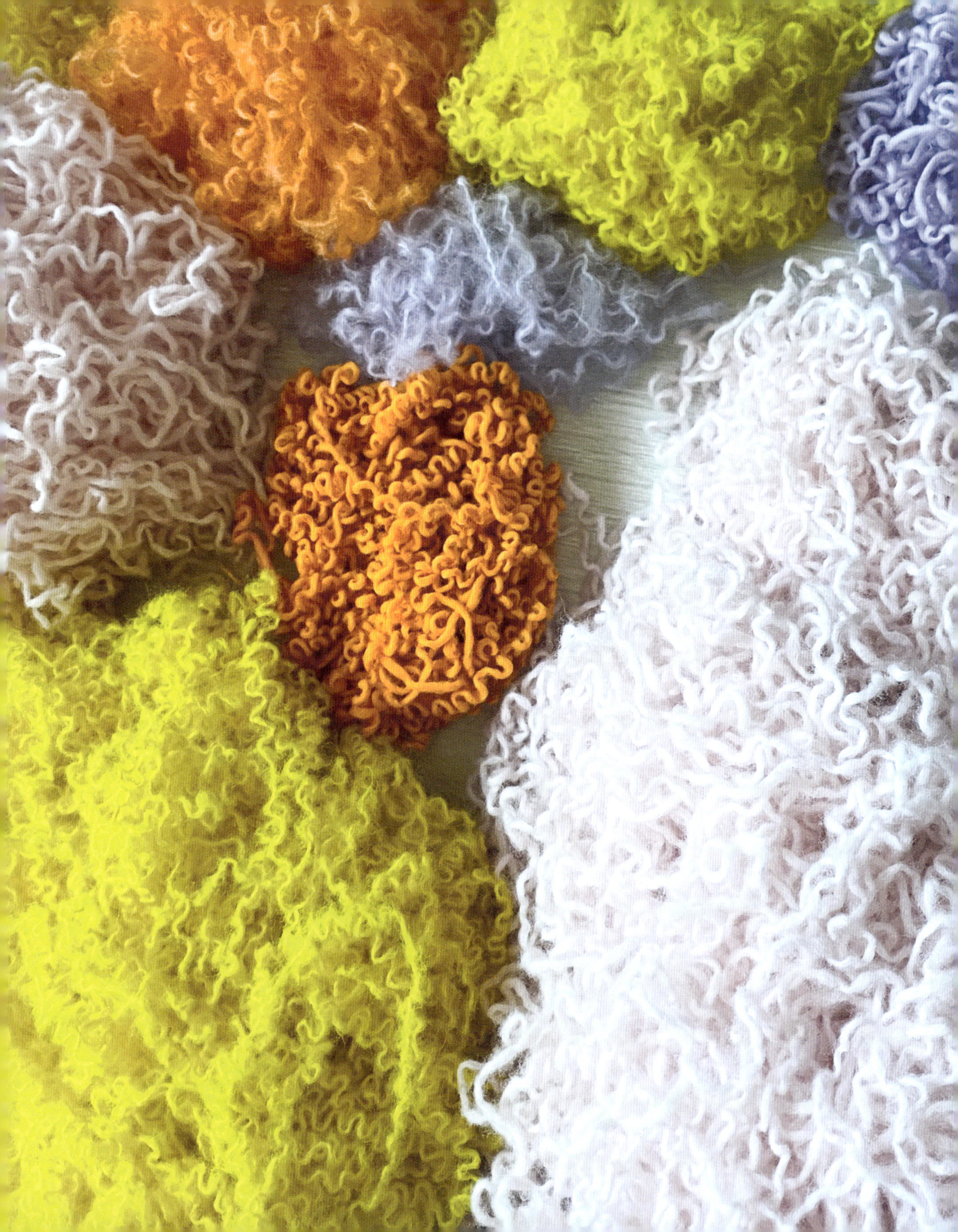

WIR MÜSSEN ÜBER DAS AUFTRENNEN REDEN

Ich weiß, dass das vermutlich mit Fluchen in der Kirche vergleichbar ist, aber wir müssen darüber reden, ungenutzte oder unfertige Projekte aufzutrennen. Du weißt schon, der Pullover, den du gestrickt hast und der nicht ganz so gut passt wie erhofft und der jetzt im Kleiderschrank Flusen ansetzt, das Kleidungsstück mit einem Garnwert von vielen, vielleicht sogar mehr als einhundert Euro? Oder der Pullover mit dem kleinen Fehler, bei dem die Maschenprobe vielleicht nicht ganz gestimmt hat und der deshalb zu groß oder zu klein geworden ist, oder das Projekt, für dessen Fertigstellung du dich noch immer nicht hinreichend motivieren konntest? Vielleicht findest du dich in nichts von dem wieder, wenn doch, dann müssen wir über das Auftrennen reden. Ist es wirklich so dramatisch?

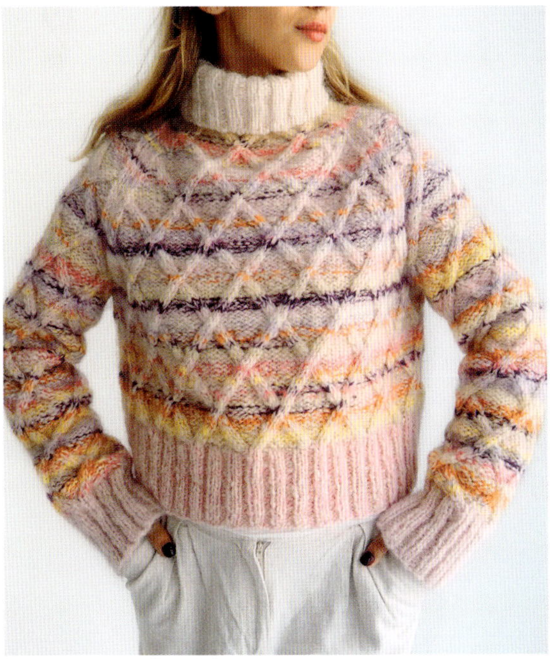

Auftrennen ist in vielerlei Hinsicht das Langweiligste, was ich kenne. Stundenlange Arbeit für nichts! Gleichzeitig ist es aber auch das Beste, was ich mir vorstellen kann, weil es mir die Möglichkeit gibt, etwas Neues auszuprobieren. Stricksachen sind schließlich recycelbar – warum also nicht im eigenen Kleiderschrank zum Garneinkauf gehen?

Immer wieder sehe ich Strickende, die ihre selbst gefertigten Stricksachen zu einem Preis verkaufen, der oft weit unter dem Garnwert des Kleidungsstücks liegt. Einst habe auch ich das gemacht, nunmehr aber trenne ich diese Sachen und unfertigen Projekte auf, um das Garn erneut zu verwenden. Zum Beispiel ist ZW-Nr. 2 aus dem Garn eines ungenutzten, gestreiften Mohairpullovers entstanden, den ich aufgetrennt und die Farben der verschiedenen Streifen wiederverwendet habe. Überlege genau, bevor du den ungenutzten Pullover für wenig Geld verkaufst, ob du das Garn nicht vielleicht noch einmal verwenden könntest, anstatt neues zu kaufen.

Farben

Was Farben betrifft, bin ich keine Expertin, und wenn ich mit Farben arbeite, dann beruht das meist auf Erfahrung. Diese habe ich mir durch viel Probieren und Verwerfen erarbeitet. Ich habe unterschiedliche Farbkombinationen ausgetestet und unzählige Male aufgetrennt, wenn das Kleidungsstück nicht so geworden ist, wie ich es mir vorgestellt hatte. Ich gebe mein Bestmögliches, um das von mir Gelernte weiterzugeben, damit du hoffentlich nicht genauso viel Zeit auf das Probieren und Verwerfen verwenden musst, wie ich es getan habe.

FARBKATEGORIEN

Ich sortiere Garn immer nach Erdtönen, Kontrastfarben, Pastellfarben und neutralen Farben. Die Erdtöne sind Braun, Moosgrün, Grau und Kupfer und weisen oft dunklere Nuancen auf. Sie lassen sich in der Regel schön miteinander kombinieren, und mit Ausnahme der neutralen Farben verwende ich sie selten zusammen mit anderen Farbkategorien. Pastellfarben sind Töne in hellen Nuancen, zum Beispiel Rosa, Lila, Gelb oder Blau. Pastellfarben lassen sich extrem gut miteinander sowie mit Weiß kombinieren. Pastellfarben eignen sich zudem dazu, kräftige Farben zu dämpfen. Die kräftigen Farben wurden nicht mit Weiß oder Schwarz „verwässert". Sie sind daher gut als Kontrast zu helleren oder weniger farbintensiven Tönen geeignet. Die neutralen Farben sind, wie der Name bereits sagt, neutral. Dazu zählen unter anderem Weiß und Schwarz (die beide genau genommen nicht als Farben definiert sind) sowie Nuancen von Beige und Grau.

Die Farbkombinationen im Buch basieren auf den Farben, die ich in meinem Garnvorrat gefunden habe, du kannst jedoch gern eigene Kategorien und Paletten erstellen, wenn meine Beispiele nicht zu deinem Materialdepot passen. Die Kategorien sind lediglich Beispiele und dazu da, einfacher zu visualisieren und zu planen, welche Farben du miteinander kombinieren kannst. Sie sind kein Fazit dahingehend, welche Farben zusammenpassen und welche nicht.

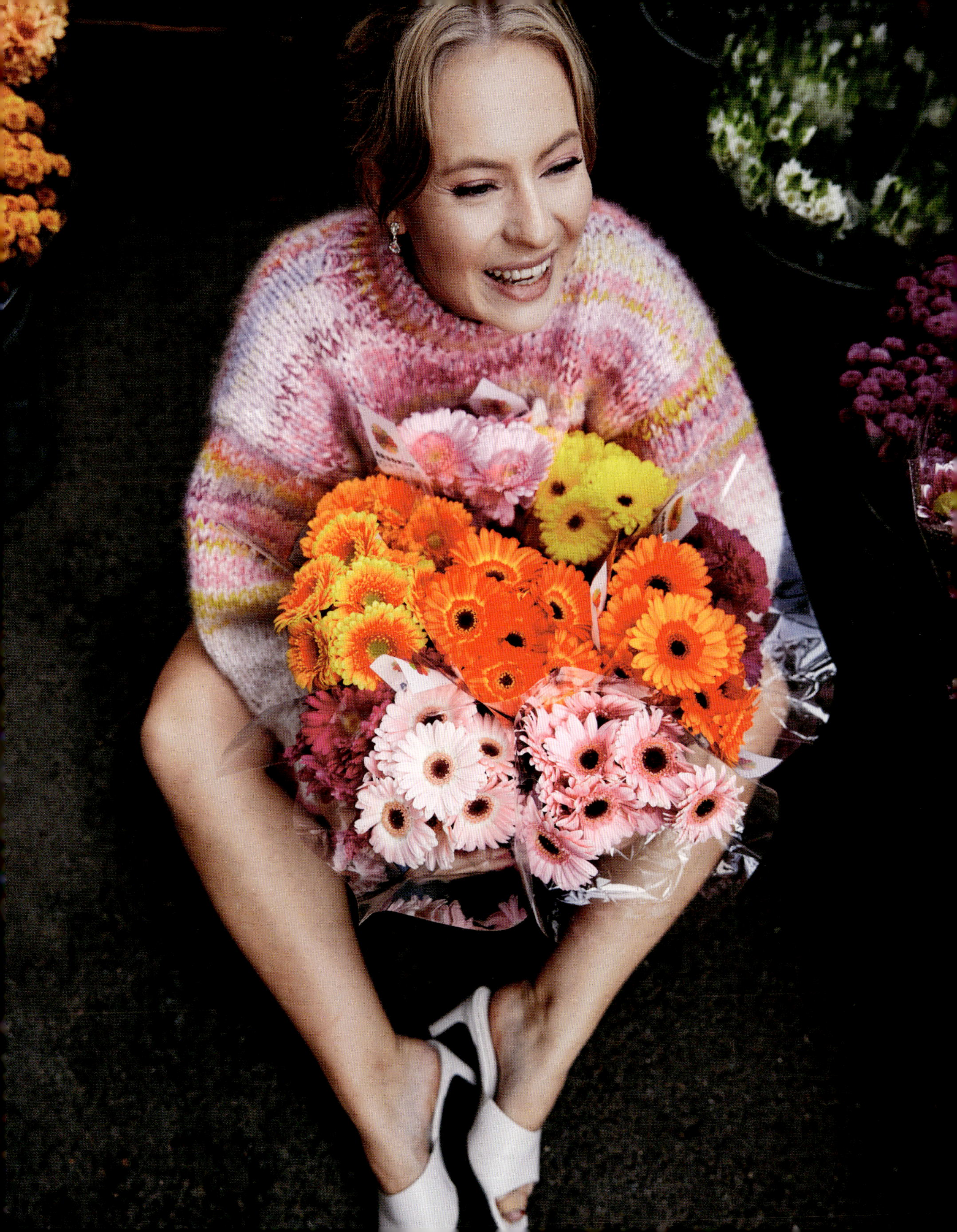

Beispiele für Erdtöne

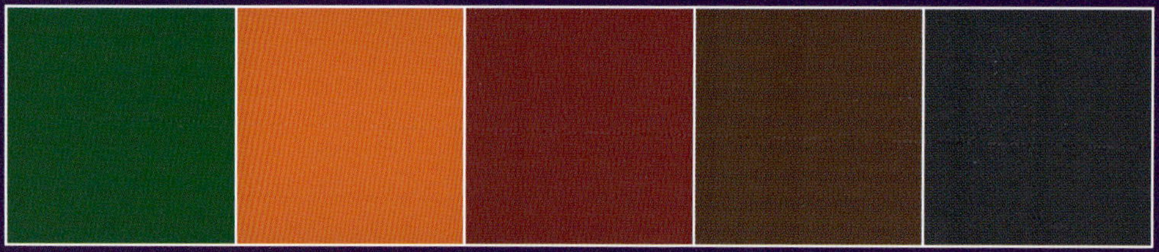

Beispiele für Pastellfarben

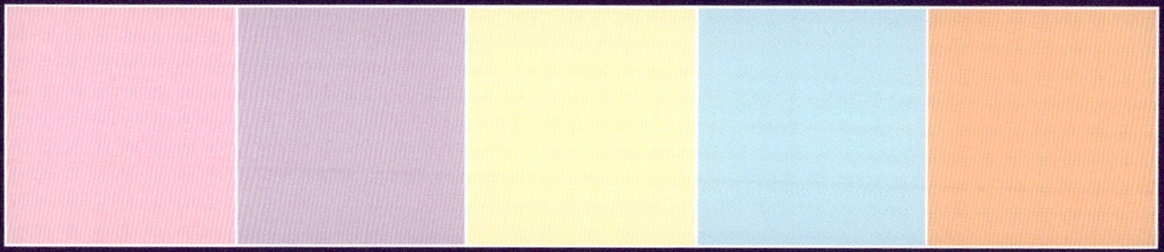

Beispiele für kräftige Farben

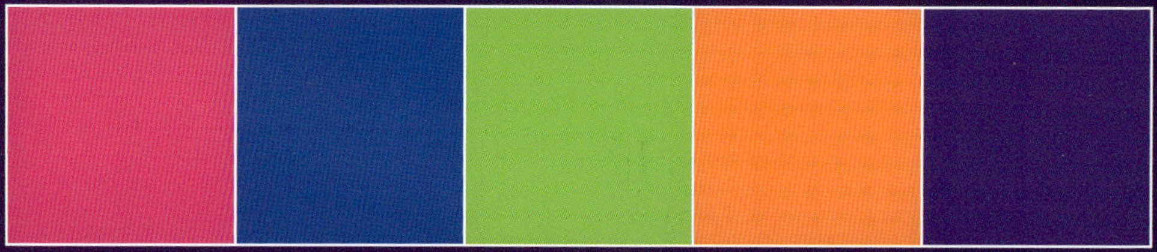

Beispiele für neutrale Farben

WIE STELLT MAN FARBEN ZUSAMMEN?

GRUNDFARBE

Eine Grundfarbe ist eine Farbe, die sich im kompletten Kleidungsstück wiederfindet. Die meisten Anleitungen in diesem Buch basieren auf einer Grundfarbe, entweder als einer von mehreren Fäden des Kleidungsstücks oder als Teil eines Musters. Die Grundfarbe ist sozusagen die Leinwand des Strickzeugs und die Farbe, welche die übrigen Töne miteinander verbindet. Solltest du in deinem Garnvorrat viel von einer Farbe haben, kann diese deine Grundfarbe bilden – sollte dies nicht der Fall sein, kannst du eine Grundfarbe kaufen, die den Rest deiner Farben stabilisiert. Entscheide dich für eine Farbe aus derselben Kategorie wie die Reste, oder wähle eine Kontrastfarbe, die mehrere Farbkategorien verbinden kann. Der Grundton muss auch nicht einfarbig sein, sollte jedoch in etwa die gleiche Nuance wie die übrigen Farben aufweisen. Bedenke: Je dicker der Faden ist, den du als Grundton verwendest, desto markanter und dominanter wird die Farbe sein.

RESTFARBE

In einigen Anleitungen ist neben der Grundfarbe von einer Restfarbe oder einer Musterfarbe die Rede. Die Restfarbe besteht, im Gegensatz zur Grundfarbe, aus mehreren kleinen Resten in unterschiedlichen Farben. Der Begriff Restfarbe ist ein Versuch, deutlich zu machen, dass du hier mehrere verschiedene Farben und Reste miteinander kombinieren kannst. Vergiss nicht: Auch wenn eine Anleitung aus Grundfarbe und Restfarbe besteht, kannst du die Grundfarbe immer auch mit der Restfarbe tauschen – und umgekehrt.

KRÄFTIGE FARBEN ALS GRUNDTON VERWENDEN

Kräftige Farben eignen sich ausgezeichnet als Grundton. Entscheidest du dich für eine kräftige Farbe als Grundton, dann wird diese weniger farbintensive Töne im Strickzeug in einem gewissen Grad dominieren, wodurch du mehrere Restfarben kombinieren kannst, ohne dass ein zu großes Durcheinander entsteht – den größten Kontrast bildet trotz allem der farbintensive Grundton.

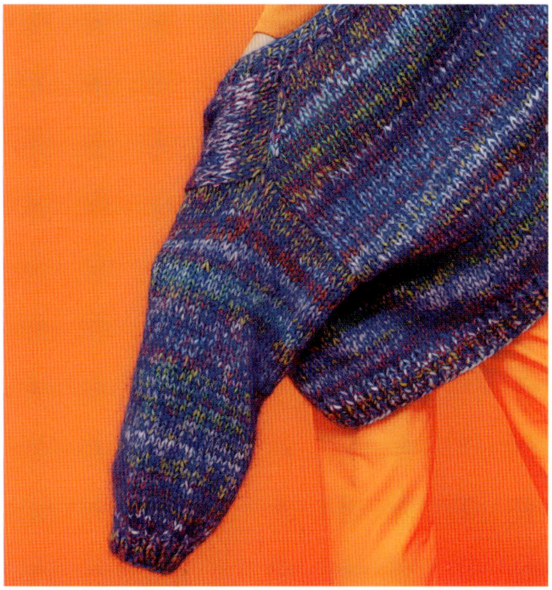

Beispiel: ZW-Nr. 4

Bei ZW-Nr. 4 habe ich als Grundfarbe einen Faden dickes Mohairgarn in einem kräftigen Blau verwendet. Neben der Grundfarbe habe ich unzählige kleiner Reste, in kräftigen und weniger kräftigen Tönen, als Restfarbe verwendet. Das Blau ist dominant und verbindet die übrigen Farben miteinander, die untereinander wohl nicht ganz so gut zusammengepasst hätten.

DUNKLE UND HELLE FARBEN

Bei der Zusammenstellung der Farben macht es mitunter Sinn, den Effekt von dunklen und hellen Tönen zu bedenken. Strickst du zum Beispiel mit hellen Farben und wechselst zu einer dunklen, ist dieser Übergang sehr deutlich und die dunkle Farbe bildet einen Kontrast zu der hellen. Das kann für einen coolen Effekt sorgen, aber auch derb und zusammenhanglos wirken, sofern du damit nicht einen konkreten Plan verfolgst. Hast du vor allem helles Garn und einige wenige Reste dunkles, bietet es sich an, die dunklen Reste über das Kleidungsstück zu verteilen, sodass ein durchgehender Effekt erzeugt wird. Verfügst du über ungefähr die gleiche Menge an dunklen und hellen oder kräftigen und neutralen Farben, kannst du es auch mit einer Abstufung von hell zu dunkel oder von farbintensiv zu neutral – oder umgekehrt – versuchen.

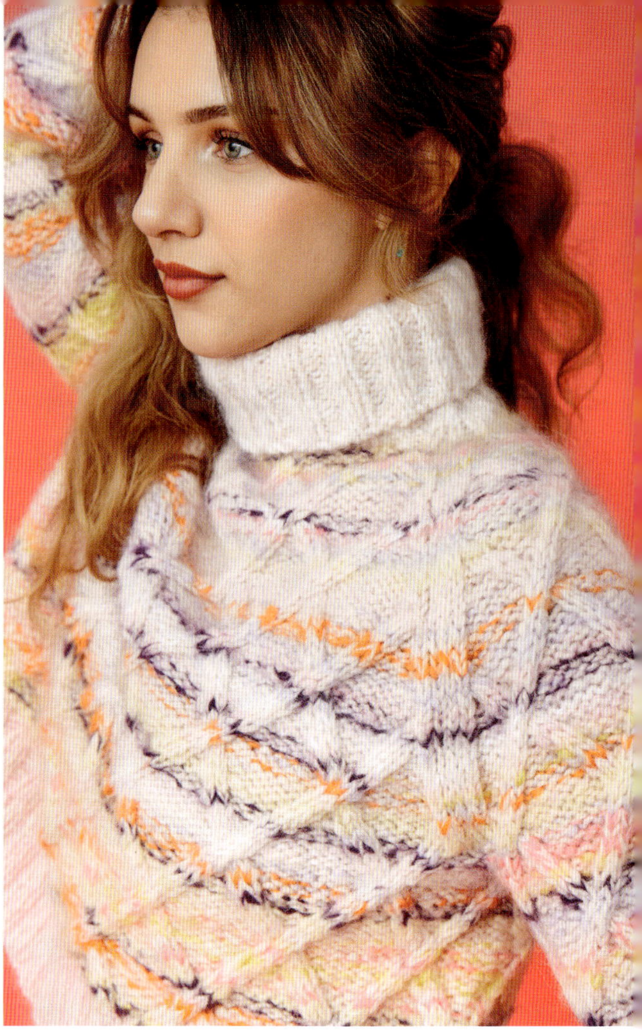

Beispiel ZW-Nr. 2:
Dieser Pullover wurde mit einem dicken Faden Mohairgarn in Hellrosa, Weiß und Puderrosa als Grundfarbe sowie einem dicken Faden Mohairgarn in bunten Resten gestrickt. Hier habe ich kräftige Farben, Pastelltöne und neutrale Farben (Weiß) verwendet, stellte jedoch fest, dass das dunkle Lila sich als besonders markant herauskristallisierte. Daher habe ich diese Farbe in viele kleine Knäuel aufgeteilt. So wurde der lila Streifen, dort, wo ich die Farbe eingesetzt habe, nicht so dick und dominant.

KONKRETE TECHNIKEN FÜR FARBENFROHE STRICKSACHEN

FARBSPIEL

Wenn ich mit unterschiedlichen Farben stricke, verteile ich die Farben gern über das Projekt, sodass ein hübsches Farbspiel entsteht. Farbspiele eignen sich gut für Anleitungen, bei denen mit mehreren Fäden gleichzeitig gestrickt wird oder bei denen es kein konkretes Muster gibt. Farbspiele eignen sich wunderbar, wenn du kleine Knäuel hast, die du gern aufbrauchen möchtest. Solltest du größere Knäuel haben, können diese in kleinere aufgeteilt werden, um den gleichen Effekt zu erzielen. Für einen einheitlicheren Look können Farbspiele zusammen mit einer Grundfarbe gestrickt werden, oder für einen ungeordneten, coolen und farbenfroheren Effekt mit unterschiedlichen Farben nacheinander.

Beispiel für Farbspiel mit Grundfarbe: ZW-Nr. 4.
Beispiel für Farbspiel ohne Grundfarbe:
Der Flanier-V-Ausschnitt.

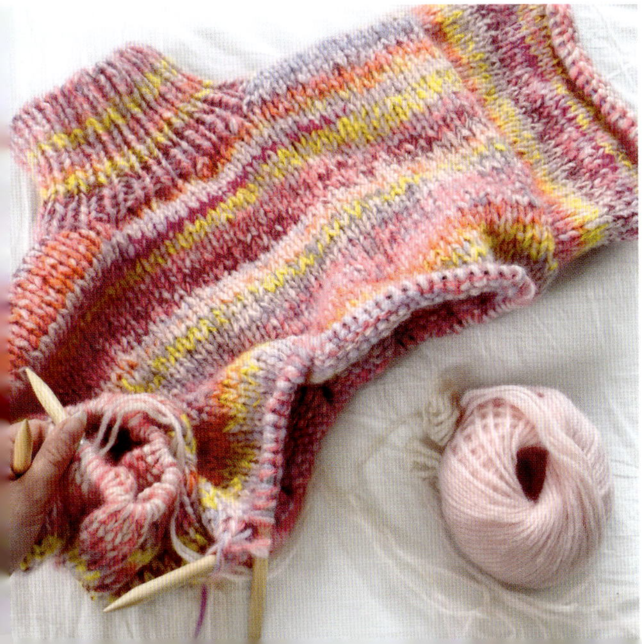

Es gibt zwei verschiedene Herangehensweisen:

Nach Gefühl

Beginne mit einer Farbe und stricke solange du möchtest. Pausiere an einer zufällig gewählten Stelle und lege den Faden beiseite. Wechsle zur nächsten Farbe. Finde heraus, wie breit du die Streifen in den unterschiedlichen Farben haben möchtest und wie präsent jede Farbe sein soll. Achte darauf, dass du für alle Teile des Kleidungsstücks ausreichend Garn in den unterschiedlichen Farben hast. Indem du durchweg entscheiden kannst, wie viel du mit jeder Farbe stricken möchtest, bietet dir diese Herangehensweise mehr Kontrolle, gleichzeitig musst du während des Strickens aber auch mehr Entscheidungen treffen.

Nach Zufall

Teile vor dem Stricken größere Knäuel in kleinere mit unterschiedlichem Umfang auf. Hast du viel Garn von einer Farbe, kannst du dieses zu größeren Knäueln aufwickeln, und hast du eine Farbe, die besonders markant ist, kannst du diese auf kleinere Knäuel verteilen, damit die Farbe nicht zu dominant wird. Verteile die unterschiedlichen Knäuel über das Strickzeug hinweg: Strickst du zum Beispiel einen Pullover, brauchst du die meisten kleinen Knäuel für das Rumpfteil, aber auch ein paar für Ärmel und Kragen. Achte also darauf, für jedes Teil einige Knäuel in jeder Farbe zu haben. Probiere dich aus, was die Reihenfolge der Farben betrifft, und lasse die unterschiedlichen Größen der Knäuel das Ergebnis steuern.

ABSTUFUNGEN

Abstufungen können gestrickt werden, um den Übergang zwischen zwei Farben fließender zu gestalten. Verwendet werden kann diese Technik zum Beispiel:

- beim Wechsel von einer Farbe zu einer anderen (Bsp. ZW-Nr. 1)
- beim Übergang vom Stricken mit kräftigen und dunklen Farben zu neutralen und hellen Farben oder umgekehrt (Bsp. Flanier-Pullover)

Stricke mit Farbe 1 bis zu dem Punkt, an dem du die Abstufung vornehmen möchtest:

Schritt 1: Stricke 1 Runde mit Farbe 2.

Schritt 2: Stricke 7 Runden mit Farbe 1.

Schritt 3: Stricke 1 Runde mit Farbe 2.

Schritt 4: Stricke 5 Runden mit Farbe 1.

Schritt 5: Stricke 1 Runde mit Farbe 2.

Schritt 6: Stricke 3 Runden mit Farbe 1.

Schritt 7: Stricke 1 Runde mit Farbe 2.

Schritt 8: Stricke jede zweite Runde mit Farbe 1 und Farbe 2. Ist Farbe 1 aufgebraucht, fährst du in beiden Runden mit Farbe 2 fort.

Für eine verkürzte Abstufung kannst du direkt zu Schritt 3 oder Schritt 5 springen.

Beispiele für Modelle, die sich gut für das Stricken mit Abstufungen eignen: ZW-Nr. 1, ZW-Nr. 2, ZW-Nr. 4, ZW-Nr. 7, Flanier-Pullover, Flanier-V-Ausschnitt.

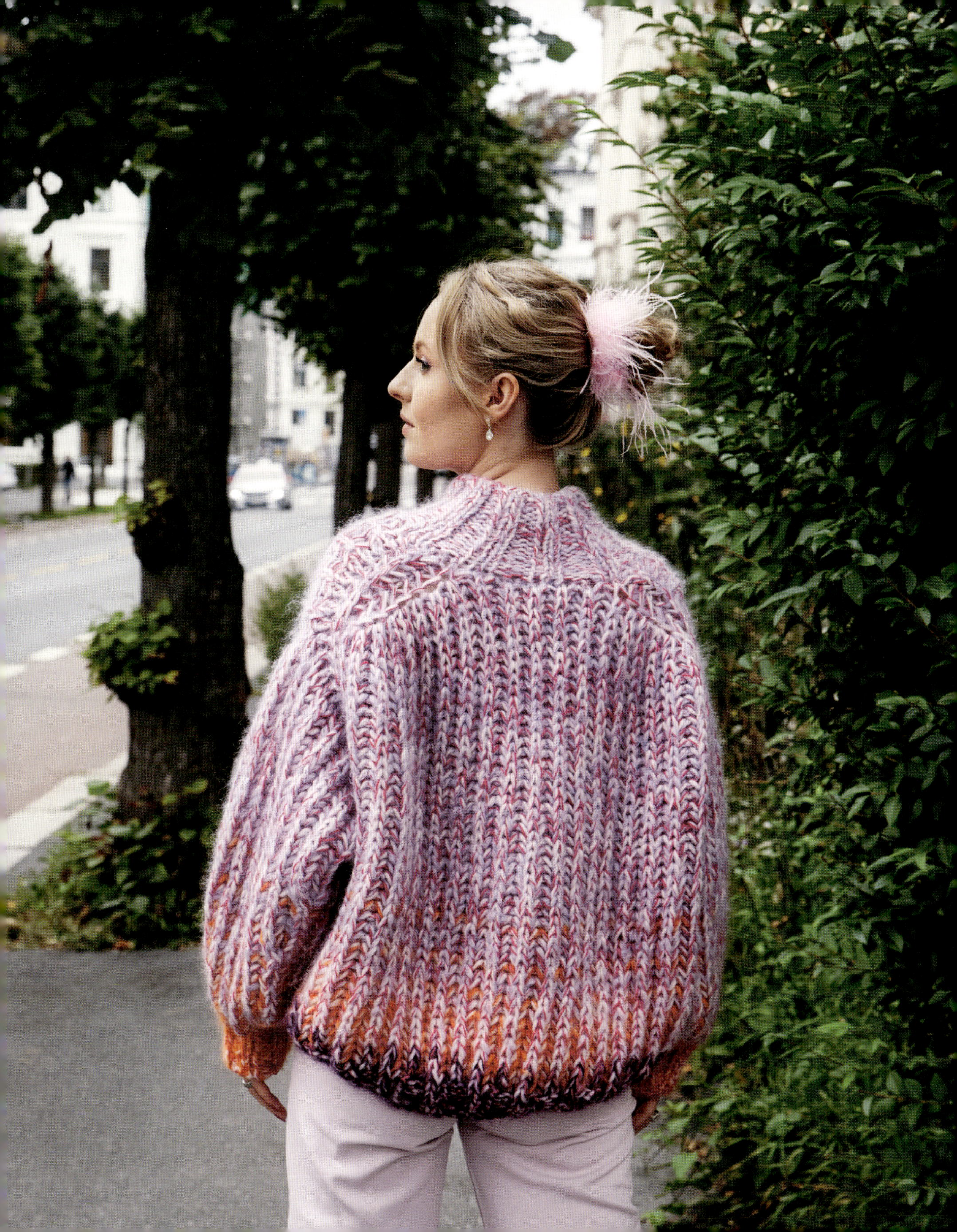

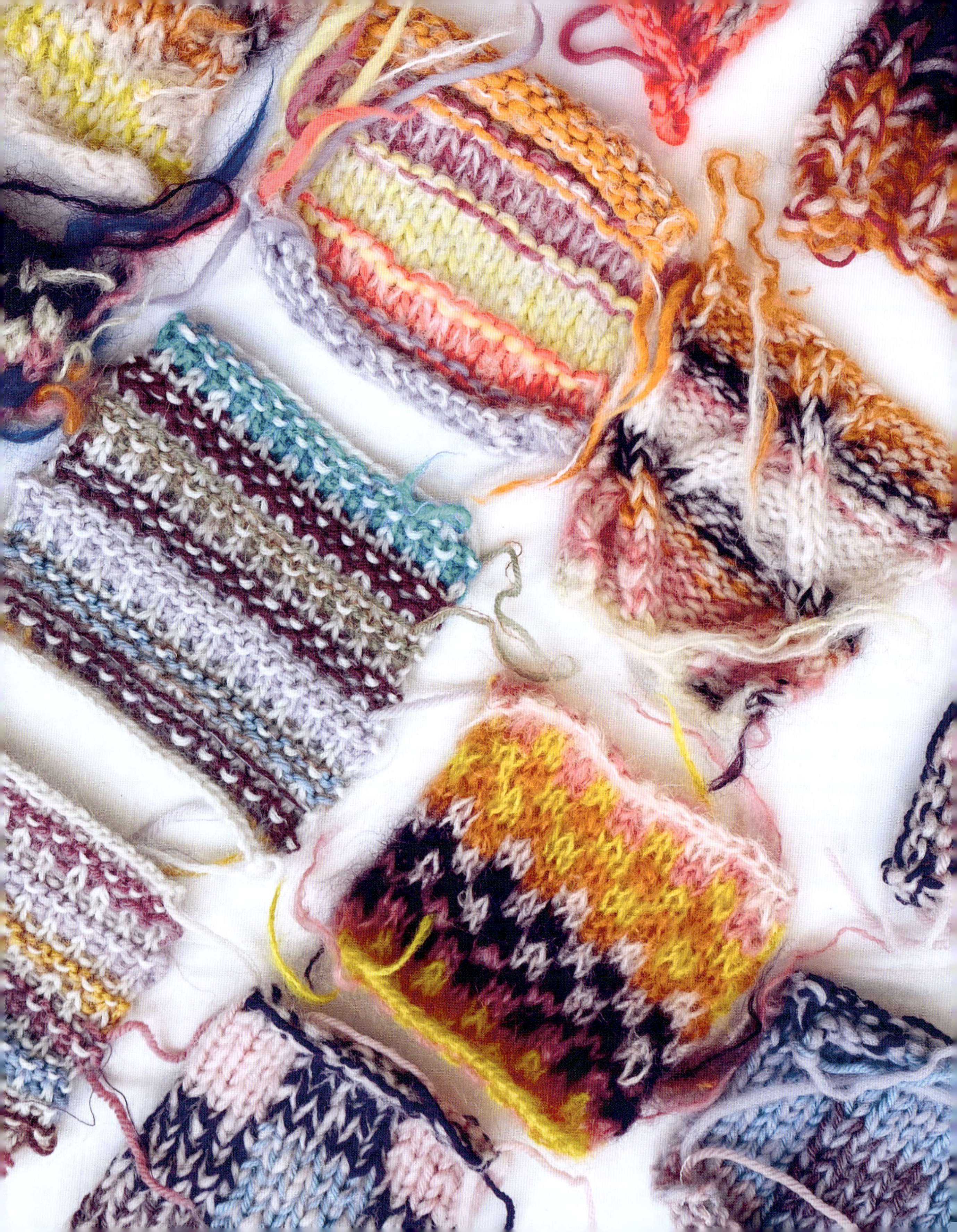

Maschenprobe

Der erste und vielleicht wichtigste Schritt beim Stricken mit Restgarn ist die Überprüfung der Maschenprobe. Die Maschenprobe teilt dir mit, wie viele Zentimeter deine Maschenanzahl ergibt. Stimmt die Maschenprobe nicht mit der Anleitung überein, kann dies enormen Einfluss auf die Maße des Kleidungsstücks haben. Je größer die Abweichung von der Maschenprobe ist, desto stärker werden die Maße des fertigen Kleidungsstücks von den in der Anleitung angegebenen Maßen abweichen. Deine Maschenprobe muss zwar nicht unbedingt mit der in den Anleitungen in diesem Buch übereinstimmen, dennoch ist es wichtig zu wissen, welchen Einfluss die Maschenprobe auf das Endergebnis hat.

WIE ÜBERPRÜFT MAN DIE MASCHENPROBE?

Stricke eine Maschenprobe, bevor du mit dem eigentlichen Kleidungsstück beginnst. Jede Anleitung in diesem Buch verfügt über eine eigene Anweisung für das Stricken einer Maschenprobe mit den Maßen 12 cm x 12 cm. Hast du dieses Stück gestrickt, misst du zehn Zentimeter in der Höhe und der Breite davon ab und zählst, wie viele Maschen sich innerhalb dieses 10 cm hohen und 10 cm breiten Abschnitts befinden. Hebe die Maschenproben auf, sie können beispielsweise für die Modelle ZW-Nr. 10 oder ZW-Nr. 10 Tragetasche verwendet werden.

! Einige stricken straffer oder lockerer, wenn sie in Hin- und Rückreihen stricken, als wenn sie rund stricken. Daher kann die Maschenprobe ein wenig vom eigentlichen Strickprojekt abweichen. Prüfe daher während des Strickens die Maschenprobe, wenn du ganz sicher gehen möchtest, dass sie mit der Anleitung übereinstimmt.

WENN DIE MASCHEN-PROBE ZU LOCKER IST

Hast du auf zehn Zentimeter der Arbeit weniger Maschen als für die Maschenprobe angegeben sind, dann ist diese zu locker. Dann wird das Kleidungsstück größer als bei den Maßen angegeben.

Beispiel:
Ist die Maschenprobe in der Anleitung mit 16 Maschen = 10 cm angegeben, und du hast 15 Maschen = 10 cm, ergeben 200 Maschen 134 cm statt 125 cm, der Pullover wird also fast 10 cm größer.

Ist die Maschenprobe zu locker, hast du zwei Möglichkeiten:

1. Reduziere die Nadelstärke um eine volle oder eine halbe Größe, bis die Maschenprobe stimmt.

2. Stricke mit deiner vorhandenen Maschenprobe weiter, überlege jedoch, eine oder zwei Kleidergrößen kleiner zu wählen, um die gewünschten Maße zu erzielen.

WENN DIE MASCHEN-PROBE ZU FEST IST

Hast du auf 10 cm der Arbeit mehr Maschen als für die Maschenprobe angegeben, dann ist diese zu fest und das Kleidungsstück wird kleiner als bei den Maßen angegeben.

Beispiel:
Ist die Maschenprobe in der Anleitung mit 16 Maschen = 10 cm angegeben, und du hast 17 Maschen = 10 cm, ergeben 200 Maschen 118 cm statt 125 cm, der Pullover wird also 7 cm kleiner als in den Maßen der Anleitung angegeben.

Ist die Maschenprobe zu fest, hast du zwei Möglichkeiten:

1. Erhöhe die Nadelstärke um eine volle oder eine halbe Größe bis die Maschenprobe stimmt.

2. Stricke mit deiner vorhandenen Maschenprobe weiter, überlege jedoch, eine oder zwei Kleidergrößen größer zu wählen, um die gewünschten Maße zu erzielen.

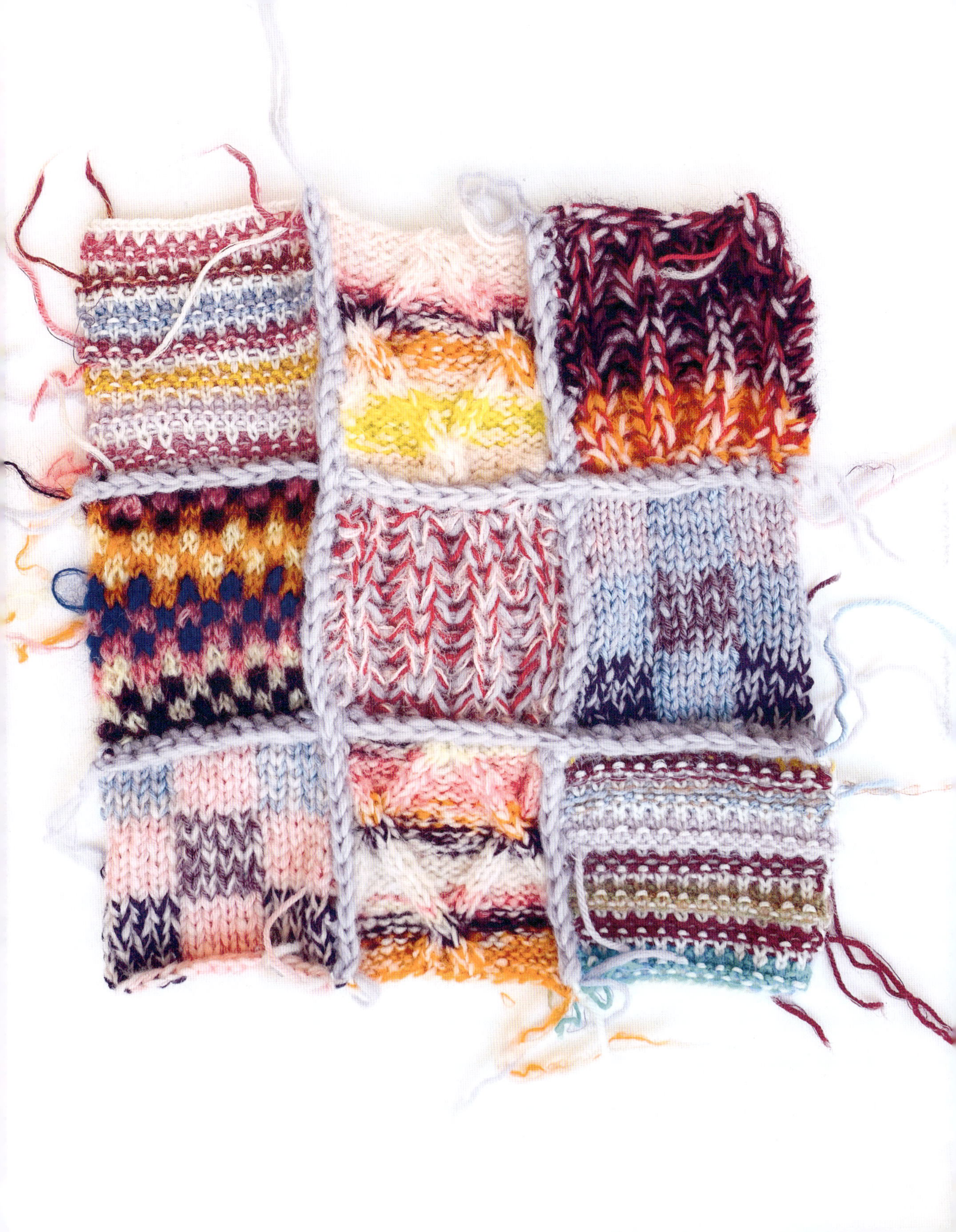

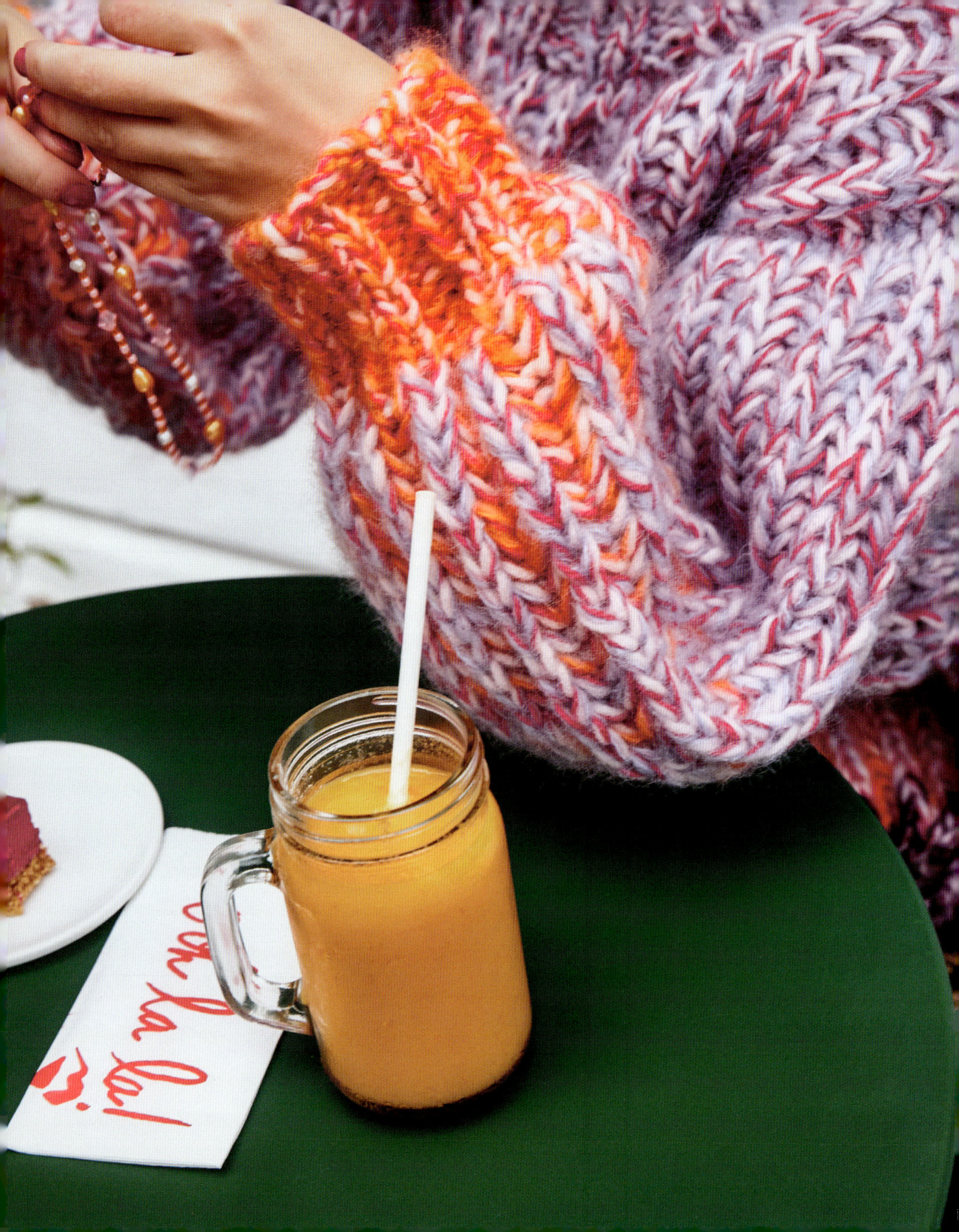
la la!

DIE MASCHENPROBEGLEICHUNG

Die Maschenprobe kann zu mehr verwendet werden, als nur zum Sicherstellen, dass die Maße des Kleidungsstücks stimmen. Sie kann auch dazu genutzt werden, um ausgehend von den gewünschten Maßen die richtige Maschenanzahl herauszufinden, oder wie viele Zentimeter eine bestimmte Maschenanzahl ergeben werden. Die nachfolgenden Gleichungen zeigen dir, wie du mithilfe der Maschenprobe deine eigene Größe ausrechnen und somit deine ganz individuellen Restgarn-Designs planen und erschaffen kannst.

AUSRECHNEN DER MASCHENANZAHL

$$\frac{\textit{gewünschte Anzahl cm} \times \textit{Maschenprobe}}{10} = \textit{Maschenanzahl}$$

Beispiel:

Du hast eine Maschenprobe von 16 Maschen = 10 cm und möchtest einen Pullover mit einem Umfang von 120 cm. Dann sieht die Maschenprobegleichung wie folgt aus:

$$\frac{120 \times 16}{10} = 192 \textit{ Maschen}$$

Somit weißt du, dass du für 120 cm Umfang für das Rumpfteil 192 Maschen benötigst.

AUSRECHNEN DER MASSE

$$\left(\frac{\textit{Maschenanzahl}}{\textit{Maschenprobe}}\right) \times 10 = \textit{Anzahl cm}$$

Beispiel:

Du hast 204 Maschen und eine Maschenprobe von 15 Maschen = 10 cm. Dann sieht die Maschenprobegleichung wie folgt aus:

$$\left(\frac{204}{15}\right) \times 10 = 136 \textit{ cm}$$

Somit weißt du, dass die Arbeit bei einer Maschenanzahl von 204 und einer Maschenprobe von 15 Maschen 136 cm messen wird.

Bevor du mit dem Restgarnprojekt loslegst

AUSSTATTUNG, AUF DIE ICH SCHWÖRE

Der Markt hält unglaublich viele verschiedene Hilfsmittel mit unterschiedlichen Funktionen bereit. Hier habe ich die Ausstattung zusammengestellt, auf die ich schwöre und die ich während des Restgarnprojekts eifrig genutzt habe.

MASCHENHALTERSEIL

Ein Maschenhalterseil ist ein langes, hohles Silikonband, das du auf der Nadel befestigen kannst, um deine Maschen darauf zu übertragen. Da das Band hohl ist und über die Nadel gezogen werden kann, kannst du einfach Maschen herunter- oder hinaufschieben, ohne eine Masche nach der anderen auf eine Nadel oder einen Faden übertragen zu müssen. Ich nutze sie, um während eines Projekts Maschen stillzulegen oder, wenn ich im Laufe des Strickens ein Kleidungsstück anprobieren möchte, ohne Gefahr zu laufen, dass die Maschen von der Nadel rutschen.

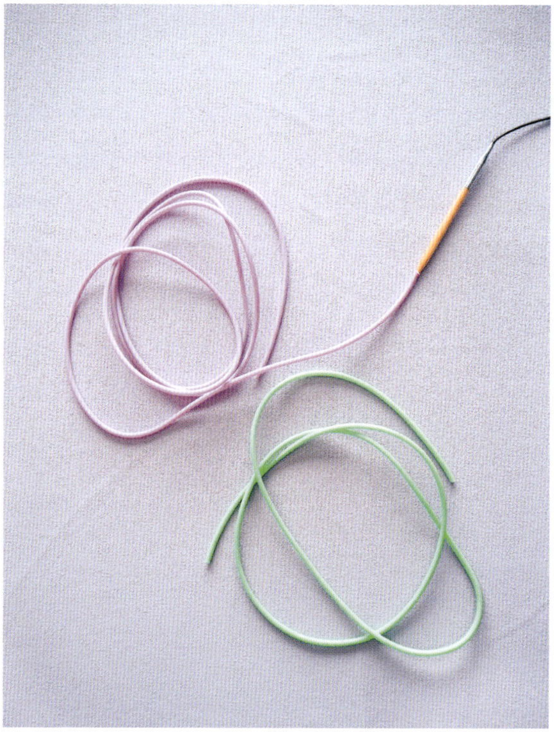

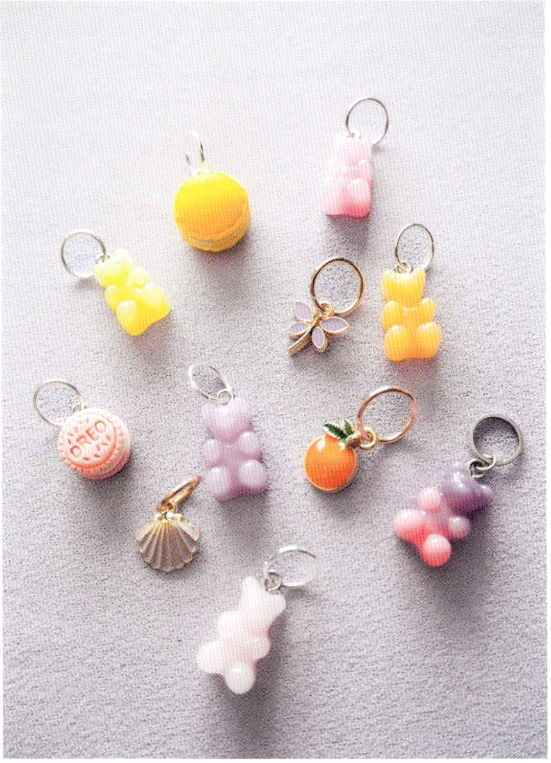

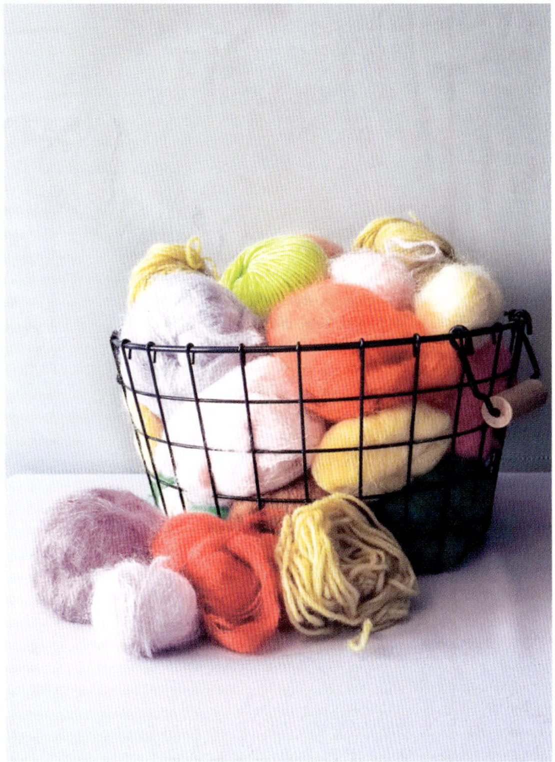

MASCHENMARKIERER

Maschenmarkierer sind die besten Freunde von Strickenden, wenn es darum geht, die Kontrolle darüber zu behalten, an welchem Punkt der Arbeit man sich befindet. Mittlerweile gibt es sie in unzähligen Varianten, sodass es besonders schöne Markierer gibt, die die Strickprojekte schmücken können. In den Anleitungen dieses Buches verwende ich Maschenmarkierer oft, um im Blick zu behalten, wo eine Runde beginnt, wo die Hälfte der Arbeit geschafft ist und wo Maschen zu- oder abgenommen werden sollen. Maschenmarkierer sind nicht besonders teuer und eine gute Investition, um das Stricken zu vereinfachen. Solltest du jedoch keine haben, kannst du auch einfach selbst welche herstellen, indem du einen Faden so knotest, dass eine kleine Schlaufe entsteht, die du dann auf die Nadel setzen kannst.

GARNKORB UND PROJEKTTÜTEN

Wenn ich mein Garn in unterschiedliche Projekte einteile, verwende ich immer Projekttüten, um den Überblick zu behalten. Eine Projekttüte kann bei mir alles sein, vom schönen Stoffbeutel mit Gummizug bis hin zur Tragetasche und Plastiktüte – ich nehme, was ich dahabe. Wenn ich ein neues Projekt beginne, packe ich alle dafür benötigten Knäuel in einen Garnkorb. Dann habe ich alles an einem Ort, kann es schnell hervorholen und auch schnell wieder wegräumen. Restgarnstricken kann chaotisch sein, weshalb es wichtig ist, für die verschiedenen Projekte gute Systeme zu entwickeln. Auch habe ich immer eine leere Tragetasche oder Projekttüte bereitliegen, um ein Projekt einfach einpacken zu können, wenn ich es mitnehmen möchte.

WICKLE FLACHE GARNKNÄUEL

Seit diese Technik in meinem Instagram-Feed auftauchte, schwöre ich darauf. Sie ist schlicht und einfach genial, wenn du einen Pullover auftrennst oder ein Knäuel aufteilst. Mit dieser Technik erhältst du schöne Knäuel, bei denen du das Ende des Garns auf der Innenseite des Knäuels findest und so mit zwei Fäden gleichzeitig stricken kannst. Zudem ist es leichter, mit diesen Knäueln als mit den üblichen runden zu stricken, die unkontrolliert umherkullern.

Schritt 1: Lege den Faden auf deine Handinnenfläche.

Schritt 2: Wickle den Faden in einem Winkel von etwa 45 Grad um die Hand.

Schritt 3: Füllt sich die Hand langsam, greifst du das Garn und drehst es einige Zentimeter nach links.

Schritt 4: Wickle das Garn weiter im gleichen Winkel um die Hand und wiederhole Schritt 3 so oft wie notwendig.

Schritt 5: Ist das Garn fertig aufgewickelt, ziehst du das Knäuel einfach von der Hand und voilà hast du ein flaches Knäuel, bei dem du beide Enden des Fadens nutzen kannst.

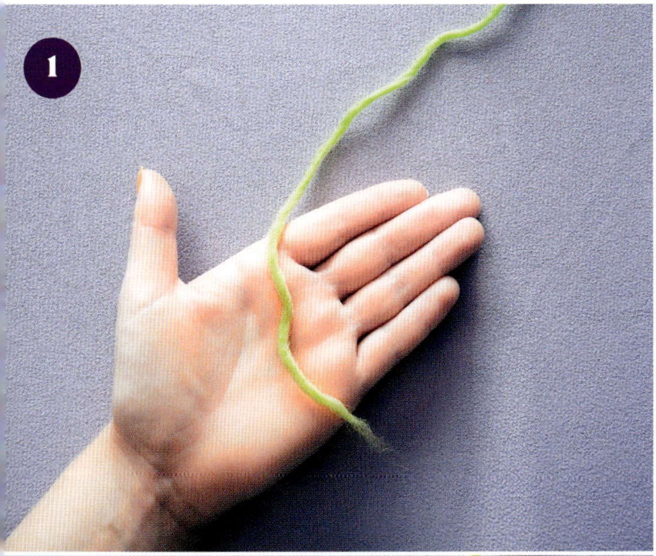
1

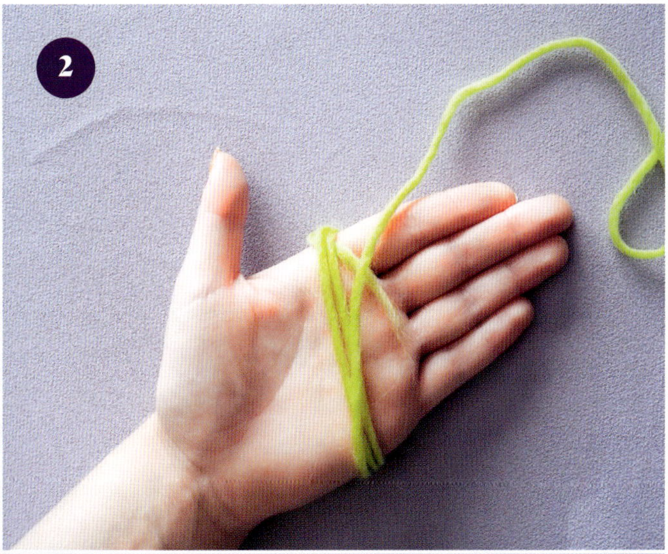
2

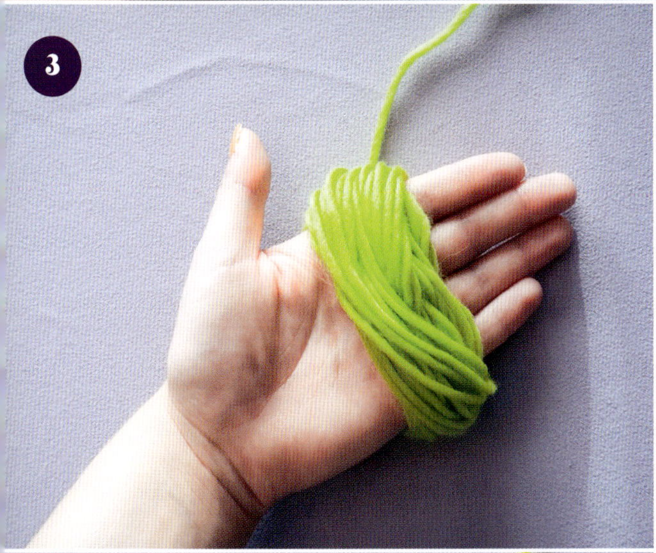
3

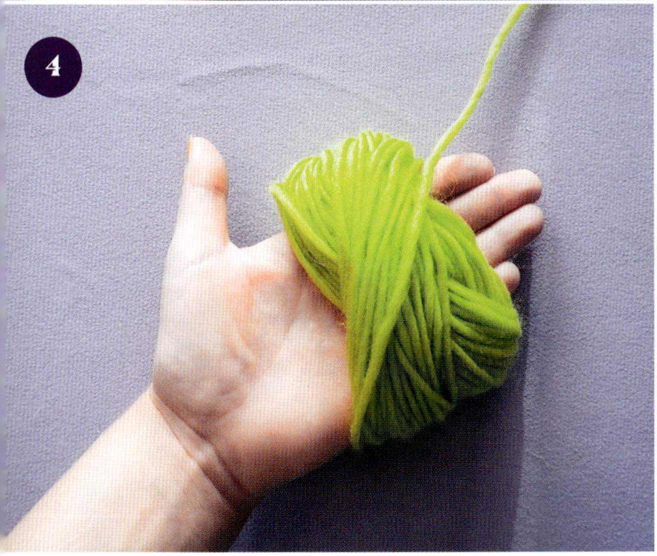
4

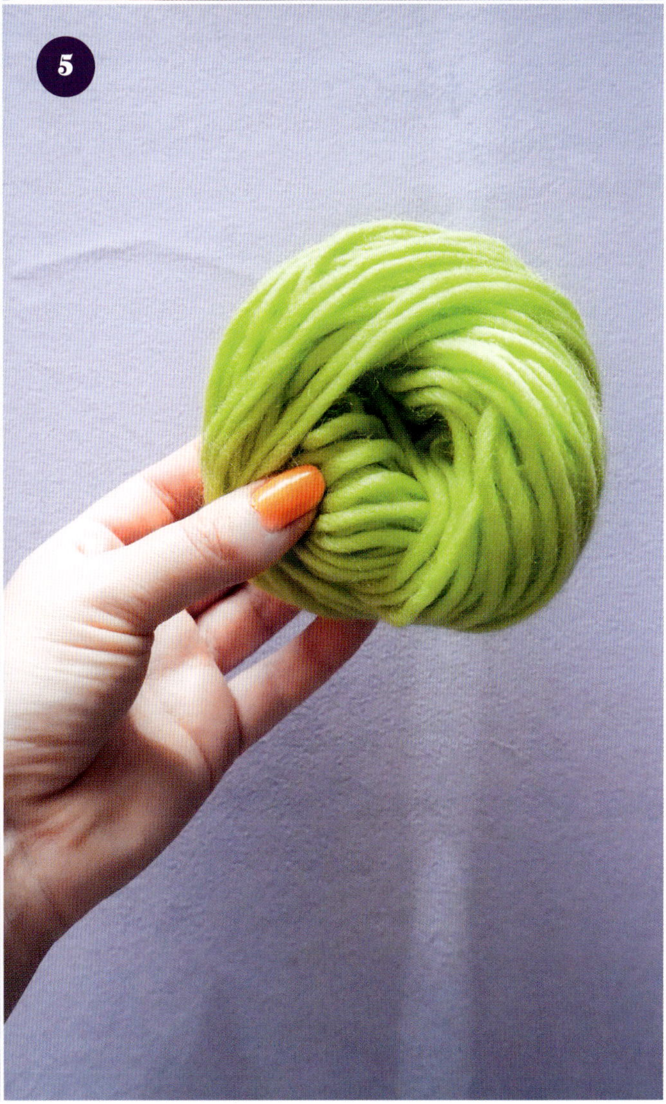
5

BEFESTIGEN VON FÄDEN

Das Stricken mit Restgarn bringt zahlreiche Fäden mit sich, die fixiert werden müssen, und wenn ich ehrlich sein soll, ist dies ein Schritt, den ich oft so lange wie möglich aufschiebe. Hier sind jedoch meine besten Techniken, damit das Befestigen von Fäden ein bisschen schneller vonstattengeht:

KNOTEN

Knoten zu verwenden, um Fäden zu fixieren, ist eine etwas umstrittene Technik. Dennoch habe ich gute Erfahrungen damit gemacht, vor allem bei Restgarnprojekten, bei denen sich Farbe und Faden oft ändern. Knoten sind eine schöne Technik, solange sich diese auf der Innenseite des Pullovers befinden, wo sie nicht zu sehen oder im Weg sind. Knote die Fäden doppelt oder dreifach, um sicherzugehen, dass sie gut sitzen. Obwohl die Knoten meistens ausreichen, um die Garnenden langfristig an Ort und Stelle zu halten, lasse ich am Ende der Knoten immer ein wenig Garn über, um diese anschließend noch mit der Häkelnadel zu fixieren, um voll und ganz auf der sicheren Seite zu sein.

Beachte, dass Knoten sich nicht für alle Projekte eignen. Je dicker das verwendete Garn ist, desto dicker und spürbarer werden die Knoten. Strickst du ein Kleidungsstück, das eng auf der Haut sitzen wird (wie zum Beispiel die Flanier-Handschuhe) wären die Knoten durchaus spürbar. Ist das verwendete Garn sehr glatt (z. B. Baumwollgarn) besteht auch eine höhere Wahrscheinlichkeit dafür, dass die Knoten sich lösen. In diesen Fällen empfiehlt es sich, die Fäden anderweitig zu fixieren.

DIE FÄDEN ZWISCHENDRIN VERNÄHEN

Ist die Verwendung von Knoten nicht geeignet, kannst du die Fäden während des Strickens vernähen. Platziere das neue Garn bereits ein paar Maschen, bevor das aktuelle Knäuel aufgebraucht ist, und stricke zwei bis drei Maschen mit doppeltem Faden. Schwupps hast du den Faden vernäht und kannst mit dem neuen Garn weiterstricken. Der Übergang ist so geringfügig, dass man ihn später meist nicht sehen wird. Bedenke jedoch: Je dicker der verwendete Faden, desto sichtbarer wird der Übergang.

BENUTZE EINE HÄKELNADEL

Der Einsatz der Häkelnadel zum Fixieren von Fäden wurde zu einem Lifehack, der mir die Arbeit enorm vereinfacht hat. Zu einem frühen Zeitpunkt des Restgarnprojekts habe ich gelernt, dass die beste Art und Weise, um nach Fertigstellung des Kleidungsstücks Fäden zu fixieren, darin besteht, sich einer Häkelnadel zu bedienen. Schiebe die Häkelnadel auf der Innenseite des Kleidungsstücks durch die Maschen, nimm den Faden auf und zieh ihn durch. Zieh den Faden dabei im Zickzackmuster immer gleich durch zwei Maschen, dann bist du ganz sicher, dass er gut befestigt ist.

GARNMENGE

Mit Restgarn zu stricken, ist keine genaue Wissenschaft. Da die verschiedenen Garntypen einer Kategorie zuweilen unterschiedliche Lauflängen haben, kann es sich als schwierig erweisen, die genaue Garnmenge zu berechnen. Die Angaben zur Garnmenge in den Anleitungen dienen daher nur zur Orientierung und geben einen Eindruck davon, wie viel Garn du benötigst. Bist du unsicher, ob du ausreichend Garn für ein Projekt hast? Dann gibt es mehrere Möglichkeiten, beim Stricken vorzugehen.

WIE MAN AUSREICHEND GARN BERECHNET

Strickst du ein Kleidungsstück von oben nach unten, empfiehlt es sich, den Kragen und die Ärmel zu stricken, bevor du das Rumpfteil beendest. So siehst du leichter, wie viel Garn du noch hast, wenn du zum Rumpfteil kommst und wie weit du mit dem übrigen Garn noch kommst. Wird der Pullover von unten nach oben gestrickt, kannst du damit beginnen, zuerst die Ärmel zu stricken, bevor du dich dem Rumpfteil widmest, sodass du die Länge des Rumpfteils justieren kannst, solltest du feststellen, dass du zu wenig oder zu viel Garn übrig hast.

BEISPIEL:

Beim Flanier-Pullover war ich unsicher, ob ich genug Garn in den Farben haben würde, die ich dafür vorgesehen hatte. Ich fing an, Vorder- und Rückteil zu stricken, anschließend den Kragen und die Ärmel. Als der Kragen gestrickt und die Ärmel begonnen waren, habe ich die übrigen Knäuel mit Resten in drei Teile aufgeteilt: einen Teil für jeden Ärmel und einen Teil für den Rumpf. So wusste ich, dass ich für jedes der Teile ungefähr die gleiche Garnmenge zur Verfügung haben würde. Als mir die farbigen Reste ausgingen, habe ich Abstufungen gestrickt und am Ende von Rumpfteil und Ärmeln zu einer neutralen Farbe gewechselt. Auf diese Weise hatte ich genug Garn, um das Projekt fertigzustellen, und der Pullover erhielt zudem einen coolen, durchgängigen Ombré-Effekt.

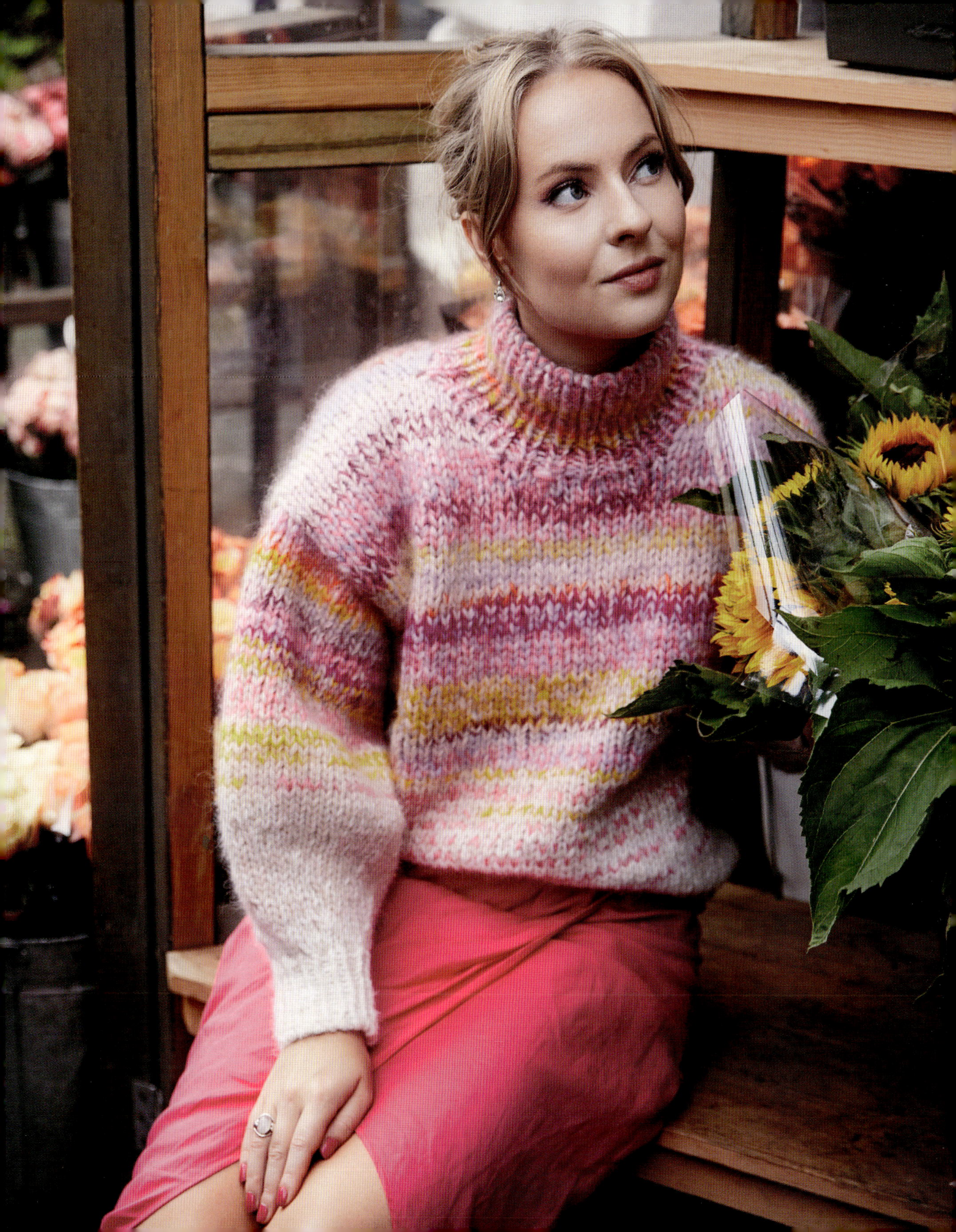

WAS TUN, WENN DAS GARN AUSGEHT?

Mein allerbester Tipp für die Berechnung der Garnmenge lautet: Lege einfach los! Fange an zu stricken, und wenn dir das Garn ausgehen sollte, dann geht davon zum Glück nicht die Welt unter. Vielleicht führt es dazu, dass du eine Entscheidung treffen musst, die deinem Kleidungsstück einen ganz einzigartigen, kreativen und unerwarteten Effekt verleiht?

Vier Alternativen, wenn dir das Garn ausgeht

ALTERNATIVE 1: ÜBERPRÜFE DEINEN GARNVORRAT

Nimm dir zuerst immer deinen Garnvorrat vor. Hast du etwas, das als Alternative eingesetzt werden kann? Eine andere Farbe oder vielleicht sogar eine andere Garnqualität? Wirf auch einen Blick in deinen Kleiderschrank oder in den UFO-Haufen – hast du ein Kleidungsstück, das du nie trägst oder Projekte, die nie vollendet wurden, deren Garn sich womöglich besser für dieses Vorhaben eignet?

ALTERNATIVE 2: FRAGE IM FREUNDESKREIS

Bist du auf der Suche nach einem bestimmten Garntyp oder einer bestimmten Farbe, kannst du immer befreundete Strickende oder Familienmitglieder fragen, ob sie nicht irgendwelche Reste herumliegen haben, die du bekommen oder tauschen kannst.

ALTERNATIVE 3: KAUFE AUF DEM SECONDHANDMARKT

Wie einleitend erwähnt, gibt es auf dem Secondhandmarkt enorme Mengen an Restgarn, weshalb es nicht unwahrscheinlich ist, dass du dort exakt das gesuchte Garn für etwas weniger Geld findest! Auf verschiedenen Online-Secondhand-Plattformen wird auch viel ungenutzte Wolle angeboten.

ALTERNATIVE 4: KAUFE NEU

Es ist keine Schande, neues Garn zu kaufen, schließlich hast du durch die Verwendung der übrigen Knäuel aus deinem Garnvorrat dennoch die Umwelt und deinen Geldbeutel geschont! Wenn du neu kaufst, kannst du dich aber bewusst für gute Materialien entscheiden, die lange halten, und nicht mehr kaufen, als du benötigst. Außerdem tauschen die meisten Garngeschäfte unbenutzte Knäuel auch um. Wenn du solche also herumliegen hast, schadet es nicht, diese mitzunehmen und nachzufragen, ob du sie in etwas Neues umtauschen kannst

TIPP

Tauschabende für Kleidungsstücke sind sehr beliebt – warum also nicht einen Tauschabend für Restgarn organisieren? Bitte deinen Freundeskreis, nicht verwendetes Restgarn einzupacken und trefft euch. Die Reste eines Strickenden sind die Schatzkammer eines anderen! Ist der Tausch beendet, könnt ihr es euch, wie an einem normalen Strickabend, zusammen gemütlich machen und stricken.

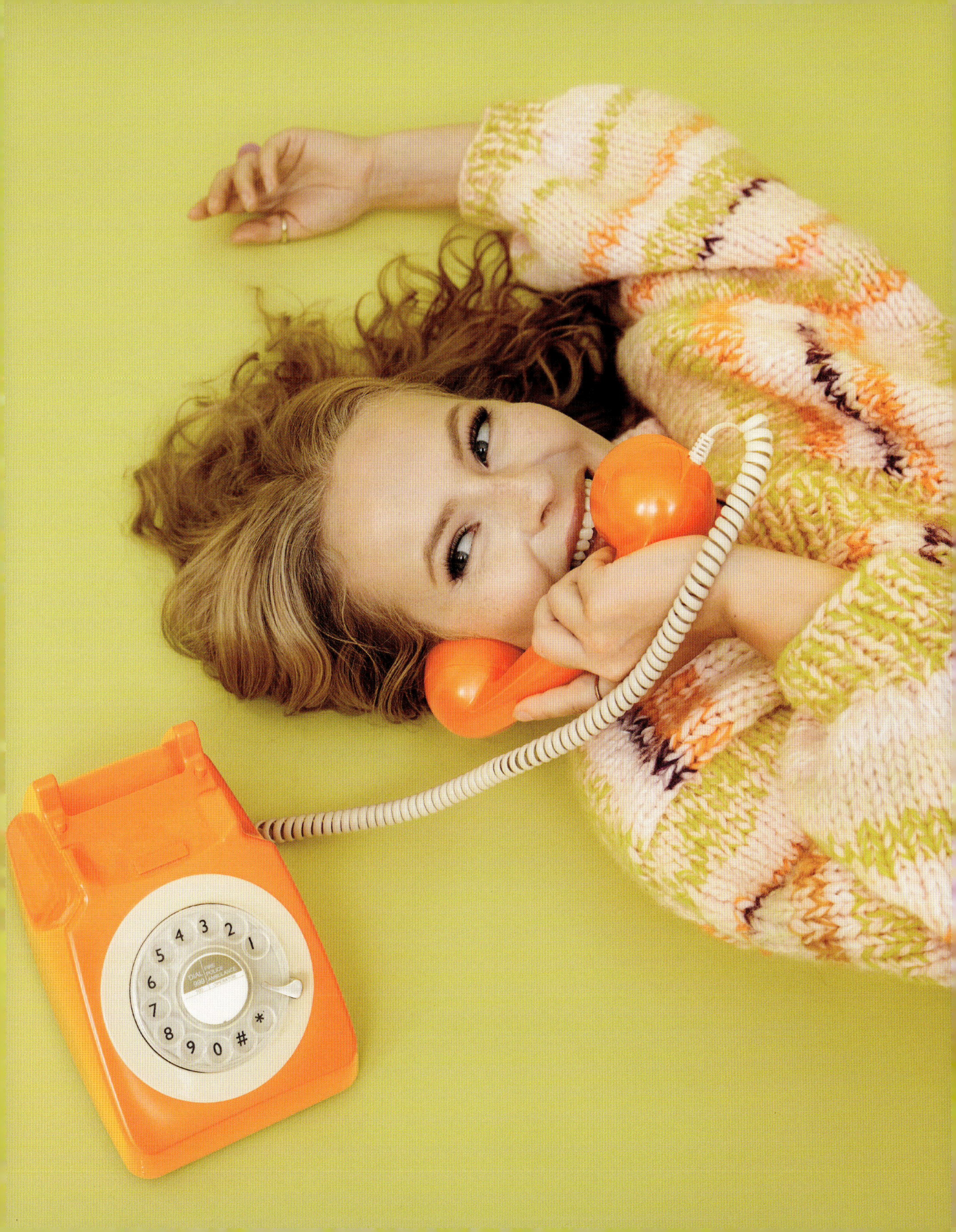

Der Start ins Restgarnprojekt

ÜBERBLICK VERSCHAFFEN

Ich habe den Eindruck, dass viele gern ihr Restgarn verwenden möchten, jedoch nicht wissen, wo sie anfangen sollen. Daher habe ich versucht, eine Schritt-für-Schritt-Methode zu entwickeln, um einen Überblick über den eigenen Garnvorrat zu erlangen und diesen so zu sortieren, dass es einfacher wird, neue Projekte zu planen. Diese Methode funktioniert für mich und meinen Garnvorrat und hat zu insgesamt 22 Restgarn-Kleidungsstücken geführt. Ich habe den Prozess zwischendrin mehrfach durchlaufen, und es hat jedes Mal gleich gut funktioniert. Hoffentlich eignet sich dieses Vorgehen für dich und dein Garnlager genauso gut, wie es bei mir der Fall war!

SORTIEREN

Das Erste, was du tun solltest, wenn du dich dem Stricken mit Restgarn widmen möchtest, ist, dir einen Überblick über deinen Garnvorrat zu verschaffen. Plane dafür etwas Zeit ein, sammle alles Garn an einem Ort und breite es aus.

Jetzt kannst du mit dem Sortieren beginnen. Dieser Prozess erleichtert es dir, zu visualisieren, wie viel Garn du hast und für welche Projekte sich das Garn eignet und hilft dir somit dabei, zukünftige Restgarn-Projekte zu planen. Wenn ich meinen Garnvorrat sortiere, erfolgt das in vier Schritten:

SCHRITT 1: GARNTYPEN

Beginne damit, das Garn nach Garntypen zu sortieren. Wiege gegebenenfalls ab, wie viel Garn du von den unterschiedlichen Garntypen hast und halte dies in einem Notizbuch, einer Excel-Datei oder deinem bevorzugten Medium fest. Es gibt auf dem Markt auch mehrere gute Apps, die dir dabei helfen können, den Überblick zu behalten (z. B. KNIT App).

SCHRITT 2: GARNKATEGORIEN

Nutze die Garntabelle auf den nächsten Seiten und sortiere das Garn nach unterschiedlichen Garnkategorien. Die Kategorien basieren auf Qualität und Maschenprobe, wobei jede Kategorie ein wenig Spielraum bietet. Du findest für jede Kategorie Garnvorschläge. Solltest du deinen Garntyp in der Tabelle jedoch nicht entdecken, kannst du die Maschenprobe zum Ausgangspunkt nehmen. Solltest du Garn haben, von dem du nicht weißt, was es ist und somit auch nicht die Maschenprobe kennen, kannst du es mit deinen anderen Garntypen vergleichen und es danach kategorisieren.

SCHRITT 3: FARBEN

Wenn du die unterschiedlichen Garntypen nach Garnkategorien eingeteilt hast, kannst du das Garn anschließend nach unterschiedlichen Farben oder Farbkategorien sortieren, wie sie im Kapitel über Farben benannt sind. Sollte dein Garnlager aus relativ gleichen Farben bestehen, kannst du diesen Schritt überspringen.

SCHRITT 4: PROJEKTE

Hast du dein Garn nach Kategorien und Farben sortiert, ist es an der Zeit, es in Projekte einzuteilen. Gibt es eine Garnkategorie, von der du besonders viel hast? Oder eine Farbe? Vielleicht entdeckst du einige Farben in unterschiedlichen Kategorien, die gut zusammenpassen könnten? Bediene dich des Wissens, das du jetzt über deine vorhandene Garnmenge hast und versuche, die verschiedenen Knäuel auf neue Projekte zu verteilen. Die Anleitungen in diesem Buch basieren auf der nachfolgenden Garntabelle und sind daher ein guter Ausgangspunkt für die Planung weiterer Vorhaben. Hast du genug Garn für ein oder mehrere Modelle – oder musst du ein wenig Garn kaufen, damit es für ein ganzes Projekt ausreicht? Solltest du mehrere Stücke planen, kannst du die unterschiedlichen Vorhaben auf eigene Projekttüten oder Schubladen verteilen, um alles beisammen zu haben.

Garntabelle

KATEGORIE	GARNTYPEN	MASCHENPROBE
Dünner Wollfaden	Cool Wool – Lana Grossa Classico – Gründl Merino Mio – Gründl Smart – Sandnes Garn Peer Gynt – Sandnes Garn Alpakka – Sandnes Garn Merinoull – Sandnes Garn Perfect – Sandnes Garn Double Sunday – Sandnes Garn Karisma – Drops Lima – Drops Peruvian Highland Wool – Filcolana Pop Merino – Hip Knit Shop Sterk – Du Store Alpakka Alpaca Storm – Viking Garn Tumi – Rauma Norsk Ull – Un-told Supreme Wool – Un-told Foxy Wool – Foxy Yarn Pure Wool – Pickles	Ca. 20–22 M = 10 cm auf Nadel 4,0 mm
Dicker Wollfaden	Bingo – Lana Grossa Camello – Gründl Alpelino – Gründl Shetland – Gründl Sylt – Gründl The Wool – Wool and the Gang Vams – Rauma Garn Hobbygarn – Viking Garn Naturgarn – Viking Garn	Ca. 14 M = 10 cm auf Nadel 6,0 mm

KATEGORIE	GARNTYPEN	MASCHENPROBE
Mini Wollfaden	Cool Wool Lace – Lana Grossa Hot Socks uni – Gründl Hot Socks Merino – Gründl Mini Alpakka – Sandnes Garn Sunday – Sandnes Garn Alpakka Silke – Sandnes Garn Arwetta – Filcolana Merci – Filcolana Lamull – Rauma Garn Inca – Rauma Garn Move – Lang Yarns Light Merino – Un-told	Ca. 27–30 M = 10 cm auf Nadel 3,0 mm
Dünnes Mohairgarn	Silkhair – Lana Grossa Hip Mohair – HipKnitShop Tynn Silk Mohair – Sandnes Garn Brushed Alpakka Silk – Drops Tilia – Filcolana Plum – Rauma Garn Tynn Kid Silk Erle – Dale Garn Silk Mohair – Knitting For Olive Soft Silk Mohair – Knitting for Olive Tynn Kid Mohair – Linde garn Silk Mohair – Pickles Kid Silk – Gann Garn Pure Silk Mohair – Un-told Silk Mohair – Isager	Ca. 28 M = 10 cm auf Nadel 3,5 mm
Air Garn	Alpaca Air – Lana Grossa Cloud – Lang Yarns Kos – Sandnes Garn Drops Air Drops Nepal Puno – Rauma Garn Alpaca Bris – Viking Garn Myk – Skappel Pus – Du Store Alpakka Alpaca Magic – Dale Garn Snuggles – Knitters Box Cozy – Pickles Fluffy – Jord Clothing	Ca. 14–15 M = 10 cm auf Nadel 6,0 mm

KATEGORIE	GARNTYPEN	MASCHENPROBE
Dickes Mohairgarn	Mohair Moda – Lana Grossa Fluff – HipKnitShop Alpaca Maya – Viking Garn Tykk Mohair – Rauma Garn Iris – Rauma Garn Fat Mohair – Strikkefeber Chunky Mohair – Un-told Bella – ByPermin Fnugg – Camilla Pih	Ca. 12 M = 10 cm auf Nadel 7,0 mm
Mitteldicker Wollfaden	Brigitte No.3 – Lana Grossa Mohana – Gründl Hip Wool – Hip Knit Shop The Meriwool – We Are Knitters Memory – Lang Yarns	Ca. 16–17 M = 10 cm auf Nadel 6,0 mm
Mitteldickes Baumwollgarn	Landlust Baumwolle – Lana Grossa Cotton Fun – Gründl Baby Cotton – Gründl Eco Cotton – Gründl Cotton Quick uni / print / Batik – Gründl Petunia – Rauma Garn Bamboo – Viking Garn Line – Sandnes Garn Cuddle Me Cotton – Hip Knit Shop Cotton Merino – Un-told Pellini – Rauma Garn	Ca. 20–22 M = 10 cm auf Nadel 4,0 mm
Dünnes Baumwollgarn	Cotone – Lana Grossa Tynn Line – Sandnes Garn Pandora – Rauma Garn Bamboo – We Are Knitters Bambino – Viking Garn	Ca. 27 M = 10 cm auf Nadel 3,0 mm
Dickes Baumwollgarn	Organico – Lana Grossa Puro Vegano – Lana Grossa Pastello – Gründl King Cotton – Gründl Tykk Line – Sandnes Garn Sumatra – Rauma Garn Vår – Viking Garn	Ca. 16 M = 10 cm auf Nadel 5,0 mm

Abkürzungen

M: Masche(n)

MM: Maschenmarkierer

Nd: Nadel

R: Reihe(n)

Rd: Runde(n)

str: stricke(n)

Patent-M: Patentmasche(n), wobei Umschlag und Masche rechts zusammengestrickt werden.

Rippenmuster: Muster in Rippstrick, das entsteht, wenn man abwechselnd 2 Maschen rechts und 2 Maschen links strickt.

U: Umschlag

1 M rechts abn: Eine Masche rechts abnehmen. 2 Maschen rechts zusammenstricken.

1 M links abn: Eine Masche links abnehmen. 2 Maschen, eine nach der anderen, locker von der Nadel heben, so als sollten sie gestrickt werden. Die Maschen zurück auf die linke Nadel setzen, dann verschränkt zusammenstricken.

1 M rechts zun: Eine Masche rechts zunehmen. Zwischen 2 Maschen den Faden aufnehmen und damit eine Schlaufe formen. Die Schlaufe rechts stricken.

1 M links zun: Eine Masche links zunehmen. Zwischen 2 Maschen den Faden aufnehmen und damit eine Schlaufe formen. Die Schlaufe rechts verschränkt stricken.

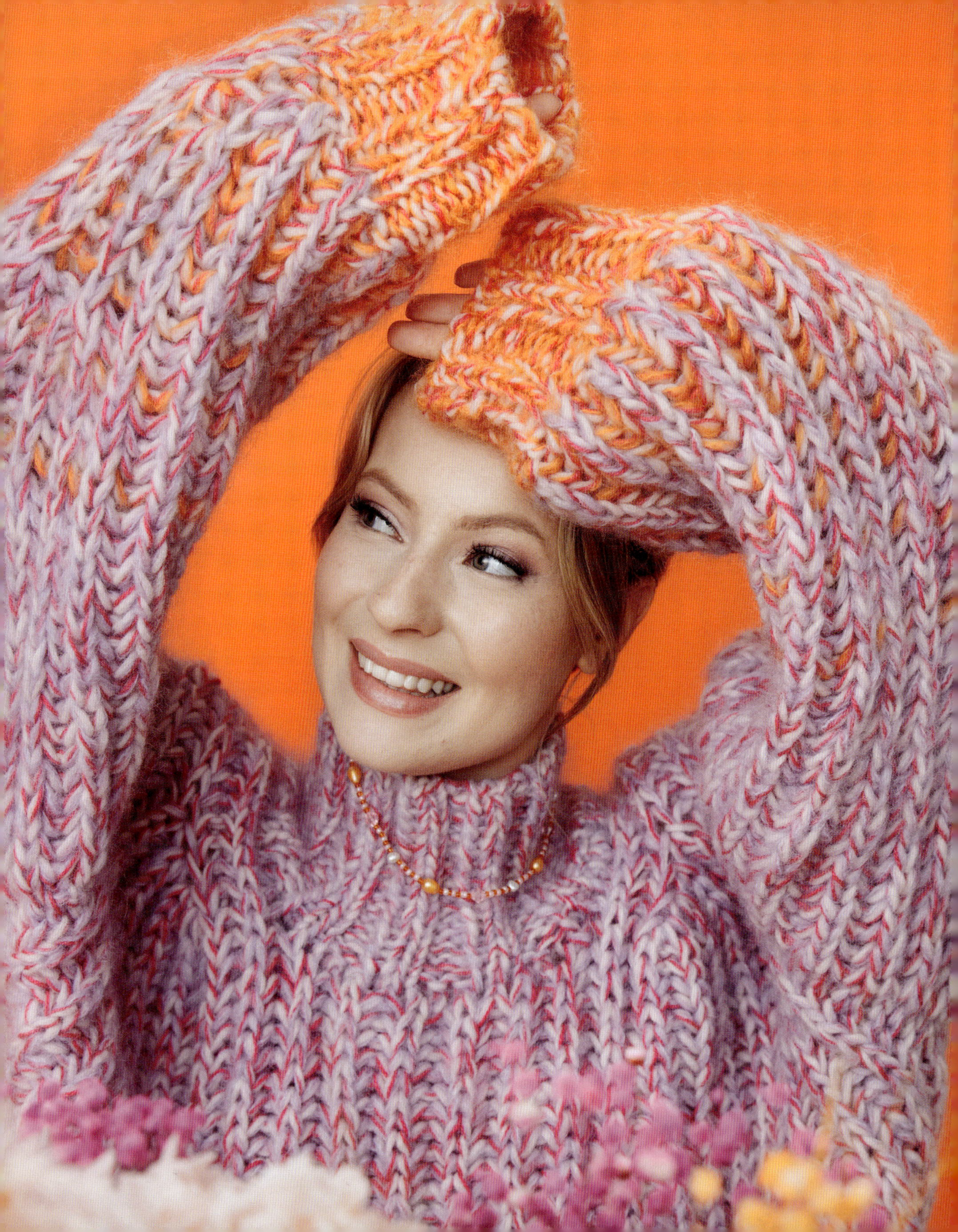

Die Zero-Waste-Kollektion

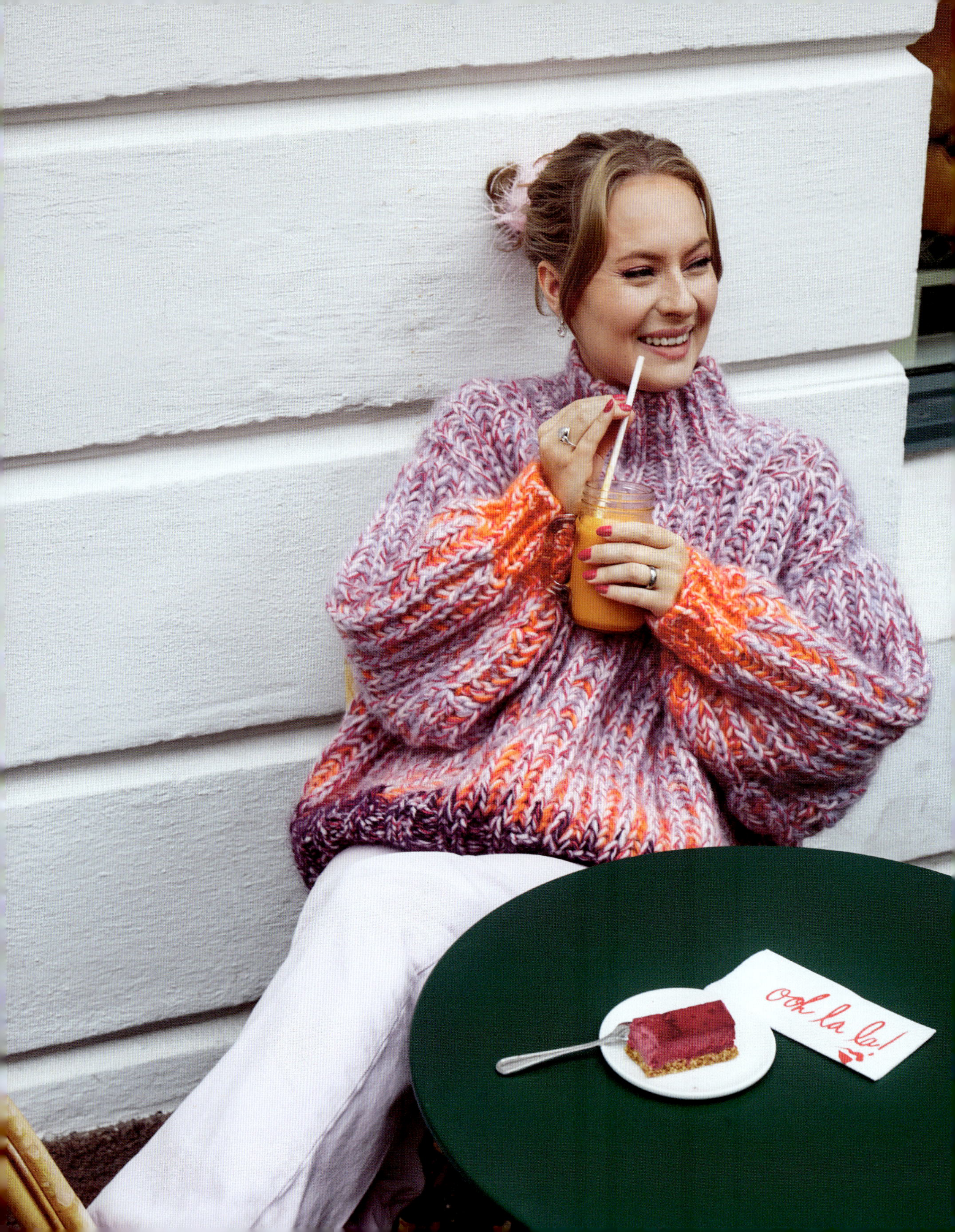
ooh la la!

ZW-Nr. 1

ZW-Nr. 1 bildete den Auftakt zum Restgarnabenteuer und war der erste Pullover, den ich für die Kollektion gestrickt habe. Dieser Pullover brachte mich zu der Erkenntnis, wie viel Freude die Zufälle machen, die das Stricken mit Restgarn nach sich ziehen und wie stark diese Zufälle zur Einzigartigkeit von Restgarnprojekten beitragen. Eigentlich hatte ich vor, den Pullover nur in Rosa und Lila zu stricken, als mir das lilafarbene Mohairgarn jedoch ausging, wusste ich, dass ich mir etwas einfallen lassen musste. Da kehrte ich zu meinem Garnvorrat zurück und fand einen orangenen Faden, den ich in das Modell integriert habe. Als mir dann das Orange ausging, nahm ich einen Faden in dunklem Lila und fügte auch den hinzu. Der Plan hatte ursprünglich darin bestanden, einen einfarbigen Pullover zu stricken, aber gerade diese Zufälle haben diesen Pullover zu einem Unikat werden lassen. Es gibt keinen Zweifel daran, dass die Farbübergänge im Nachhinein die meiste Aufmerksamkeit und die meisten Komplimente erhalten haben.

MAßE XS (S) M (L) XL (XXL) 3XL

Brustumfang: 102 (108) 114 (126) 132 (138) 144 cm
Länge: 50 (52) 54 (56) 58 (60) 62 cm

MASCHENPROBE

Glatt rechts: 9 M x 14 R = 10 cm x 10 cm

AUSSTATTUNG

Rundstricknadel 8,0 mm, 80 cm und 40 cm lang
Rundstricknadel 10,0 mm, 80 cm und 40 cm lang

GARN

250 (300) 300 (350) 400 (425) 450 g dickes Mohairgarn
450 (450) 500 (550) 550 (575) 575 g Air Garn
125 (150) 150 (150) 150 (175) 175 g Mini Wollfaden

ABNAHMEN IM PATENT

Abn rechts: Die erste M auf der linken Nd ist eine Patentmasche. Str die Patent-M und die nächste M rechts zusammen, übertrage die soeben entstandene M zurück auf die linke Nd, hebe die nächste Patent-M auf der linken Nd über die M (so, als würdest du 1 M abn), und setze die M zurück auf die rechte Nd.

Abn links: Die erste M auf der linken Nd ist eine Patentmasche. Hebe die Patent-M locker rechts ab, str die nächsten 2 M rechts zusammen und hebe „die lockere" Patent-M über die soeben gebildete M (so, als würdest du 1 M abn).

MASCHENPROBE

9 M anschlagen. Wie folgt Patent str:

1. R (Rück-R): 1 M rechts str (Rand-M). *1 M rechts str, 1 U über die Nd und die nächste M links abh*, von * bis * wdh, bis noch 2 M auf der Nd sind. Diese beiden M rechts str.

2. R (Hin-R): 1 M rechts str (Rand-M). *1 U über die Nd und 1 M links abh, 1 Patent-M str*, von * bis * wdh, bis noch 2 M auf der Nd sind. 1 U über die Nd und 1 M links abh, 1 M rechts str (Rand-M).

3. R (Rück-R): 1 M rechts str (Rand-M). *1 Patent-M str, 1 U über die Nd und 1 M links abh*, von * bis * wdh, bis noch 2 M auf der Nd sind. 1 U über die Nd und 1 M links abh, 1 Patent-M str (Rand-M).

Die 2. und 3. R insgesamt 11 x wdh. Die Maschenprobe sollte 12 cm x 12 cm messen. Abketten.

RÜCKTEIL

Auf einer Rundstricknadel 10,0 mm mit einem Faden Air Garn, einem Faden Mini Wollgarn und einem Faden dickem Mohairgarn 21 (19) 21 (21) 23 (21) 23 M anschlagen. Wie folgt mit dem Patent beginnen:

1. R (Rück-R): 1 M rechts str (Rand-M). *1 M rechts str, 1 U über die Nd und die nächste M links abh*, von * bis * wdh, bis noch 2 M auf der Nd sind. Diese beiden M rechts str.

2. R (Hin-R): 1 M rechts str (Rand-M). *1 U über die Nd und 1 M links abh, 1 M rechts str (Patent-M)*, von * bis * wdh, bis noch 2 M auf der Nd sind. 1 U über die Nd und 1 M links abh, 1 M rechts str (Rand-M).

3. R (Rück-R): 1 M rechts str (Rand-M). *1 Patent-M str, 1 U über die Nd und 1 M links abh*, von * bis * wdh, bis noch 2 M auf der Nd sind. 1 U über die Nd und 1 M links abh, 1 Patent-M str (Rand-M).

Anschließend wird im Patentmuster gestrickt und gleichzeitig auf jeder rechten Seite zugenommen. Str wie folgt:

1. R (Hin-R): 1 M rechts str, 3 M im Patentmuster str, *nächste Patent-M str, ohne M von der Nd zu heben, 1 U über die Nd, die M erneut str = 2 M zugenommen*, von * bis * wdh. Im Patentmuster fortfahren, bis noch 5 M auf der Nd sind und die nächste M eine Patent-M ist. 3 M im Patentmuster str und mit 1 M rechts abschließen.

2. R (Rück-R): Wie gewohnt bis dorthin str, wo du soeben zugenommen hast. *1 U über die Nd, 1 M links abh, 1 M rechts str, 1 U über die Nd, 1 M links abh*.

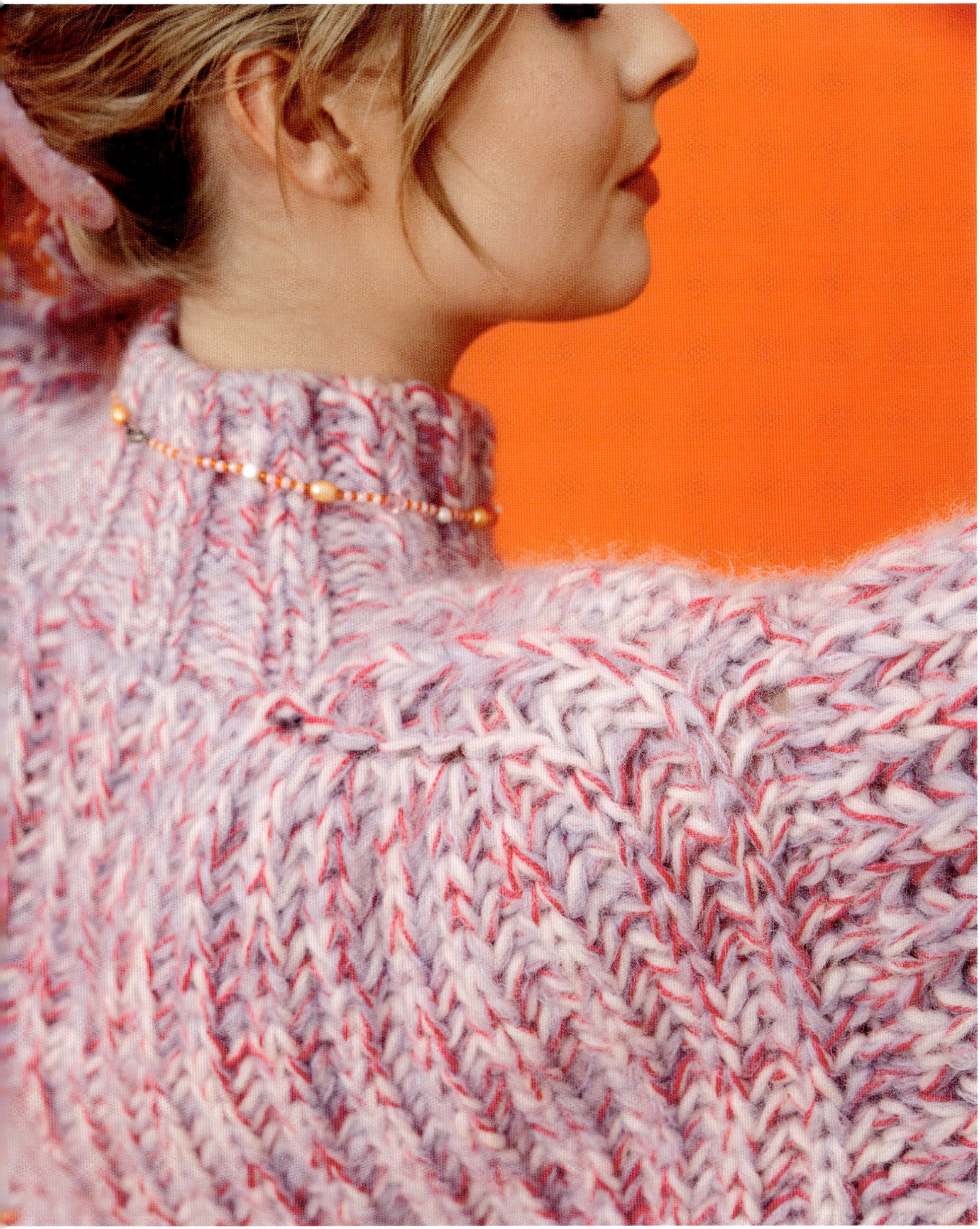

Im Patentmuster fortfahren bis zur nächsten M, bei der du zugenommen hast, von * bis * wdh.

Diese zwei R insgesamt 4 x (5 x) 5 x (6 x) 6 x (7 x) 7 x wdh, bis du 16 (20) 20 (24) 24 (28) 28 M zugenommen hast = 37 (39) 41 (45) 47 (49) 51 M auf der Nd.

Weiter im Patentmuster str, bis die Arbeit, von der Anschlagkante gemessen, 24 (24) 26 (26) 28 (28) 30 cm misst. Achte darauf, dass sich die letzte R auf der linken Seite befindet. Den Faden abtrennen und das Rückteil auf einem Hilfsfaden oder einem Maschenhalter ruhen lassen.

LINKE SCHULTER

Auf Nd 10,0 mm mit jeweils einem Faden Air Garn, dickes Mohairgarn und Mini Wollgarn entlang der M, die du auf der linken Seite des Rückteils zugenommen hast, 9 M aufnehmen. Wie folgt im Patenmuster in Hin- und Rück-R str:

1. R (Rück-R): 1 M rechts str (Rand-M). *1 Patent-M str, 1 U über die Nd und die nächste M links abh*, von * bis * wdh, bis noch 2 M auf der Nd sind. Diese beiden M rechts str.

2. R (Hin-R): 1 M rechts str (Rand-M). *1 U über die Nd und 1 M links abh, 1 Patent-M str*, von * bis * wdh, bis noch 2 M auf der Nd sind. 1 U über die Nd und 1 M links abh, 1 Patent-M str (Rand-M).

3. R (Rück-R): 1 M rechts str (Rand-M). *1 Patent-M str, 1 U über die Nd und die nächste M links abh*, von * bis * wdh, bis noch 2 M auf der Nd sind. Diese beiden M rechts str.

Die 2. und 3. R für alle Größen insgesamt 6 x wdh. Anschließend im Patentmuster weiterstr, zeitgleich auf der rechten Seite M zunehmen:

1. R (Hin-R): 1 M rechts str, 3 M im Patentmuster str, *nächste Patent-M str, ohne M von der Nd zu heben, 1 U über die Nd, die M erneut str = 2 M zugenommen*. Im Patentmuster fortfahren und mit 1 M rechts abschließen.

2. R (Rück-R): Wie gewohnt bis dorthin str, wo du soeben zugenommen hast. 1 U über die Nd, 1 M links abh, 1 M rechts str, 1 U über die Nd, 1 M links abh. 3 M im Patentmuster str und mit 1 M rechts abschließen.

Diese beiden R insgesamt 2 x (3 x) 3 x (4 x) 4 x (5 x) 5 x str = 4 (6) 6 (8) 8 (10) 10 M zugenommen. Du hast jetzt 13 (15) 15 (17) 17 (19) 19 M auf der linken Schulter. Achte darauf, dass die letzte R auf der linken Seite gearbeitet wird.

Den Faden abtrennen und die M auf der Nd ruhen lassen.

RECHTE SCHULTER

Mit Nd 10,0 mm mit jeweils einem Faden Air Garn, dickes Mohairgarn und Mini Wollgarn entlang der M, die du auf der rechten Seite des Rückteils zugenommen hast, 9 M aufnehmen. Wie folgt im Patenmuster in Hin- und Rück-R str:

1. R (Rück-R): 1 M rechts str (Rand-M). *1 Patent-M str, 1 U über die Nd und die nächste M links abh*, von * bis * wdh, bis noch 2 M auf der Nd sind. Diese beiden M rechts str.

2. R (Hin-R): 1 M rechts str (Rand-M). *1 U über die Nd und 1 M links abh, 1 Patent-M str*, von * bis * wdh, bis noch 2 M auf der Nd sind. 1 U über die Nd und 1 M links abh, 1 Patent-M str (Rand-M).

3. R (Rück-R): 1 M rechts str (Rand-M). *1 Patent-M str, 1 U über die Nd und die nächste M links abh*, von * bis * wdh, bis noch 2 M auf der Nd sind. Diese beiden M rechts str.

Die 2. und 3. R für alle Größen insgesamt 6 x wdh.

Anschließend wird im Patentmuster weitergestrickt, während auf der rechten Seite M zugenommen werden:

1. R (Hin-R): 1 M rechts str. Str, bis noch 5 M auf der Nd sind und die nächste M eine Patent-M ist. Die nächste Patent-M str, ohne die M von der Nd zu heben, 1 U über die Nd, die M erneut str = 2 M zugenommen. 3 M im Patentmuster str und mit 1 M rechts abschließen.

2. R (Rück-R): Wie gewohnt bis dorthin str, wo du soeben zugenommen hast. 1 U über die Nd, 1 M links abh, 1 M rechts str, 1 U über die Nd, 1 M links abh. Die R weiter im Patentmuster str und mit 1 M rechts abschließen.

Diese beiden R insgesamt 2 x (3 x) 3 x (4 x) 4 x (5 x) 5 x str = 4 (6) 6 (8) 8 (10) 10 M zugenommen. Du hast jetzt 13 (15) 15 (17) 17 (19) 19 M auf der rechten Schulter. Achte darauf, dass die letzte R auf der linken Seite gearbeitet wird. Den Faden nicht abtrennen.

VORDERTEIL

Jetzt werden die Schultern miteinander verbunden. Gleichzeitig werden zwischen den Schultern M für den Kragen aufgenommen.

Str mit dem Garnende der rechte Schulter weiter. Str, ohne Zun, über die M der rechten Schulter. Nimm dann mittels Schlaufen zwischen der rechten und der linken Schulter 11 (9) 11 (13) 11 (11) 13 M auf. Stricke, ohne Zun, im Patentmuster über die M der linken Schulter.

Du hast auf dem Vorderteil jetzt 37 (39) 41 (45) 47 (49) 51 M. Str, bis die Arbeit 28 (28) 30 (30) 32 (32) 34 cm misst. Achte darauf, dass die letzte R auf der linken Seite gearbeitet wird. Den Faden nicht abtrennen.

RUMPFTEIL

Mit dem Garn des Vorderteils weiterstr. Die M des Vorderteils wie vorab str, für den Armausschnitt mittels Schlaufen 1 M zun. Die M des Rückteils auf die Nd übertragen und die M des Rückteils str, für den Armausschnitt mittels Schlaufen 1 M zun. Du hast jetzt 76 (80) 84 (92) 96 (100) 104 M auf der Nd. Setze einen MM.

Anschließend wird wie folgt im Patentmuster rund gestrickt:

1. Rd: *1 U über die Nd, 1 M links abh, 1 Patent-M links str*, von * bis * über die Rd hinweg wdh.

2. Rd: *1 Patent-M rechts str, 1 U über die Nd und die nächste M links abh*, von * bis * über die Rd hinweg wdh.

Stricke, bis die Arbeit, vom Nacken aus gemessen, mittig des Rückteils 44 (46) 48 (50) 52 (54) 56 cm misst oder der gewünschten Länge entspricht.

Wechsle zu Nd 8,0 mm und str 1 Rd rechts. Str ein 8 cm langes doppeltes Bündchen (2 M rechts, 2 M links). Für das schönste Ergebnis empfiehlt es sich, italienisch abzuketten (eine Erklärung der Technik findest du im Internet unter dem Stichwort „italienisches Abketten“).

TIPP Wenn du den Kragen und die Ärmel an das Rumpfteil strickst, zieht sich der Pullover ein wenig zusammen und wird etwas kürzer – die Maßangaben hier berücksichtigen bereits, dass sich der Pullover 2 cm zusammenzieht. Um sicherzugehen, dass du die gewünschte Länge erhältst, str Ärmel und Kragen, bevor du mit dem Bündchen beginnst.

KRAGEN

Str um die Halsöffnung herum mit Nd 8,0 mm ca. 40 (40) 40 (44) 44 (48) 48 M auf. Str ein doppeltes Bündchen (2 M rechts, 2 M links), bis der Kragen 14 cm misst oder der gewünschten Länge entspricht. Kette italienisch ab.

! Wenn du nicht italienisch abketten möchtest, kannst du auch die übliche Variante verwenden, bedenke jedoch, dass der Rand dadurch weniger elastisch ist. Wird zu straff abgekettet, kann dies zu Schwierigkeiten beim Anziehen des Pullovers führen.

ÄRMEL (2 X)

Bei den Ärmeln sind mehrere Schritte gleichzeitig fällig, weshalb es sich empfiehlt, den kompletten Abschnitt zu lesen, bevor du mit dem Stricken beginnst.

Beginne auf der Unterseite des Ärmels und nimm auf Nd 10,0 mm mit einem Faden Air Garn, einem Faden dickem Mohairgarn und einem Faden Mini Wollfaden 40 (40) 42 (42) 44 (44) 46 M auf. Str im Patentmuster, bis der Ärmel 38 (38) 40 (40) 42 (42) 44 cm misst oder der gewünschten Länge entspricht.

Gleichzeitig sollen alle 10 cm 4 M abgenommen werden, insgesamt 4 x = 16 M abgenommen (= 24 (24) 26 (26) 28 (28) 30 M auf dem Ärmel). Wie folgt abn:

1 M links abn, Patent str, bis noch 4 M in der Rd verbleiben, 1 M rechts abn, 1 U auf die Nd und 1 M locker links abheben.

Str 1 Rd rechts, während du gleichmäßig verteilt 0 (0) 2 (2) 0 (0) 2 M abnimmst.

Auf dem Ärmel verbleiben jetzt noch 24 (24) 24 (24) 28 (28) 28 M. Wechsle zu Nd 8,0 mm und str ein 8 cm langes, doppeltes Bündchen (2 M rechts, 2 M links).

Für das schönste Ergebnis italienisch abketten.

Str auf der anderen Seite einen zweiten Ärmel.

Alle losen Fäden befestigen.

Der Pullover wird sich beim Tragen ein wenig dehnen. Bedenke auch, dass er sich auch beim Waschen weiten kann. Um M und Übergänge zu glätten, empfiehlt es sich, den Pullover zu dämpfen, anstatt ihn zu waschen. Trockne den Pullover nach dem Waschen flach aufliegend.

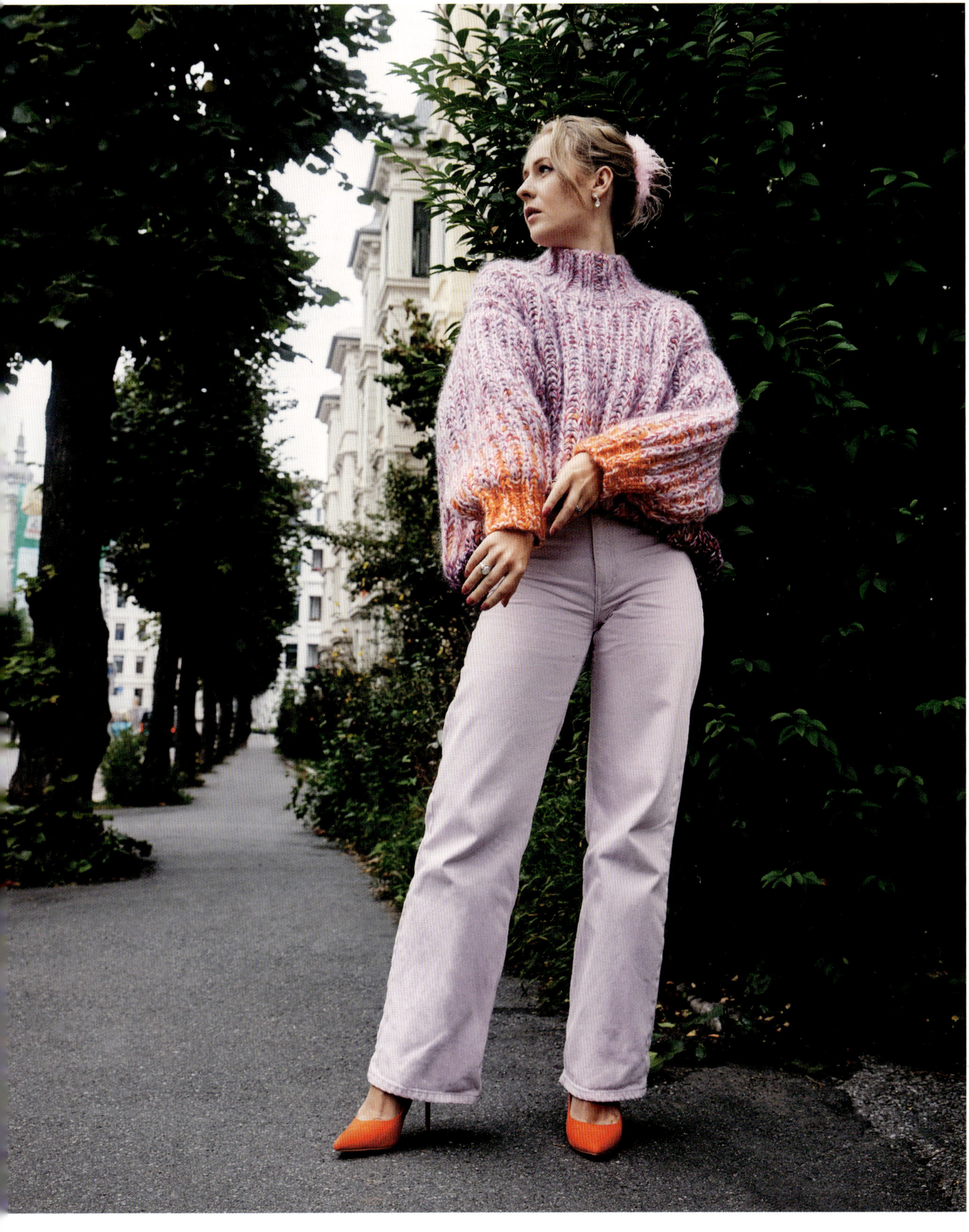

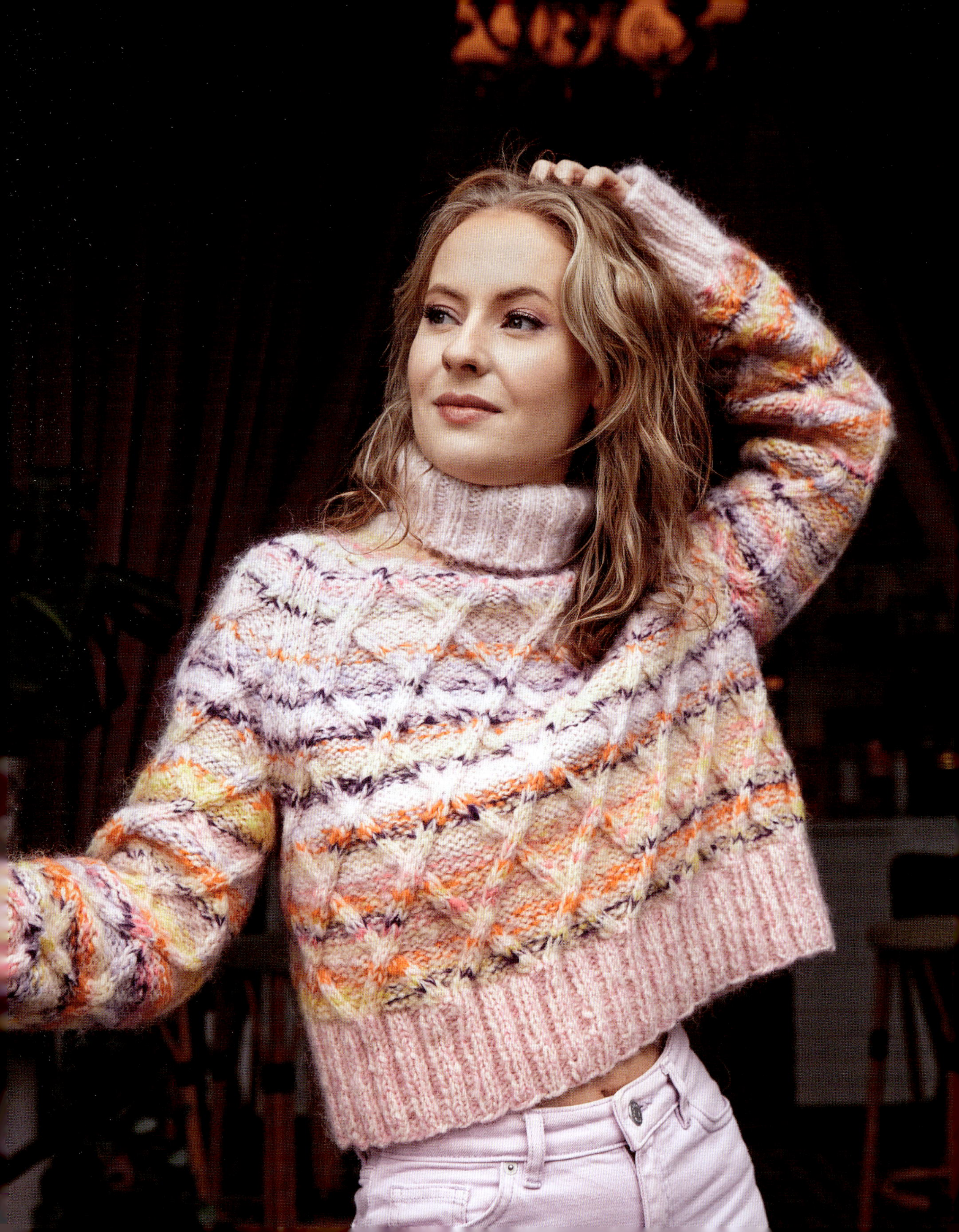

ZW-Nr. 2

In der hintersten Ecke meines Kleiderschranks fristete ein dicker, mehrfarbig gestreifter Mohairpullover sein Dasein. Gestrickt hatte ich ihn mit den besten Absichten, getragen habe ich ihn jedoch nie. Also beschloss ich, ihn aufzutrennen, und plötzlich saß ich mit einer Unmenge kleiner Knäuel dicken Mohairs in vielen verschiedenen Farben da. Diese Knäuel sind für die verschiedenen Farben in dem Pullover verantwortlich, den du auf dem Bild siehst. Neben den bunten Knäueln hatte ich mehrere große Knäuel in unterschiedlichen Nuancen von hellem Rosa, die ich als Grundfarbe verwendet habe. Die Bündchen habe ich einfarbig in Hellrosa-meliert gehalten, indem ich neben der rosa Grundfarbe zusätzlich einen weißen Faden verwendet habe.

ZW-Nr. 2 ist ein perfektes Projekt, um kleine Reste von dickem Mohair aufzubrauchen. Der Pullover eignet sich gut, um mit Farbspiel gestrickt zu werden, sowohl mit als auch ohne Grundfarbe – lass also deine Garnreste über das Ergebnis bestimmen. Die Struktur und die linken M verbinden die Farben auf eine schöne Weise miteinander und du erhältst einen dicken, wohlig warmen Pullover, der perfekt für kalte Tage geeignet ist.

MAẞE XS (S) M (L) XL (XXL) 3XL

Brustumfang: 92 (100) 108 (116) 124 (132) 140 cm

Länge: ca. 46 (47) 51 (55) 58 (62) 65 cm

MASCHENPROBE

Zopfmuster: 16 M x 22 R = 10 cm x 10 cm

AUSSTATTUNG

Rundstricknadel 4,5 mm, 80 cm und 40 cm lang

Rundstricknadel 5,0 mm, 80 cm und 40 cm lang

GARN

Ca. 300 (325) 350 (375) 400 (425) 450 g dickes Mohairgarn in der Grundfarbe

Ca. 300 (325) 350 (375) 400 (425) 450 g dickes Mohairgarn in Restfarben

MASCHENPROBE

Mit zwei Fäden dickem Mohairgarn 20 M auf Nd 5,0 mm anschlagen. Die nachfolgende Abbildung str. Wenn die Maschenprobe stimmt, misst das Stück 12 cm x 12 cm.

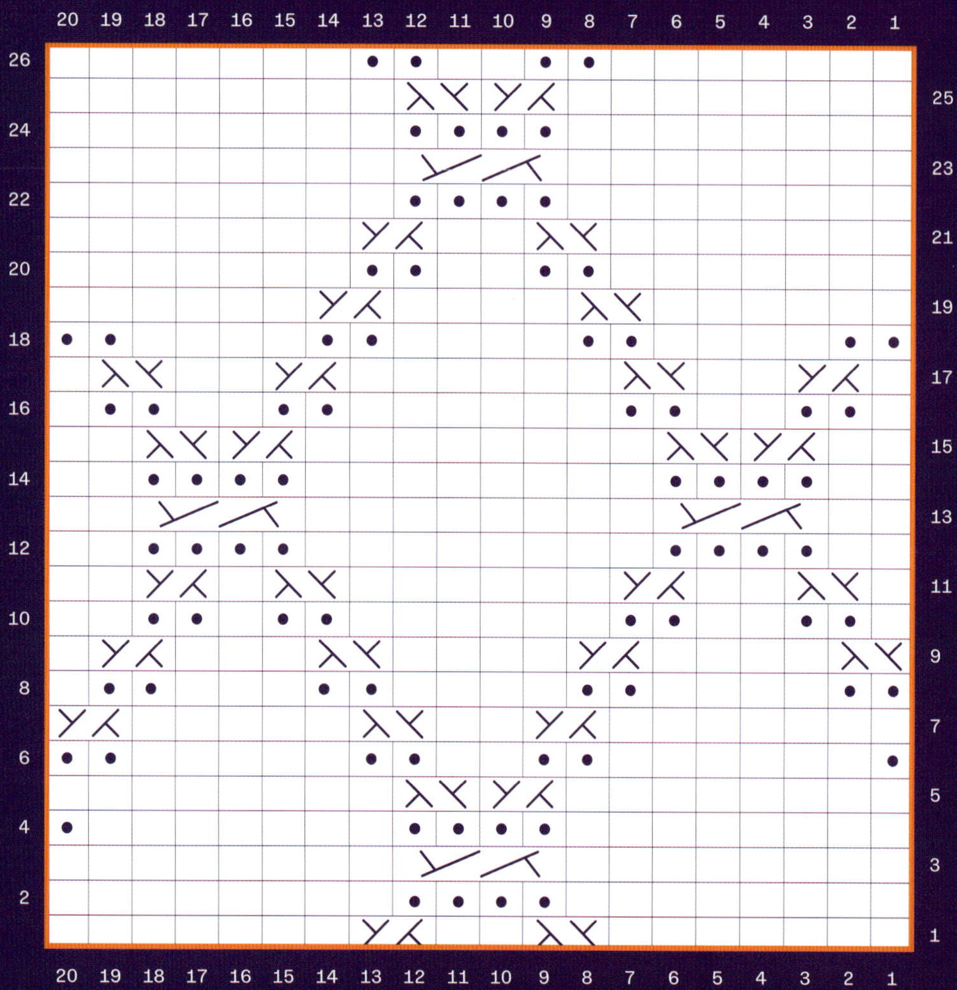

Hin-R: links str
Rück-R: rechts str

Hin-R: rechts str
Rück-R: links str

2 M auf eine Zopf-Nd heben, 1 M links str, die 2 M auf der Zopf-Nd wieder auf die Nd setzen und diese rechts str

Bis zu 1 M vor dem Symbol str, diese M auf eine Zopf-Nd hinter der Arbeit heben, 2 M rechts str, die M auf der Zopf-Nd auf die Nd heben und diese links str

2 M auf eine Zopf-Nd vor der Arbeit heben, 2 M rechts str, die 2 M auf der Zopf-Nd wieder auf die Nd zurücksetzen und diese 2 M rechts str

STRICKSCHRIFT

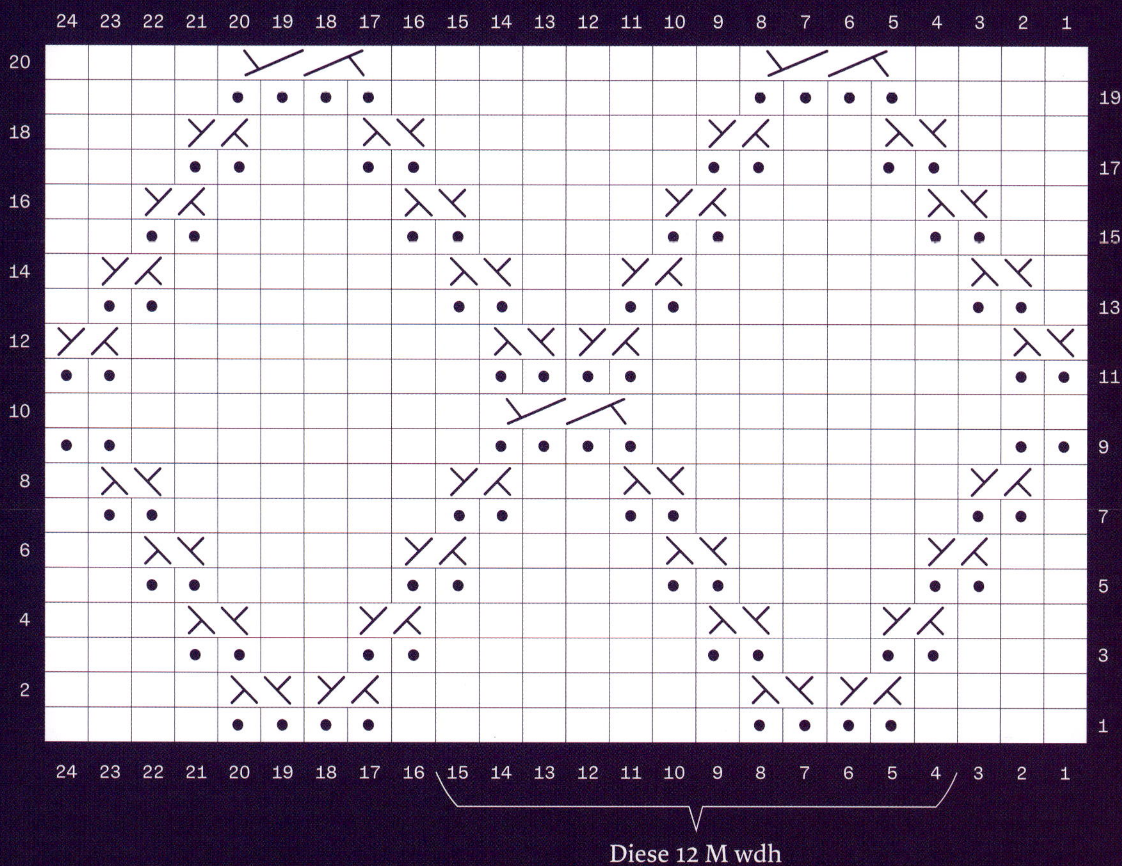

 Hin-R: links str
Rück-R: rechts str

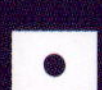 Hin-R: rechts str
Rück-R: links str

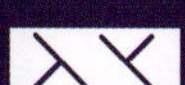 2 M auf eine Zopf-Nd heben, 1 M links str, die 2 M auf der Zopf-Nd wieder auf die Nd setzen und diese rechts str

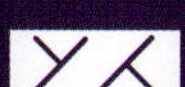 Bis zu 1 M vor dem Symbol str, diese M auf eine Zopf-Nd hinter der Arbeit heben, 2 M rechts str, die M auf der Zopf-Nd auf die Nd heben und diese links str

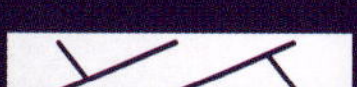 2 M auf eine Zopf-Nd vor der Arbeit heben, 2 M rechts str, die 2 M auf der Zopf-Nd wieder auf die Nd zurücksetzen und diese 2 M rechts str

RUMPFTEIL

Schlage auf Nd 4,5 mm mit doppeltem Faden dickem Mohairgarn 168 (180) 192 (204) 216 (228) 240 M an. Str ein 10 cm langes Bündchen (2 M rechts, 2 M links). Wechsle zu Nd 5,0 mm. Str das Zopfmuster entsprechend der Strickschrift, bis die Arbeit 25 (25) 27 (29) 30 (32) 34 cm misst und die nächste Rd eine ohne Zopfmuster ist.

Am Rd-Anfang 5 M abn. Nach dem Muster 74 (80) 86 (92) 98 (104) 110 M str, 10 M abn, str, bis noch 5 M auf der Nd verbleiben, die letzten 5 M abn.

ÄRMEL (2 X)

Auf Nd 4,5 mm mit doppeltem Faden dickem Mohairgarn 48 (48) 48 (56) 56 (56) 56 M anschlagen. Ein 10 cm langes, doppeltes Bündchen str. Zu Nd 5,0 mm wechseln, 1 Rd rechts str und dabei gleichzeitig 0 (0) 0 (4) 4 (4) 4 M zun. Zopfmuster entsprechend der Strickschrift str, bis die Arbeit ca. 25 (25) 15 (25) 25 (15) 15 cm misst. Anschließend insgesamt 0 x (3 x) 4 x (0 x) 3 x (4 x) 4 x wie folgt zun:

1 M links str, 1 M rechts zun, diese M links str. Str, bis noch 1 M auf der Nd verbleibt, 1 M links zun, diese und die letzte M links str = 2 M zugenommen.

Weiterhin alle 10 cm zun = insgesamt 0 (6) 8 (0) 6 (8) 8 M zugenommen. Die zugenommenen M werden durchweg links gestrickt und nicht in das Zopfmuster integriert.

Es befinden sich jetzt 48 (54) 56 (60) 66 (68) 68 M auf der Nd. Str, bis die Arbeit ca. 45 cm misst und die nächste Rd eine ohne Zopfmuster ist. Am Anfang der Rd 5 M abn, str, bis noch 5 M der Rd verbleiben, die letzten 5 M abn = 10 M abgenommen. Einen zweiten Ärmel str und die Ärmel an das Rumpfteil setzen.

SCHULTERPASSE

Die Schulterpasse besteht jetzt aus 224 (248) 264 (284) 308 (324) 336 M.

Die ersten 2 M des Vorderteils rechts str und einen MM einsetzen. Das bildet den Anfang der Rd. 2 M rechts str, weiter das Zopfmuster str, bis auf dem Vorderteil noch 4 M verbleiben. *2 M rechts str, einen MM einsetzen, 2 M rechts str*. Dem Zopfmuster entsprechend über die M des Ärmels str, von * bis * wdh. Weiter das Zopfmuster str, bis auf dem Rückteil noch 4 M verbleiben, von * bis * wdh. Das Zopfmuster über die M des linken Ärmels str.

Du hast jetzt 4 MM, die angeben, wo die Raglan-Abn erfolgen sollen. Die 2 M vor und nach den MM sind Raglan-M und werden immer rechts gestrickt.

1 Rd entsprechend der Strickschrift str. Raglan-M rechts str. Anschließend mit den Raglan-Abn beginnen.

1 M str, 1 M links abn. *Dem Zopfmuster entsprechend bis 3 M vor dem nächsten MM str, 1 M rechts abn, 2 M rechts str, 1 M links abn*, von * bis * wdh, bis noch 3 M in der Rd verbleiben, 1 M rechts abn = 8 M abgenommen.

1 Rd ohne Abn str.

Die Raglan-Abn insgesamt 19 x (22 x) 24 x (26 x) 29 x (31 x) 32 x wdh = 72 (72) 72 (76) 76 (76) 80 M verbleiben für den Kragen.

KRAGEN

Zu Nd 4,5 mm wechseln und ein 15 cm langes Bündchen str. Italienisch abketten (eine Erklärung der Technik findest du im Internet unter dem Stichwort „italienisches Abketten“).

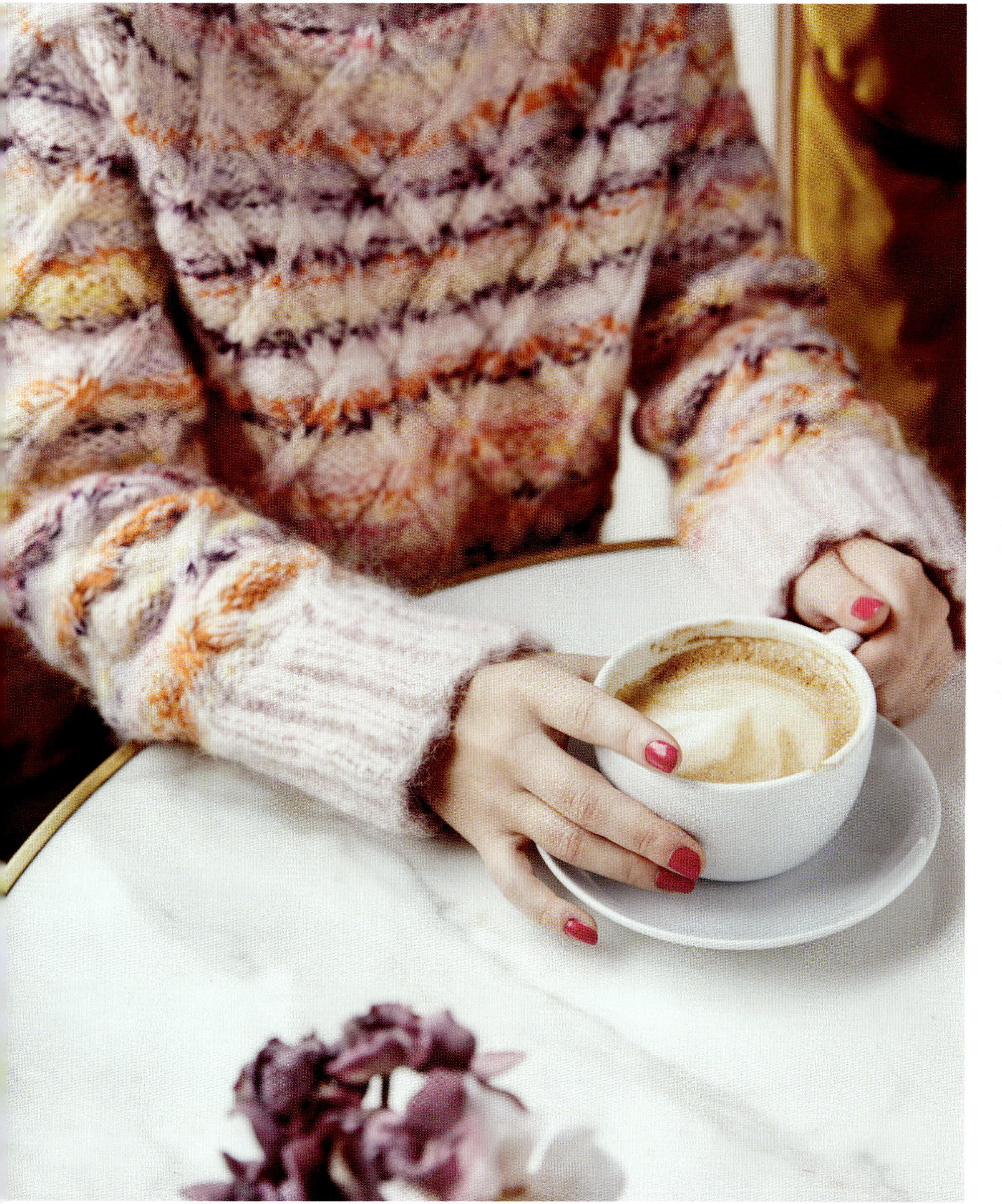

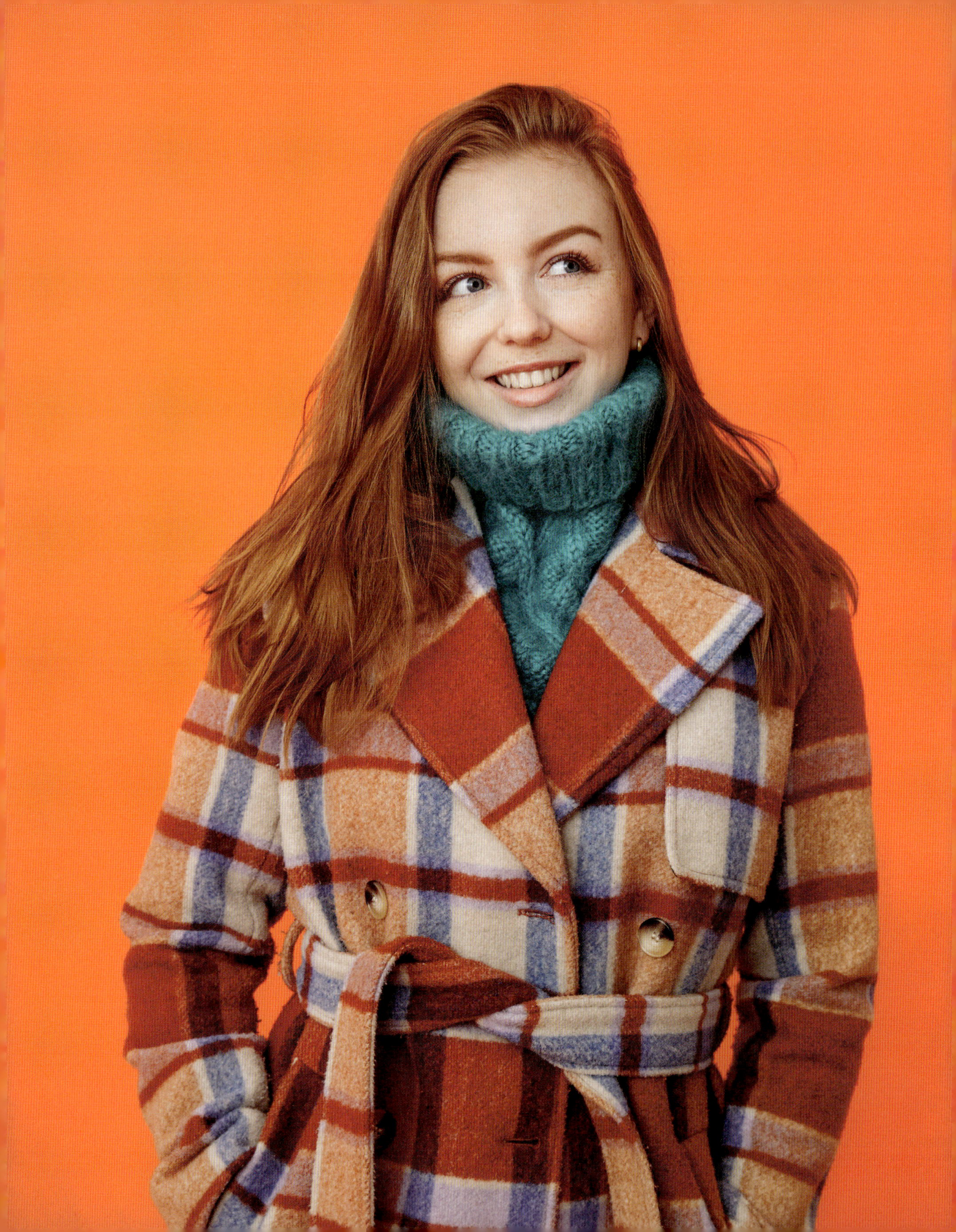

ZW-Nr. 2 Kragen

Ein guter, wohlig warmer Kragen ist für jede Herbstgarderobe ein essenzielles Kleidungsstück und perfekt, um unter einem Mantel, einer Jacke oder zu einem großen Pullover getragen zu werden. Der Kragen von ZW-Nr. 2 ist aus dickem, flauschigem Mohair gestrickt und gut für kalte Herbst- und Wintertage geeignet. Der Kragen kann, ebenso wie der ZW-Nr. 2-Pullover, mit einer Grund- und einer Restfarbe oder mit doppeltem Faden in der gleichen Farbe gestrickt werden, wie das abgebildete Exemplar. Der Kragen ist perfekt geeignet, um die winzigsten Reste von dickem Mohair aufzubrauchen.

MAßE S (L)

Länge (vom Nacken abwärts gemessen):
ca. 27 (28) cm
Breite: ca. 30 (32) cm

MASCHENPROBE

Zopfmuster: 16 M x 22 Rd = 10 cm x 10 cm

AUSSTATTUNG

Rundstricknadel 4,5 mm, 80 cm und 40 cm lang
Rundstricknadel 5,0 mm, 80 cm lang

GARN

ca. 100 (110) g dickes Mohairgarn in der Grundfarbe
ca. 100 (110) g dickes Mohairgarn in Restfarben

STRICKSCHRIFT

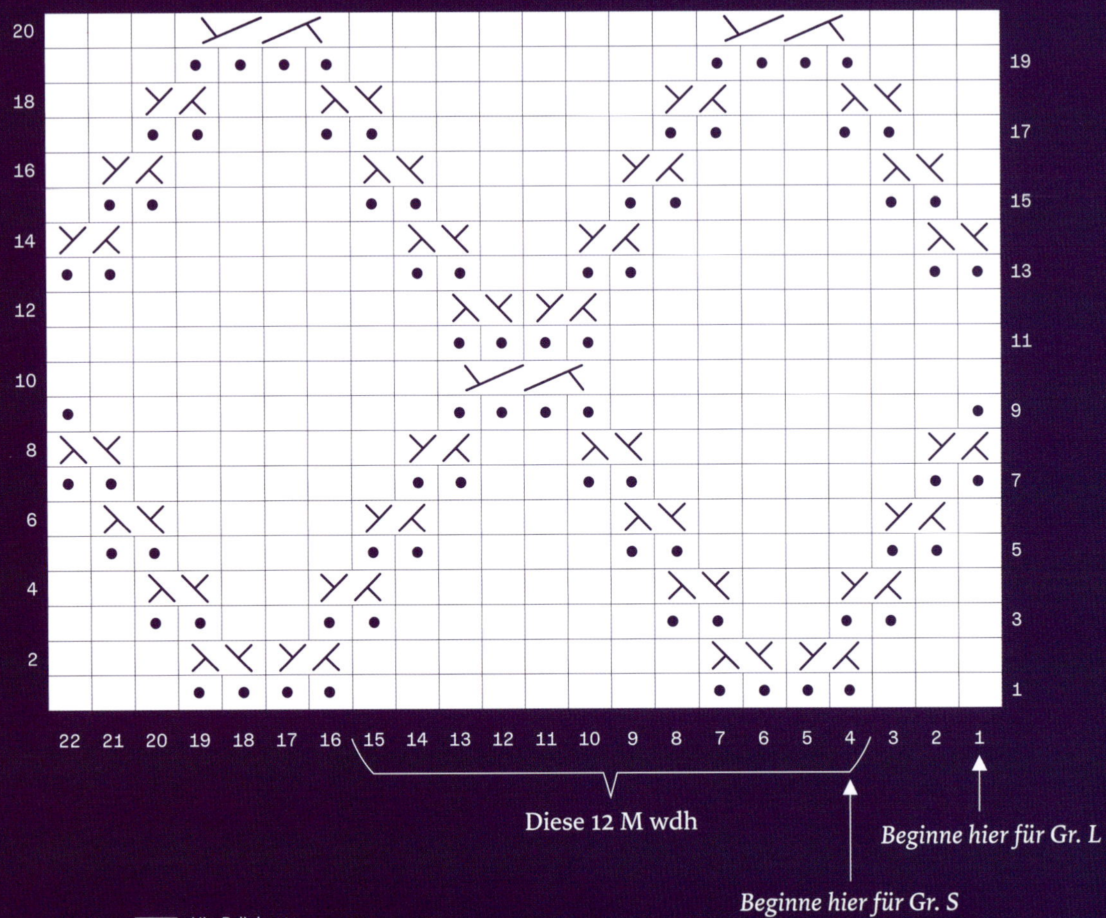

Hin-R: links str
Rück-R: rechts str

Hin-R: rechts str
Rück-R: links str

2 M auf eine Zopf-Nd heben, 1 M links str, die 2 M auf der Zopf-Nd wieder auf die Nd setzen und diese rechts str

Bis zu 1 M vor dem Symbol str, diese M auf eine Zopf-Nd hinter der Arbeit heben, 2 M rechts str, die M auf der Zopf-Nd auf die Nd heben und diese links str

2 M auf eine Zopf-Nd vor der Arbeit heben, 2 M rechts str, die 2 M auf der Zopf-Nd wieder auf die Nd zurücksetzen und diese 2 M rechts str

KRAGEN

Auf Nd 4,5 mm mit doppeltem Faden dickem Mohairgarn 72 (76) M anschlagen.

15 cm Bündchen (2 M rechts, 2 M links) str.

Zu Nd 5,0 mm, 40 cm, wechseln und 1 Rd rechts str und dabei gleichzeitig, gleichmäßig verteilt, 4 M zun = 76 (80) M auf der Nd.

4 M rechts str, einen MM einsetzen, 1 M zun, über die nächsten 28 (30) M gemäß der Strickschrift str, 1 M zun. Einen MM einsetzen, 8 M rechts str, einen MM einsetzen, 1 M zun. Über die nächsten 28 (30) M gemäß der Strickschrift str, 1 M zun, einen MM einsetzen, 4 M rechts str = 4 M zugenommen.

Du hast jetzt 30 (32) M für Vorderteil und Rückteil sowie 8 M für jede Schulter = 76 (80) M auf der Nd.

Str wie folgt weiter:

1. Rd: Bis zum ersten MM rechts str, bis zum nächsten MM wie in der Strickschrift angegeben str, bis zum nächsten MM rechts str, bis zum letzten MM wie in der Strickschrift angegeben str, die Rd rechts fertigstr.

2. Rd: Bis zum ersten MM str, *den MM auf die linke Nd verlegen, 1 M zun und diese M in das Zopfmuster (siehe Strickschrift) integrieren. Bis zum nächsten MM wie in der Strickschrift angegeben str, 1 M zun und diese M in das Zopfmuster (siehe Strickschrift) integrieren.* Bis zum nächsten MM rechts str, von * bis * wdh und den Rest der Rd rechts str = 4 M zugenommen.

Diese Rd insgesamt 7 x wdh = (108) 112 M.

Du hast jetzt 46 (48) M für Vorderteil und Rückteil sowie 8 M für jede Schulter. Anschließend wie folgt bei Vorder- und Rückteil Rand-M zun:

1. Rd: Bis zum ersten MM rechts str, bis zum nächsten MM wie in der Strickschrift angegeben str, bis zum nächsten MM 8 M rechts str, bis zum letzten MM wie in der Strickschrift angegeben str, 4 M rechts str.

2. Rd: Bis zum ersten MM str, *den MM auf die linke Nd verlegen, 1 M zun und diese M rechts str. Bis zum nächsten MM wie in der Strickschrift angegeben str, 1 M zun und diese M rechts str.* Bis zum nächsten MM rechts str, von * bis * wdh und den Rest der Rd rechts str.

Diese beiden Rd insgesamt 4 x wdh und die zugenommenen M rechts str = 124 (128) M auf der Nd.

Den Faden abtrennen.

31 (32) M von der rechten Nd auf die linke Nd übertragen und das neue Garn so einsetzen, dass die Rd in der Mitte des Rückteils beginnt. In der nächsten Rd werden die Schulter-M abgenommen und die Arbeit gleichzeitig in Vorder- und Rückteil aufgeteilt.

Bis zum ersten MM nach der Strickschrift und Rand-M str, 8 M abn. Bis zum nächsten MM str, 8 M abn. Bis zur Mitte des Rückteils, dem Anfang der Rd str, und den Faden abtrennen.

Du hast jetzt 46 (48) M auf dem Vorderteil und dem Rückteil.

Lass die M des Rückteils auf einem Maschenhalter oder einem Faden ruhen und beginne mit dem Vorderteil.

VORDERTEIL

Die erste R befindet sich auf der linken Seite. Setze das Garn an und str wie folgt:

1. R (Rück-R): Die erste M mit dem Faden vor der Arbeit links abh und 3 M links str. Wie in der Strickschrift angegeben str, 3 M links str. Die letzte M auf der Nd rechts str.

2. R (Hin-R): Die erste M mit dem Faden vor der Arbeit links abh und 3 M rechts str. Wie in der Strickschrift angegeben str. 4 M rechts str.

Diese beiden R wdh, bis die Arbeit vom Nacken des Kragens abwärts gemessen ca. 24 (25) cm misst.

6 R glatt rechts str. 2 R einfaches Bündchen mit Rand-M str und mit rechten M abketten.

RÜCKTEIL

Wie das Vorderteil str.

Alle Fäden vernähen und den Kragen vor dem Tragen dämpfen oder waschen.

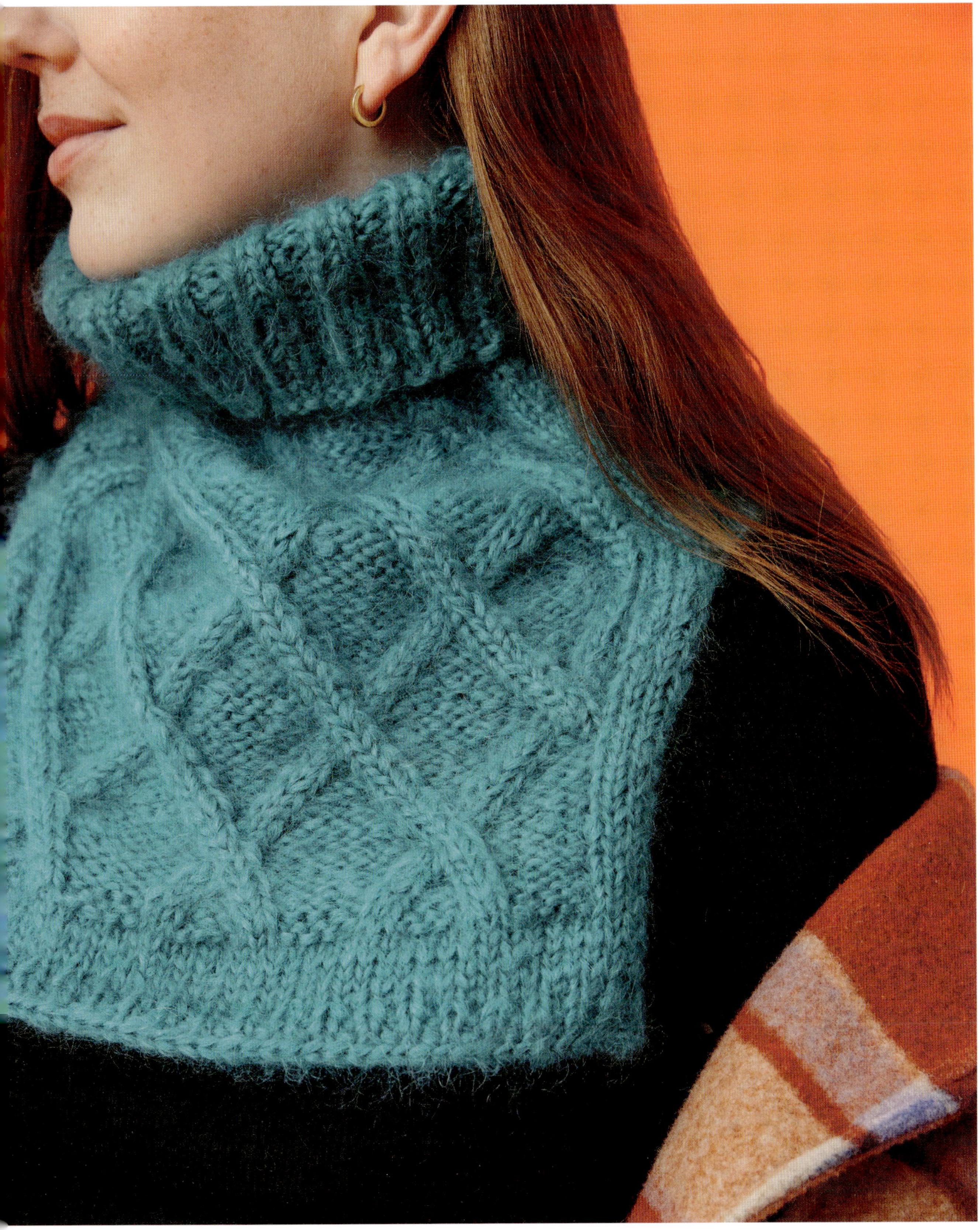

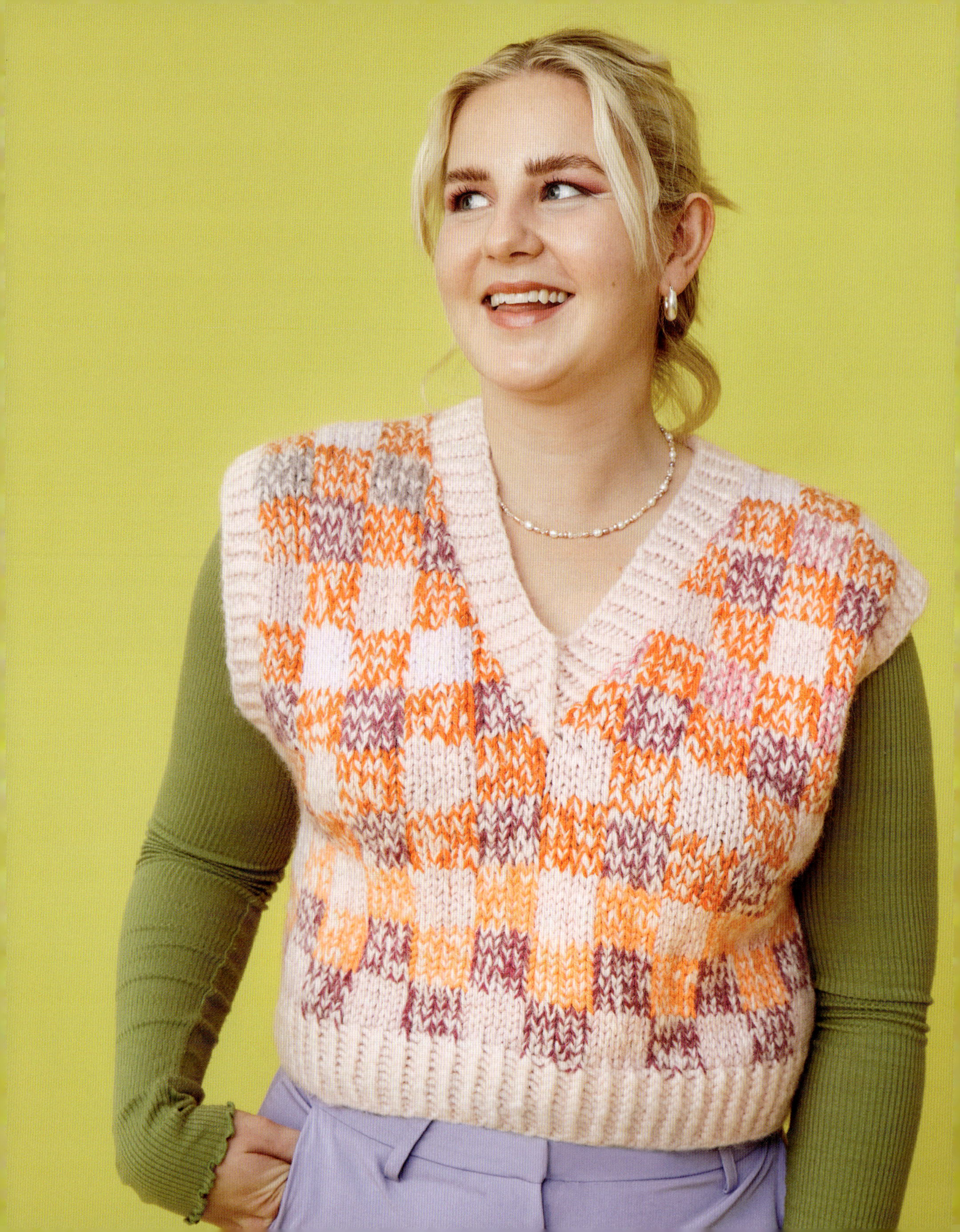

ZW-Nr. 3

Dieser Pullunder ist mit einfarbigem Air Garn als Grundfarbe und einem dünnen Wollfaden in verschiedenen Farben für das Karomuster gestrickt. Für die Karos benötigst du einen dünnen Wollfaden in mindestens zwei verschiedenen Farben. Ich habe mich für die Hälfte der Garnmenge des dünnen Wollfadens für eine durchgehende Farbe entschieden und für die andere Hälfte für Reste in unterschiedlichen Farben. So erhielt ich für das Karomuster eine durchgehende Farbe (in diesem Fall Orange), während der Rest der Karos die Farbe wechselt. Lasse dein Garn über die Farben der Karos entscheiden – ob es zwei oder mehrere Farben werden – und probiere dich aus.

MAßE XXS/XS (S/M) L/XL (XL/3XL)

Brustumfang: 94 (110) 126 (142) cm

Länge: ca. 45 (53) 61 (69) cm

MASCHENPROBE

Glatt rechts: 12 M x 19 R = 10 cm x 10 cm

AUSSTATTUNG

Rundstricknadel 6,0 mm, 80 cm lang

GARN

200 (225) 250 (300) g Air Garn

175 (200) 225 (250) g dünner Wollfaden

MASCHENPROBE

Mit einem Faden Air Garn und einem dünnen Wollfaden 15 M anschlagen. Das Karomuster gemäß dem Zählmuster auf Seite 77 str, bis es in der Höhe 3 Karos sind = 3 x 3 Karos. Stimmt die Maschenprobe, dann sollte das Stück 12 cm x 12 cm messen.

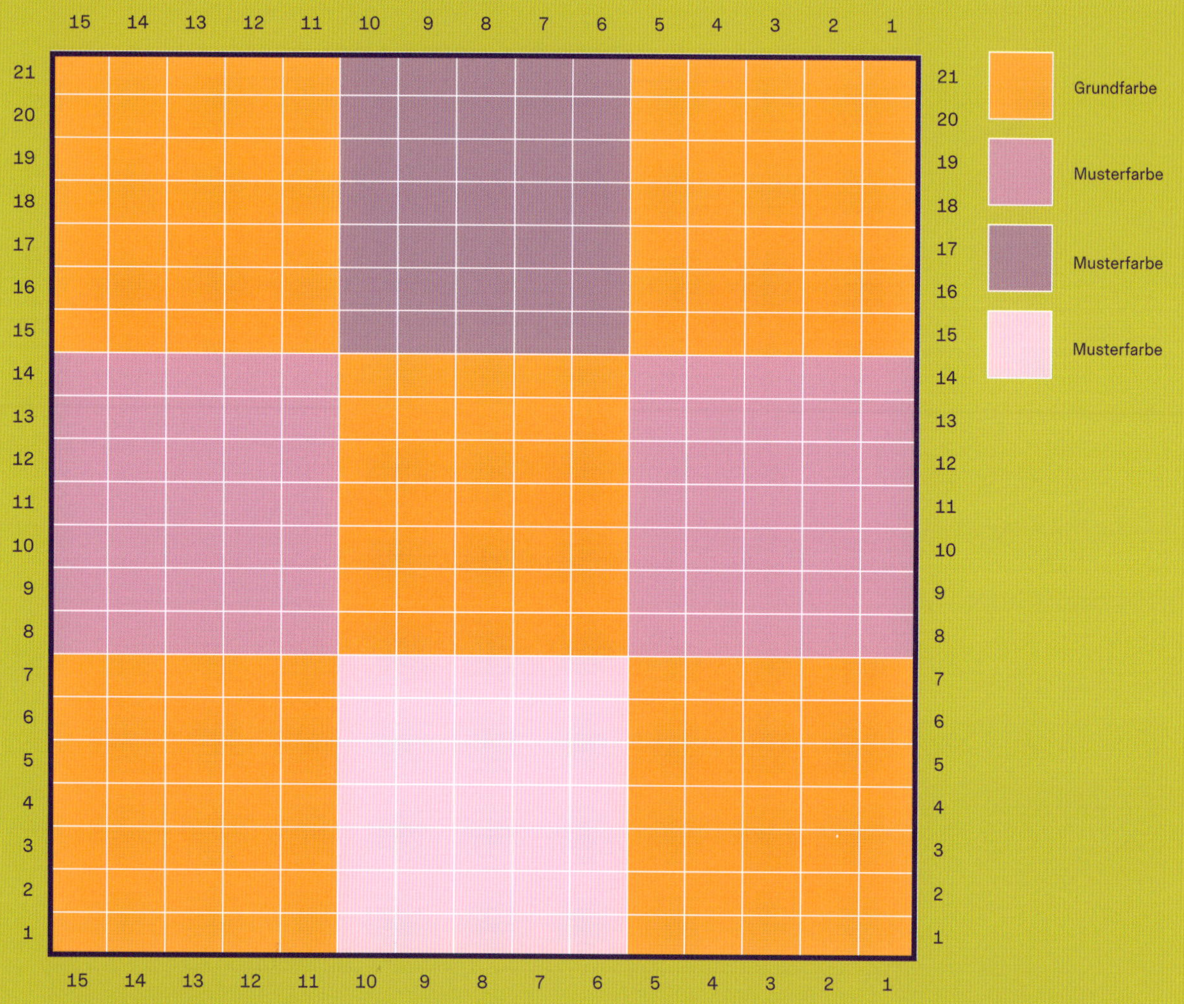

ZÄHLMUSTER

Die abgebildete Weste wird durchweg mit einem Faden Air Garn als Basis gestrickt, während das Karomuster zusätzlich mit einem dünnen Wollfaden gestrickt wird.

Die Karos werden mit 5 M x 7 R gestrickt.

Werden M zugenommen, dann werden diese fortlaufend in das Muster integriert, siehe Beispiel für das Integrieren von M in dem Zählmuster auf der nebenstehenden Seite.

ZUNAHMEN

Die Zun werden wie folgt gestrickt: Bis zu dem Punkt str, an dem zugenommen werden soll und zwischen der zuletzt gestrickten M und der nächsten M mit dem Faden eine Schlaufe fertigen, diese Schlaufe rechts str = 1 M zugenommen.

BEISPIEL INTEGRIERTE ZUNAHMEN

Die Linien im Zählmuster markieren, wo die Zun erfolgen sollen. Str wie folgt:

1. R: 1 M mit der Grundfarbe str, 1 M mit der Musterfarbe zun. Die R dem Muster entsprechend fertigstr.

2. R: Dem Muster entsprechend links str.

3. R: 1 M mit der Grundfarbe str, 1 M mit der Grundfarbe zun. Die R dem Muster entsprechend fertigstr.

4. R: Wie die 2. R str.

Auf diese Weise integrierst du die M während des Strickens in das Karomuster.

RÜCKTEIL RECHTE SCHULTER

Auf Nd 6,0 mm mit einem Faden Air Garn und einem dünnen Wollfaden im Karomuster entsprechend des Zähmusters von rechts nach links 15 (15) 20 (20) M anschlagen. Dem Muster entsprechend 1 R links str. Wie folgt für alle Größen zun:

1. R (Hin-R): 1 M rechts str, 1 M rechts zun, die neue M ins Muster integrieren, die R dem Muster entsprechend fertigstr.
2. R: Dem Muster entsprechend links str.
3. R: 1 M rechts str, 1 M rechts zun, dem Muster entsprechend str.
4. R: Wie die 2. R str.
5. R: Wie die 3. R str.
6. R: Wie die 2. R str.
(= 3 Zun und du hast 18 (18) 23 (23) M auf der Nd)

Insgesamt hast du jetzt 7 R gestrickt. Trenne den Faden ab und lass die M auf der Nd ruhen, während du die linke Schulter strickst.

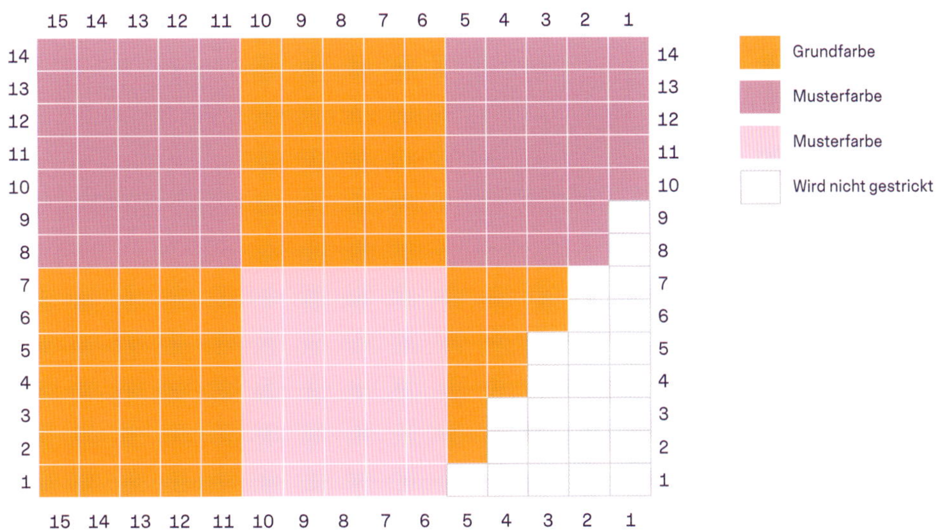

RÜCKTEIL LINKE SCHULTER

Auf Nd 6,0 mm mit einem Faden Air Garn und einem dünnen Wollfaden im Karomuster entsprechend des Zählmusters von links nach rechts 15 (15) 20 (20) M anschlagen (Beginne dabei mit der entgegengesetzten Farbe von der Farbe auf der rechten Schulter). Str 1 R links. Anschließend wie folgt für alle Größen zun:

1. R (Hin-R): Dem Muster entsprechend str, bis noch 1 M auf der Nd verbleibt, 1 M links zun, die neue M ins Muster integrieren, 1 M str.
2. R: Dem Muster entsprechend links str.
3. R: Str, bis noch 1 M auf der Nd verbleibt, 1 M links zun, wie im Muster angegeben 1 M rechts str.
4. R: Wie die 2. R str.
5. R: Wie die 3. R str.
6. R: Wie die 2. R str.
(= 3 Zun und du hast 18 (18) 23 (23) M auf der Nd)

Du hast jetzt 7 R gestrickt und beginnst nun mit dem Rückteil. Den Faden nicht abtrennen.

RÜCKTEIL

Über die M der linken Schulter rechts str. Mittels Schlaufenanschlag 14 (24) 24 (34) M anschlagen und die M ins Muster integrieren. Über die M der rechten Schulter rechts str. Du hast jetzt 50 (60) 70 (80) M auf dem Rückteil.

Dem Muster entsprechend in Hin- und Rück-R glatt rechts str, bis die Arbeit von der Schulter an gemessen ca. 20 (31) 31 (39) cm misst und du, nach unten hin, mit deinem 6. (9.) 9. (11.) Karo begonnen hast. Achte darauf, dass sich die nächste R auf der rechten Seite der Arbeit befindet. Anschließend wie folgt für den Armausschnitt zun:

1. R: 1 M str, 1 M rechts zun. Dem Muster entsprechend str, bis noch 1 M auf der Nd verbleibt. 1 M links zun und 1 M rechts str.
2. R: Dem Muster entsprechend links str.
3. R: Dem Muster entsprechend rechts str.
4. R: Wie die 2. R str.

Diese 4 R insgesamt 3 x wdh. Anschließend in jeder 2. R wie folgt zun:

1. R: 1 M rechts str, 1 M rechts zun. Dem Muster entsprechend rechts str, bis noch 1 M auf der Nd verbleibt. 1 M links zun, 1 M rechts str.
2. R: Dem Muster entsprechend links str.

Diese R 2 x wdh. Du hast jetzt auf jeder Seite des Rückteils 5 M zugenommen = 60 (70) 80 (90) M auf dem Rückteil.

Den Faden abtrennen und die M auf einem Maschenhalter oder einem Faden ruhen lassen, während das Vorderteil gestrickt wird.

VORDERTEIL LINKE SCHULTER

Auf Nd 6,0 mm mit einem Faden Air Garn und einem dünnen Wollfaden entlang der Anschlagkante der linken Schulter des Rückteils 15 (15) 20 (20) M aufnehmen und entsprechend des Zählmusters von rechts nach links str.

Dem Muster entsprechend 3 R str, wobei sich die erste und die letzte R auf der linken Seite der Arbeit befinden.

Anschließend wie folgt für den V-Ausschnitt zun:

1. R: 1 M str, 1 M rechts zun, die neue M ins Muster integrieren, die R dem Muster entsprechend weiter str.
2. R: Dem Muster entsprechend links str.

3. R: Dem Muster entsprechend rechts str.
4. R: Wie die 2. R str.

Diese 4 R insgesamt 8 x (13 x) 13 x (18 x) wdh. In der nächsten R wird gleichzeitig für den Armausschnitt und den V-Ausschnitt zugenommen:

1. R: 1 M rechts str, 1 M rechts zun. Str, bis noch 1 M auf der Nd verbleibt, 1 M links zun, 1 M rechts str. Zwischendrin die neuen M ins Muster integrieren.
2. R: Dem Muster entsprechend links str.
3. R: Dem Muster entsprechend rechts str.
4. R: Wie die 2. R str.

Diese 4 R insgesamt 2 x wdh. Du hast jetzt 2 (3) 3 (4) neue Karos im Muster beim V-Ausschnitt und 2 neue M im Armausschnitt kreiert. Trenne den Faden ab und lass die M auf der Nd oder einem Maschenhalter ruhen.

VORDERTEIL RECHTE SCHULTER

Auf Nd 6,0 mm mit einem Faden Air Garn und einem dünnen Wollfaden entlang der Anschlagkante der rechten Schulter des Rückteils 15 (15) 20 (20) M aufnehmen. Entsprechend dem Zählmuster von links nach rechts str. Damit das Karomuster aufgeht, wenn die Vorderteile aufeinandertreffen, musst du hier darauf achten, die Karos in der der linken Schulter entgegengesetzten Farbreihenfolge zu str.

Dem Muster entsprechend 3 R str, wobei die erste und die letzte R links gestrickt sind.

Anschließend wie folgt für den V-Ausschnitt zun:

1. R: Str, bis noch 1 M auf der Nd verbleibt, 1 M links zun, die neue M ins Muster integrieren, 1 M rechts str.
2. R: Dem Muster entsprechend links str.
3. R: Dem Muster entsprechend rechts str.
4. R: Wie die 2. R str.

Diese 4 R insgesamt 8 x (13 x) 13 x (18 x) wdh. In der nächsten R wird gleichzeitig für den Armausschnitt und den V-Ausschnitt zugenommen:

1. R: 1 M rechts str, 1 M links zun. Str, bis noch 1 M auf der Nd verbleibt, 1 M rechts zun, 1 M rechts str. Zwischendrin die neuen M ins Muster integrieren.
2. R: Dem Muster entsprechend links str.
3. R: Dem Muster entsprechend rechts str.
4. R: Wie die 2. R str.

Diese 4 R insgesamt 2 x wdh. Du hast jetzt 2 (3) 3 (4) neue Karos im Muster beim V-Ausschnitt und 2 neue M im Armausschnitt kreiert. In der nächsten Rd werden die beiden Schultern zum Vorderteil zusammengestrickt, zudem wird weiter für den Armausschnitt zugenommen.

VORDERTEIL

Jetzt wird über das rechte und linke Vorderteil rechts gestrickt, während gleichzeitig auf beiden Seiten des Vorderteils wie folgt für die Armausschnitte zugenommen wird:

1. R: 1 M rechts str, 1 M rechts zun. Dem Muster entsprechend über das rechte Vorderteil rechts str, dem Muster entsprechend über das linke Vorderteil fortfahren, bis noch 1 M auf der Nd verbleibt, 1 M links zun.
2. R: Dem Muster entsprechend links str.
3. R: Dem Muster entsprechend rechts str.
4. R: Wie die 2. R str.

Anschließend wird in jeder 2. R zugenommen, d. h. in jeder R, die rechts gestrickt wird:

1. R: 1 M rechts str, 1 M rechts zun. Str, bis noch 1 M auf der Nd verbleibt, 1 M links zun.
2. R: Dem Muster entsprechend links str.

Diese beiden R 2 x wdh. Du hast jetzt auf jeder Seite des Vorderteils bei den Armausschnitten ein neues Karo kreiert = 60 (70) 80 (90) M auf dem Vorderteil.

RUMPFTEIL

Dem Muster entsprechend über die M des Vorderteils rechts str, dem Muster entsprechend über die M des Rückteils rechts str = 120 (140) 160 (180) M auf der Nd.

Rund str, bis die Arbeit von den Schultern an gemessen ca. 39 (47) 55 (63) cm misst oder der gewünschten Länge entspricht, die letzte Rd soll die letzte vor dem Farbwechsel sein.

Auf Nd 6,0 mm mit doppeltem Faden Air Garn 1 Rd rechts str. Weiter 6 cm verschränktes Bündchen str (1 M verschr rechts, 1 M verschr links). Abketten.

KRAGEN

Auf dem Rückteil beginnend auf Nd 6,0 mm mit doppeltem Faden Air Garn M aufnehmen. Die M dabei wie folgt aufnehmen: 17 (27) 27 (37) M vom Rückteil, 5 M auf der linken Schulter, 32 (38) 38 (44) M auf der linken Seite des Kragens, 1 M in der Mitte (Markierungs-M), 32 (38) 38 (44) M auf der rechten Seite des Kragens und 5 M auf der rechten Schulter = 92 (114) 114 (136) M insgesamt. Am Anfang der Rd sowie bei der Markierungs-M, die die Mitte des V-Ausschnitts markiert, jeweils einen MM einsetzen.

Anschließend wird ein verschränktes Bündchen (1 M verschr rechts, 1 M verschr links) gestrickt und gleichzeitig für den V-Ausschnitt abgenommen:

Bis 1 M vor der Markierungs-M verschränktes Bündchen str, 2 M zusammen von der Nd heben, so als hättest du sie rechts zusammengestrickt. Die nächste M rechts str und die beiden zuvor von der Nd gehobenen M über die soeben gestrickte M heben. Auf diese Weise erschaffst du mit deiner mittleren M im Zentrum ein V. In jeder Rd die Abn für den V-Ausschnitt str, bis das Bündchen vom Nacken aus gemessen ca. 4 cm misst. Abketten.

ÄRMEL (2 X)

Auf Nd 6,0 mm mit doppeltem Faden Air Garn rund um den einen Armausschnitt 78 (112) 112 (138) M aufnehmen. 3 cm verschränktes Bündchen str. Abketten.

Das Gleiche auf der anderen Seite wdh.

Alle losen Fäden befestigen.

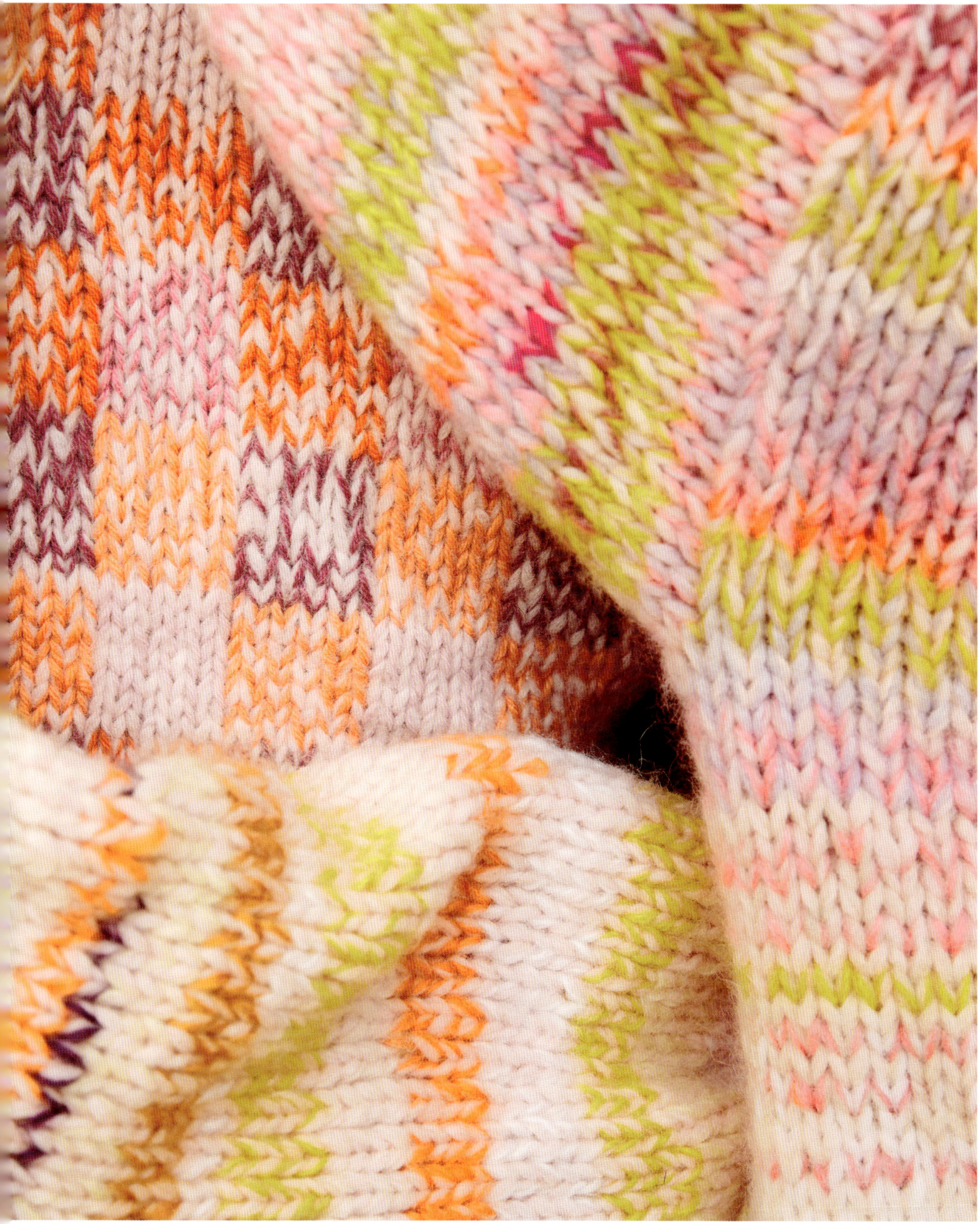

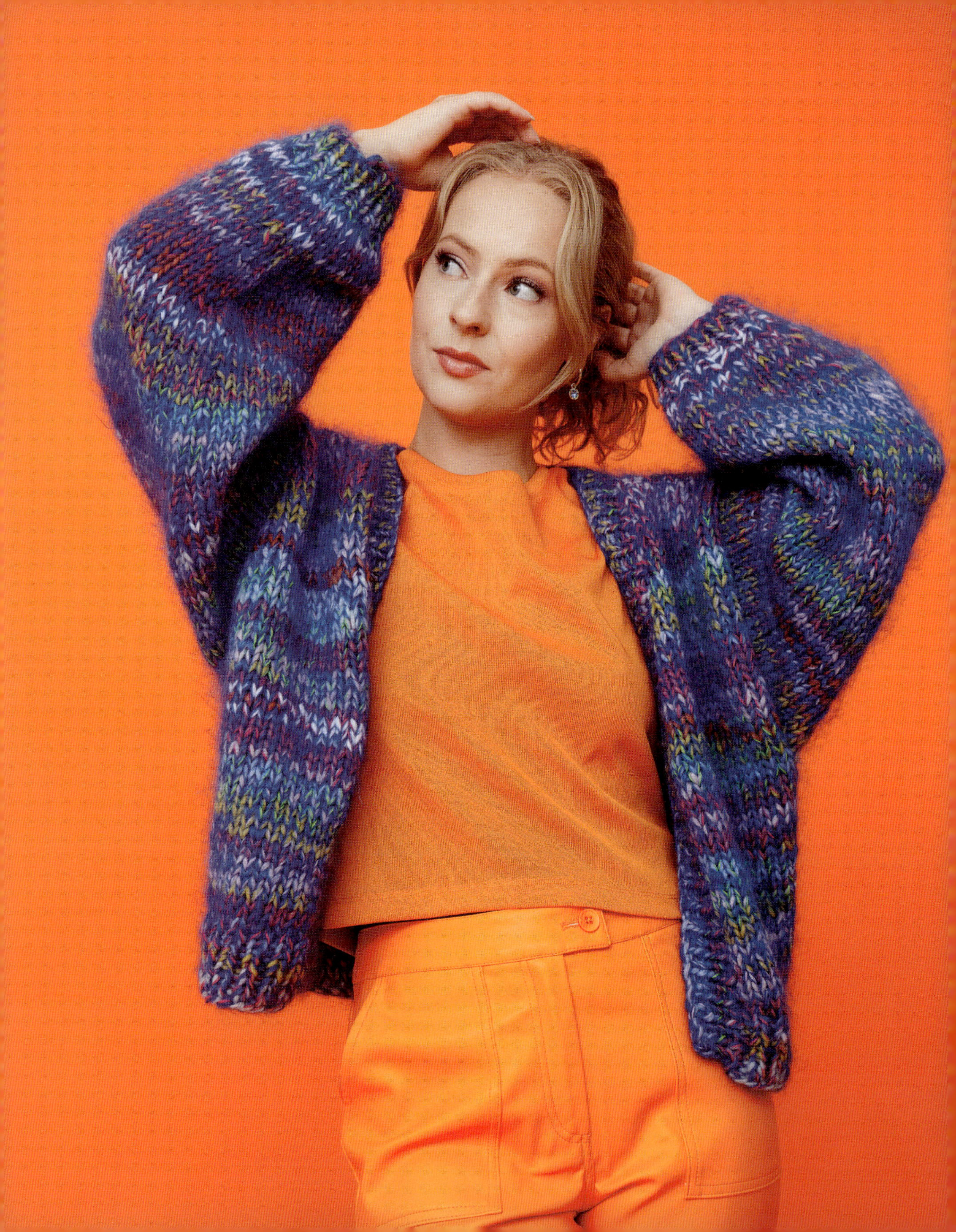

ZW-Nr. 4

ZW-Nr. 4 ist der perfekte Cardigan für kühle Sommerabende oder, um im Herbst oder Winter in den Lagenlook integriert zu werden. Mit einfachen Techniken schnell gestrickt, ist er auch ein ideales Projekt für Anfänger*innen. Der abgebildete Cardigan wurde mit einem durchgehenden Faden dicken Mohairgarns gestrickt, während die Fäden von Air Garn und Mini Wollfaden aus unzähligen unterschiedlichen Resten in verschiedenen Farben stammen. Die kontrastreiche Grundfarbe verbindet die unterschiedlichen Farben und Reste in nahtloser Weise und sorgt dafür, dass man ein wenig mit Farben experimentieren kann, von denen man am Anfang vielleicht dachte, sie würden nicht zusammenpassen. Mein bester Tipp dieses Modell betreffend lautet: Wähle innerhalb deiner Farbpalette einen kontrastreichen Grundton und kombiniere ihn mit verschiedenfarbigen Resten.

MAßE XS (S) M (L) XL (XXL) 3XL

Brustumfang: 94 (98) 104 (108) 112 (116) 120 cm

Länge: 50 (51) 53 (55) 57 (59) 61 cm

MASCHENPROBE

Glatt rechts: 9 M x 14 Rd = 10 cm x 10 cm

AUSSTATTUNG

Rundstricknadel 10,0 mm, 80 cm und 40 cm lang

Rundstricknadel 8,0 mm, 80 cm und 40 cm lang

GARN

85 (90) 100 (110) 120 (130) 140 g Mini Wollfaden

175 (200) 200 (225) 250 (275) 300 g Air Garn

300 (325) 350 (375) 400 (425) 450 g dickes Mohairgarn

MASCHENPROBE

Auf Nd 10,0 mm mit jeweils 1 Faden Mini Wollfaden, dickes Mohairgarn und Air Garn 11 M anschlagen. 17 R glatt rechts str. Abketten. Wenn die Maschenprobe stimmt, misst das Stück 12 cm x 12 cm.

RÜCKTEIL

Auf Nd 10,0 mm mit 1 Faden Mini Wollfaden, 1 Faden dickem Mohairgarn und 1 Faden Air Garn 28 (32) 36 (38) 38 (40) 40 M anschlagen.

Zu Beginn 1 R links str. Anschließend auf beiden Seiten des Rückteils wie folgt für die Schultern zun:

1. R: 2 M str, 1 M rechts zun, str, bis noch 2 M auf der Nd sind, 1 M links zun, 2 M rechts str = 2 M zugenommen.

2. R: Links str.

Diese beiden R insgesamt 6 x (6 x) 6 x (7 x) 9 x (10 x) 12 x wdh = 40 (44) 48 (52) 56 (60) 64 M auf dem Rückteil.

Str, bis das Rückteil vom Nacken aus gemessen 30 (30) 32 (34) 36 (38) 40 cm misst.

RECHTE SCHULTER

Entlang der M, die du auf der rechten Seite des Rückteils zugenommen hast, 12 (12) 13 (14) 16 (17) 19 M aufnehmen. 1 R links, 1 R rechts, 1 R links str. In der nächsten R wird damit begonnen, M für das Bündchen am Kragen aufzunehmen. Str wie folgt:

1. R: Rechts str, bis noch 2 M auf der Nd sind, 1 M links zun, 2 M rechts str.

2. R: Links str.

3. R: Rechts str.

4. R: Links str.

Diese 4 R insgesamt 6 x (7 x) 8 x (9 x) 9 x (10 x) 11 x str. Auf der Nd befinden sich jetzt 18 (19) 21 (23) 25 (27) 30 M.

Glatt rechts str, bis die Arbeit von dem Punkt an, an dem du M aufgenommen hast, 30 (30) 32 (34) 36 (38) 40 cm misst und sich die nächste R auf der rechten Seite der Arbeit befindet. Den Faden abtrennen.

LINKE SCHULTER

Entlang der M, die du auf der linken Seite des Rückteils zugenommen hast, 12 (12) 13 (14) 16 (17) 19 M aufnehmen. 1 R links, 1 R rechts, 1 R links str. In der nächsten R wird damit begonnen, M für das Bündchen am Kragen aufzunehmen. Str wie folgt:

1. R: 2 M rechts str, 1 M rechts zun, die R weiter rechts str.

2. R: Links str.

3. R: Rechts str.

4. R: Links str.

Diese 4 R insgesamt 6 x (7 x) 8 x (9 x) 9 x (10 x) 11 x str. Auf der Nd befinden sich jetzt 18 (19) 21 (23) 25 (27) 30 M.

Glatt rechts str, bis die Arbeit von dem Punkt an, an dem du M aufgenommen hast, 30 (30) 32 (34) 36 (38) 40 cm misst und sich die nächste R auf der rechten Seite der Arbeit befindet. Den Faden nicht abtrennen. In der nächsten R werden linke Schulter, Rückteil und rechte Schulter zum Rumpfteil zusammengestrickt.

RUMPFTEIL

Über die M der rechten Schulter rechts str. Mittels Schlaufenanschlag 5 M anschlagen, über die M des Rückteils str, 5 M anschlagen, über die M der linken Schulter str. Die Vorderteile und das Rückteil sind nun zusammengefügt = 86 (92) 100 (108) 116 (124) 134 M.

Str, bis das Rumpfteil vom Nacken aus gemessen 45 (46) 48 (50) 52 (54) 56 cm misst. Wechsle zu Nd 8,0 mm und str 5 cm Bündchen (1 M rechts, 1 M links). Abketten.

ÄRMEL (2 X)

Wie folgt entlang des Armausschnitts M für die Ärmel aufstr:

2 M aufstr, 1 M überspringen, von * bis * um den kompletten Armausschnitt herum wdh = ca. 52 (52) 56 (60) 60 (64) 68 M.

Str, bis der Ärmel 44 (44) 45 (45) 46 (46) 48 cm misst oder der gewünschten Länge entspricht.

Wechsle zu Nd 8,0 mm und str 1 Rd rechts, während du gleichzeitig wie folgt die M-Anzahl halbierst:

2 M rechts zusstr, von * bis * über die Rd hinweg wdh = 26 (26) 28 (30) 30 (32) 34 M auf der Nd.

Str ein 5 cm langes Bündchen. Abketten.

RAND

Für jede Masche, die sich um die komplette Außenkante (vordere Kante links, Kante des Rückteils, vordere Kante rechts) der Jacke befindet, 1 M aufstr. Möchtest du die Jacke ohne Knopfleisten str, dann str 5 cm Bündchen und kette ab. Möchtest du Knopfleisten str, dann folge dem nächsten Schritt.

KNOPFLEISTEN

Str M auf und str 2 cm Bündchen. Miss ab, wo die Knöpfe sich befinden sollen, damit der Abstand zwischen ihnen etwa gleich groß ist. Platziere das erste Knopfloch ca. 2 cm vom unteren Rand entfernt und das letzte Knopfloch ca. 10 cm von dem Punkt entfernt, an dem du an der Schulter des Vorderteils zum letzten Mal für den Kragen M zugenommen hast. Platziere dort, wo du die Knopflöcher haben möchtest, MM auf der Nd.

Str bis zu 1 M vor deinem MM das Bündchen, kette dann 1 M ab. Wiederhole das so oft, wie du MM für die Knopflöcher eingesetzt hast.

Bis dorthin, wo du für das Knopfloch abgekettet hast Bündchen str, 1 M anschlagen. So oft wdh, wie du MM für die Knopflöcher eingesetzt hast.

Str, bis das Bündchen 5 cm misst, abketten.

Alle losen Fäden befestigen.

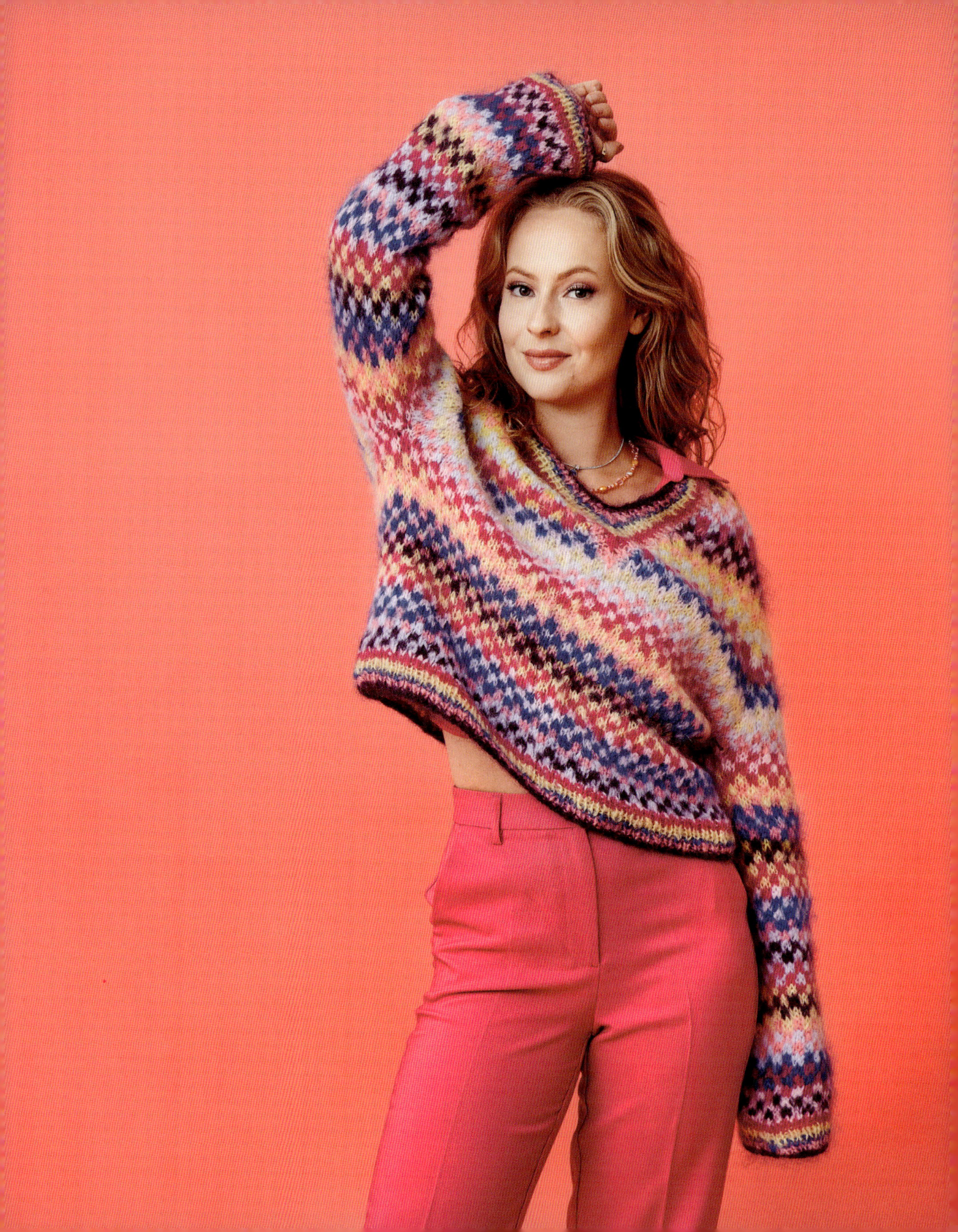

ZW-Nr. 5

Kleine Karos sind das perfekte Muster, wenn es darum geht, mit Restgarn zu stricken, und ich habe frühzeitig beschlossen, meinen ganz eigenen Karopullover zu kreieren. Das Ergebnis ist ZW-Nr. 5. Damit das Karomuster gelingt, brauchst du mindestens zwei Farben, wobei du von jeder Farbe etwa die Hälfte der Gesamtgarnmenge zur Verfügung haben solltest. Bedenke: Wenn du mit zwei Farben strickst, sollten auch die Bündchen streifenweise gestrickt werden, sodass du auch hierfür in jeder Farbe die gleiche Menge an Garn benötigst. Möchtest du ein einfarbiges Bündchen haben, musst du für diese Farbe mehr Garn berechnen.

Du kannst auch die eine Hälfte in einer Grundfarbe stricken und die andere aus verschiedenfarbigen Resten. Ich habe viele verschiedene Farben verwendet. Experimentiere also einfach ein wenig mit dem Garn, das du zur Verfügung hast! Hab keine Angst davor, dass dir inmitten einer Runde die Farbe ausgeht – das ist mir mehrfach passiert. Ich habe dann zu einer Farbe mit etwa der gleichen Nuance gewechselt, ohne dass das irgendeinen Einfluss auf das fertige Ergebnis hatte.

Die Anleitung bezieht sich auf ein gestreiftes Bündchen. Möchtest du ein Bündchen mit Streifen stricken, kannst du diese Vorgehensweise als Ausgangspunkt nehmen, verwende jedoch gern andere Farben und erschaffe dein ganz eigenes Modell.

MAßE XS (S) M (L) XL (XXL) 3XL

Brustumfang: ca. 95 (100) 105 (110) 115 (120) 127 cm

Länge: ca. 48 (50) 52 (54) 56 (58) 60 cm

MASCHENPROBE

Glatt rechts: 18 M x 18 Rd = 10 cm

AUSSTATTUNG

Rundstricknadel 5,0 mm, 80 cm und 40 cm lang

GARN

Ca. 300 (325) 350 (375) 400 (425) 450 g dickes Mohairgarn

MASCHENPROBE

Auf Nd 5,0 mm mit einem Faden dickem Mohairgarn 22 M anschlagen. Wie folgt Karomuster str:

1. Rd: 2 M rechts mit Farbe 1 str, 2 M rechts mit Farbe 2 str.
2. Rd: Die 1. Rd wdh.
3. Rd: 2 M rechts mit Farbe 2 str, 2 M rechts mit Farbe 1 str.
4. Rd: Die 3. Rd wdh.

Diese 4 Rd insgesamt 5 x (20 Rd) wdh. Abketten. Wenn die Maschenprobe stimmt, misst das Stück 12 cm x 12 cm.

RUMPFTEIL

Auf Nd 5,0 mm mit dickem Mohair 172 (180) 192 (200) 208 (220) 232 M anschlagen. Ca. 4,5 cm Bündchen str (1 M rechts, 1 M links). Das Bündchen des Pullovers auf dem Bild wurde wie folgt in Streifen gestrickt:

1 Rd mit dunklem Lila
2 Rd mit Rosa
1 Rd mit Blau
3 Rd mit Gelb
2 Rd mit Pink

Anschließend wird wie folgt im Karomuster glatt rechts gestrickt:

1. Rd: 2 M rechts mit Farbe 1 str, 2 M rechts mit Farbe 2 str.
2. Rd: Die 1. Rd wdh.
3. Rd: 2 M rechts mit Farbe 2 str, 2 M rechts mit Farbe 1 str.
4. Rd: Die 3. Rd wdh.

Im Karomuster weiterstr, bis das Rumpfteil 25 (27) 29 (31) 33 (35) 37 cm misst und die letzte Rd entweder eine 2. oder eine 4. Rd ist. In der letzten Rd wie folgt abn: 4 M abn, 78 (82) 88 (92) 96 (102) 108 M str, 8 M abn, str, bis noch 4 M verbleiben, diese 4 M abn.

ÄRMEL (2 X)

52 (56) 56 (60) 60 (64) 64 M auf Nd 5,0 mm anschlagen. In derselben Farbe wie das Rumpfteil ein Bündchen str. Im Karomuster str, bis der Ärmel ca. 38 (40) 42 (44) 46 (48) 48 cm misst oder der gewünschten Länge entspricht. Am Anfang der Rd 4 M abn, dem Muster entsprechend str, bis noch 4 M auf dem Ärmel verbleiben, 4 M abn.

SCHULTERPASSE

Setze die Ärmel an das Rumpfteil an. Platziere am Anfang und am Ende jeden Ärmels einen MM, insgesamt 4 MM. Diese markieren die Punkte für die Raglan-Abn. Du solltest jetzt auf jedem Ärmel 44 (48) 48 (52) 52 (56) 56 M haben sowie 78 (82) 88 (92) 96 (102), 108 M jeweils auf dem Vorder- und dem Rückteil = 244 (260) 272 (288) 296 (316) 328 M auf der Nd.

Beginne zwischen dem linken Ärmel und dem Rückteil. Für alle Größen dem Muster entsprechend 4 Rd str. Ab der nächsten Rd folgen in jeder zweiten Rd Raglan-Abn:

1 M str, 1 M links abn. Str, bis vor dem ersten MM noch 3 M verbleiben, *1 M links abn. 1 M str, den MM auf die linke Nd heben, 1 M str, 1 M links abn*. Str, bis vor dem nächsten MM noch 3 M verbleiben, von * bis * wdh. Str, bis vor dem letzten MM noch 3 M verbleiben, von * bis * wdh = insgesamt 8 M abgenommen. Dem Muster entsprechend, ohne Abn, 1 Rd rechts str.

Str, bis du insgesamt 2 (2) 2 (4) 4 (5) 6 Raglan-Abn gestrickt hast = 228 (244) 256 (256) 264 (276) 280 M auf der Nd, und die nächste Rd eine Rd ohne Abn ist. Den Faden abtrennen. Jetzt erfolgt die Teilung für den V-Ausschnitt.

Verlege die ersten 37 (39) 42 (42) 44 (46) 48 M von der linken Nd auf die rechte Nd. Wende die Arbeit und str dem Muster entsprechend über alle M links. Anschließend erfolgen die Abn für den V-Ausschnitt, während gleichzeitig Raglan-Abn gestrickt werden:

1. Rd: Die Arbeit erneut wenden. 2 M rechts str, die hinterste M über die vorderste M ziehen = 1 M abgenommen. Wie zuvor Raglan abn und bis 2 M vor der Teilung der Arbeit zum V-Ausschnitt str. 2 M rechts zusstr.
2. Rd: Die Arbeit wenden und dem Muster entsprechend über alle M links str.

Diese beiden Rd insgesamt 5 x (6 x) 6 x (6 x) 6 x (7 x) 7 x wdh = 178 (184) 196 (196) 204 (206) 210 M. Anschließend wie zuvor in jeder zweiten Rd für den V-Ausschnitt sowie Raglan abn, auf dem Vorderteil werden jedoch keine M abgenommen. Str wie folgt:

2 M rechts str, die hinterste M über die vorderste M ziehen = 1 M abgenommen. Bis zum ersten MM str, den MM auf die rechte Nd heben, 1 M str, 1 M links abn. Bis 3 M vor dem nächsten MM str, *1 M rechts abn. 1 M str, den MM auf die linke Nd heben, 1 M str, 1 M links abn*. Bis zum nächsten MM str, von * bis * wdh. Bis 3 M vor dem letzten MM str, 1 M rechts abn, dem Muster entsprechend über die M des Vorderteils, ohne Raglan-Abn, rechts str bis noch 2 M auf der Nd sind, die 2 M rechts zusstr. Die Arbeit wenden und dem Muster entsprechend links str.

In jeder zweiten Rd insgesamt 12 x (12 x) 12 x (12 x) 13 x (13 x) 13 x abn = 82 (88) 100 (100) 100 (102) 106 M auf der Nd.

Anschließend werden, mit Ausnahme der M für die Schultern, alle M abgekettet:

11 (12) 13 (13) 11 (10) 10 M abketten. 16 (16) 20 (20) 24 (24) 26 M rechts str = M der rechten Schulter. M des Rückteils abketten. 16 (16) 20 (20) 24 (24) 26 M rechts str = M der linken Schulter. 11 (12) 13 (13) 11 (10) 10 M abketten.

Anschließend die M der Schultern wie folgt zusammenstr:

Beginne mit der rechten Schulter und lasse die M der linken Schulter auf einem Maschenhalter oder einem Faden ruhen. Übertrage die ersten 8 (8) 10 (10) 12 (12) 13 M auf eine Strumpfnadel oder eine 40 cm lange 5,0-mm-Rundstricknadel. Platziere die Nd nebeneinander, sodass die Schulter in der Mitte gefaltet wird und füge Garn hinzu. 1 M von jeder Nd rechts zusstr = 2 M zusammengestrickt. *Wdh. Ziehe die erste zusammengestrickte M über die zweite = 1 M abgenommen*, von * bis* für die restlichen M der rechten Schulter wdh.

Auf der linken Schulter wdh.

KRAGEN

Zwischen der rechten Schulter und dem Rückteil 1 M aufstr, auf dem Rückteil 32 (36) 38 (38) 38 (38) 40 M aufstr, zwischen der linken Schulter und dem Rückteil 1 M aufstr, auf der linken Seite des V-Ausschnitts 38 (40) 42 (42) 42 (42) 44 M aufstr, 1 M in der Mitte (Markierungs-M) und 38 (40) 42 (42) 42 (42) 44 M auf der rechten Seite des V-Ausschnitts aufstr = 111 (119) 125 (129) 125 (131) 137 M insgesamt. Am Anfang der Rd sowie direkt vor der Markierungs-M in der Mitte des V-Ausschnitts jeweils einen MM einsetzen.

Bündchen str. Gleichzeitig wie folgt für den V-Ausschnitt abn:

Bis zur Markierungs-M verschränktes Bündchen str, 2 M zusammen von der Nd heben, so als hättest du sie rechts zusammengestrickt. Die nächste M rechts str und die 2 von der Nd gehobenen M über die soeben gestrickte M ziehen. Auf diese Weise entsteht ein V-Ausschnitt mit der mittleren M im Zentrum. Weiterhin in jeder Rd für den V-Ausschnitt abn, bis das Bündchen, vom Nacken aus gemessen, 5 cm misst. Abketten.

Das Bündchen des Pullovers auf dem Bild wurde wie folgt in Streifen gestrickt:

2 Rd mit Rosa
2 Rd mit Pink
2 Rd mit Gelb
1 Rd mit Blau
1 Rd mit Rosa
1 Rd mit dunklem Lila

Mit dunklem Lila abketten.

Unter den Ärmeln zusammennähen und alle losen Fäden befestigen.

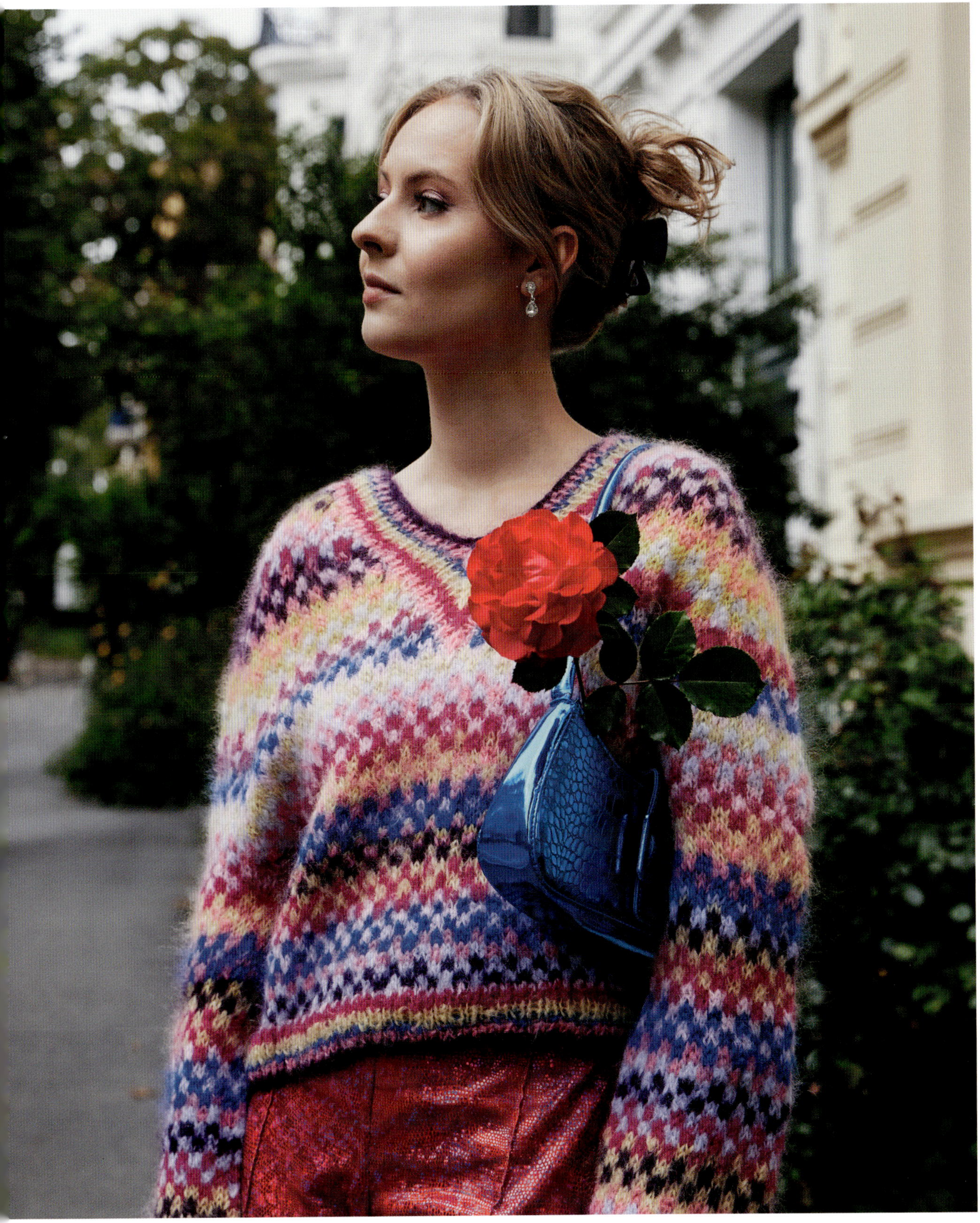

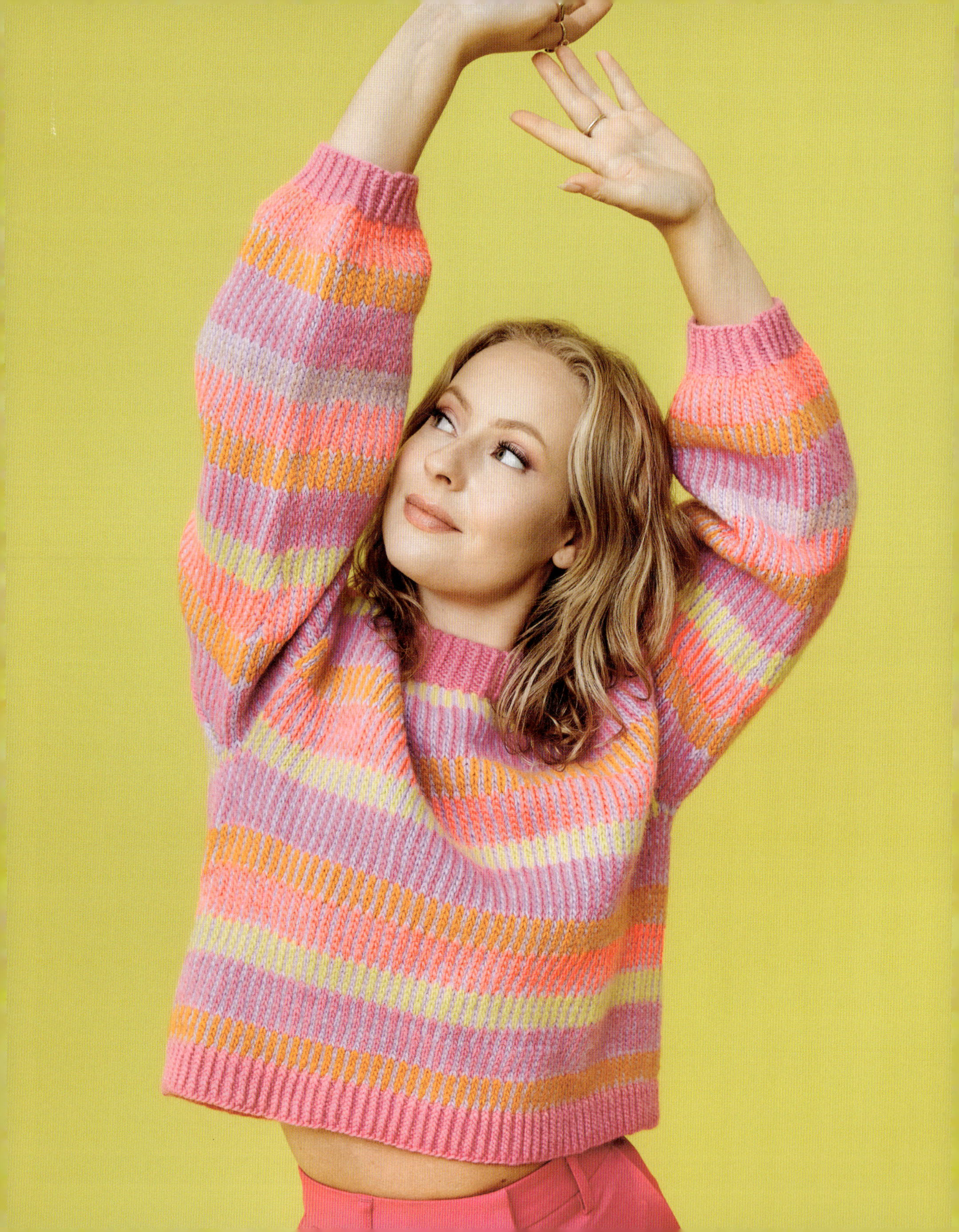

ZW-Nr. 6

Ausschließlich mit glattem Garn zu stricken, ohne es mit Mohair oder anderen flauschigen Garntypen zu kombinieren, liegt ein Stück weit außerhalb meiner Komfortzone. Allerdings hatte ich sehr viele Knäuel von mittlerem Wollfaden und wollte mich selbst mit einem Kleidungsstück herausfordern, dessen Maschenbild sich nicht hinter flauschigem Garn und Mohair versteckt. Ich hatte viele verschiedene Farben und konnte nicht die Farbspieltechnik anwenden, auf die ich sonst schwöre. Die Idee bestand darin, kontrollierte Übergänge zu erschaffen, die es mir noch immer ermöglichten, die Farbe so oft zu wechseln, wie ich wollte. Das Ergebnis ist ein Pullover mit vertikalen Streifen, die bei jedem Farbwechsel versetzt werden. Horizontal kannst du solange stricken, wie du möchtest und die Farbe je nach Wunsch wechseln, ohne dass es das Muster und die Übergänge stört. Dieser Pullover eignet sich perfekt, wenn man kleine Reste dicker Fäden hat. Ich habe meinen Pullover mit Flieder als Grundfarbe für das Streifenmuster gestrickt. Als mir während der Arbeit jedoch langsam das Garn ausging, beschloss ich, die Bündchen stattdessen in Pink zu stricken. Die Grundfarbe ist so berechnet, dass sie sowohl für das Bündchen als auch für das Streifenmuster reicht.

MAßE XS (S) M (L) XL (XXL) 3XL

Brustumfang: 97 (102) 107 (112) 117 (122) 127 cm

Länge: 48 (50) 52 (56) 58 (60) 62 cm

MASCHENPROBE

Muster: 21 M x 20 Rd = 10 cm x 10 cm

AUSSTATTUNG

Rundstricknadel 5,0 mm, 80 cm und 40 cm lang

GARN

425 (450) 475 (500) 525 (550) 575 g mittlerer Wollfaden in der Grundfarbe

350 (375) 400 (425) 450 (475) 500 g mittlerer Wollfaden in der Musterfarbe

MUSTER

Die vertikalen Streifen des Pullovers werden wie folgt gestrickt:

1 M mit der Grundfarbe str, 1 M mit der Musterfarbe str. Über die R/Rd hinweg wdh.

Str diese R/Rd solange du möchtest oder so weit das Garn reicht. Wechsle dann den Ton der Musterfarbe. Bei jedem Farbwechsel wechseln auch Musterfarbe und Grundfarbe den Platz:

1 M mit der Musterfarbe str, 1 M mit der Grundfarbe str. Über die R/Rd hinweg wdh.

Fahre mit diesem Wechsel zwischen den unterschiedlichen Farben fort. Werden M zu- oder abgenommen, werden diese ins Muster integriert. Dadurch gibt es einige Rd mit 2 M in derselben Farbe nebeneinander. Sind alle Zun erfolgt, sollte das Muster jedoch aufgehen und die Streifen auf jede zweite M entfallen.

MASCHENPROBE

Mit mittlerem Wollfaden 25 M anschlagen. 21 Rd vertikale Streifen str, abketten. Wenn die Maschenprobe stimmt, misst das Stück ca. 12 cm x 12 cm.

RÜCKTEIL LINKE SCHULTER

34 (35) 36 (38) 39 (40) 41 M auf Nd 5,0 mm anschlagen. Im Muster 1 R links str.

1. R: 1 M rechts str, 1 M rechts zun. Die zugenommenen M ins Muster integrieren, den Rest der R dem Muster entsprechend rechts str.
2. R: Die Arbeit wenden und über alle M links str.

Diese beiden R insgesamt 2 x (2 x) 3 x (3 x) 4 x (4 x) 5 x str = 36 (37) 39 (41) 43 (44) 46 M. Den Faden abtrennen und die M auf der Nd ruhen lassen.

RÜCKTEIL RECHTE SCHULTER

34 (35) 36 (38) 39 (40) 41 M auf Nd 5,0 mm anschlagen.

1. R: Bis noch 1 M auf der Nd verbleibt rechts str, 1 M links zun. Die letzte M str und die Arbeit drehen.
2. R: Über alle M links str.

Diese beiden R insgesamt 2 x (2 x) 3 x (3 x) 4 x (4 x) 5 x str = 36 (37) 39 (41) 43 (44) 46 M. Den Faden nicht abtrennen. Die Schultern werden jetzt zum Rückteil zusammengestrickt.

RÜCKTEIL

Über die M der rechten Schulter rechts str, 29 (31) 31 (33) 33 (35) 37 M anschlagen, über die M der linken Schulter rechts str. Du hast jetzt 101 (105) 109 (115) 119 (123) 129 M auf dem Rückteil.

Str, bis das Rückteil 24 (26) 28 (30) 32 (34) 36 cm misst und die nächste Rd auf der rechten Seite ist. Den Faden abtrennen und die M auf einem Maschenhalter oder einem Faden ruhen lassen.

VORDERTEIL LINKE SCHULTER

Mit Nd 5,0 mm auf der linken Schulter des Rückteils von rechts nach links 34 (35) 36 (38) 39 (40) 41 M aufstr. 1 R links str. Anschließend wie folgt für den Halsausschnitt zun:

1. R: 1 M rechts str, 1 M rechts zun. Den Rest der R rechts str.
2. R: Die Arbeit wenden und über alle M links str.

Diese beiden R insgesamt 4 x (4 x) 5 x (5 x) 6 x (6 x) 7 x str = 38 (39) 41 (43) 45 (46) 48 M auf der Nd. Den Faden abtrennen und die M auf einen Maschenhalter oder einen Faden übertragen.

VORDERTEIL RECHTE SCHULTER

Mit Nd 5,0 mm auf der linken Schulter des Rückteils von rechts nach links 34 (35) 36 (38) 39 (40) 41 M aufstr. 1 R links str. Anschließend wie folgt für den Kragen zun:

1. R: Rechts str, bis noch 1 M auf der Nd verbleibt, 1 M links zun. Den Rest der R rechts str und die Arbeit wenden.

2. R: Über alle M links str.

Diese beiden R insgesamt 4 x (4 x) 5 x (5 x) 6 x (6 x) 7 x str = 38 (39) 41 (43) 45 (46) 48 M auf der Nd.

VORDERTEIL

Über die M der rechten Schulter rechts str. Mit Schlaufenanschlag 25 (27) 27 (29) 29 (31) 33 M anschlagen. Über die M der linken Schulter rechts str. Du hast jetzt 101 (105) 109 (115) 119 (123) 129 M auf dem Vorderteil.

Str, bis das Vorderteil 24 (26) 28 (30) 32 (34) 36 cm misst und sich die nächste R auf der rechten Seite befindet. Jetzt werden Vorder- und Rückteil zum Rumpfteil zusammengestrickt.

RUMPFTEIL

Über die M des Vorderteils str. 1 (1) 2 (2) 3 (4) 4 M anschlagen. Die M vom Rückteil auf die Nd übertragen und diese M rechts str. 1 (1) 2 (2) 3 (4) 4 M anschlagen. Das Rumpfteil hat jetzt 204 (212) 222 (234) 244 (254) 266 M.

Glatt rechts str, bis das Rumpfteil 45 (47) 49 (53) 55 (57) 59 cm misst.

Str ein 4 cm langes Bündchen (1 M verschr rechts, 1 M verschr links). Abketten.

ÄRMEL (2 X)

Auf Nd 5,0 mm für den Ärmel ca. 94 (100) 108 (116) 128 (138) 144 M aufstr. Str, bis der Ärmel ca. 5 cm misst. Anschließend alle 5 cm insgesamt 3 x (3 x) 4 x (4 x) 5 x (6 x) 7 x wie folgt abn:

1 M str, 1 M rechts abn, str, bis noch 2 M in der Rd verbleiben, 1 M links abn = 2 M abgenommen.

Der Ärmel hat jetzt 92 (94) 100 (108) 118 (126) 130 M. Str, bis der Ärmel 40 (42) 44 (46) 48 (50) 52 cm misst oder der gewünschten Länge entspricht. Probiere den Pullover zwischendurch an und justiere ggf. die Länge.

1 Rd mit der Grundfarbe str und gleichzeitig wie folgt abn:

Für die Gr. XS, M, L: 2 M rechts zusstr, von * bis * über die Rd hinweg wdh.

Für die Gr. S, XL, XXL, 3XL: 2 M rechts zusstr, von * bis * wdh bis noch 2 M verbleiben, diese 2 M rechts str.

Du hast jetzt 46 (48) 50 (54) 60 (64) 66 M. Str ein 4 cm langes Bündchen (1 M verschr rechts, 1 M verschr links) und kette anschließend ab.

Str auf dieselbe Weise einen zweiten Ärmel.

KRAGEN

Mit der Grundfarbe ca. 74 (76) 80 (82) 88 (92) 98 M aufstr. Verschränktes Bündchen str, bis der Kragen ca. 12 cm misst. Abketten. Den Kragen nach unten umnähen oder -str oder so belassen.

Alle Fäden befestigen und den Pullover vor Gebrauch dämpfen oder waschen, um das Muster und die Übergänge zu glätten.

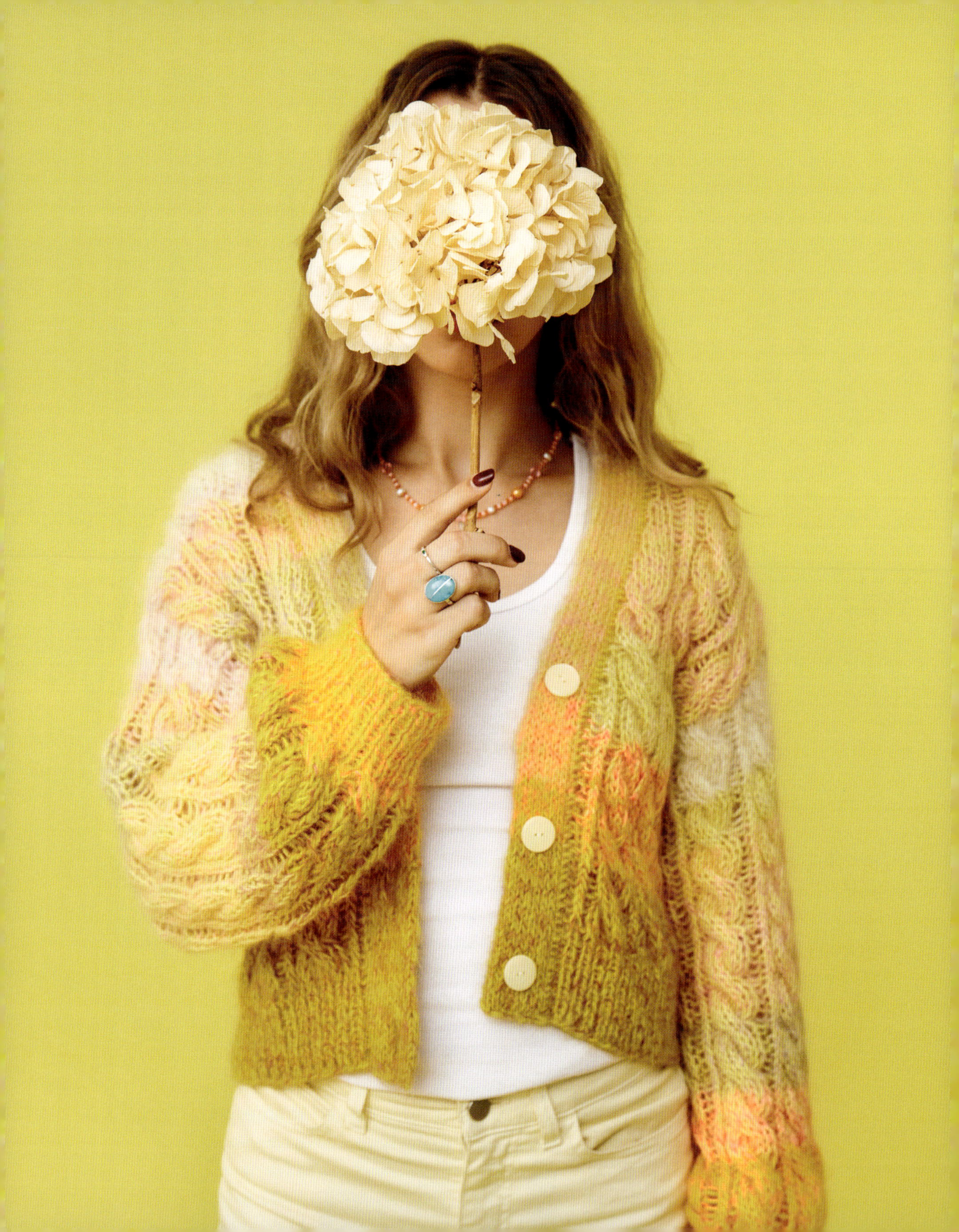

ZW-Nr. 7

Diesen leichten, luftigen Cardigan zu stricken, ist ein Traum. Mit dicken Nadeln und Zopfmuster geht es viel schneller von der Hand, als man annehmen könnte. Hier habe ich eine ganze Reihe von Resten aus dickem und dünnem Mohair aufgebraucht. Da der Cardigan mit zwei Fäden gestrickt wird, kann man die unterschiedlichen Farben einfach ineinander übergehen lassen, indem man jeweils immer nur einen Faden austauscht. Ich habe mich für durchweg relativ ähnliche Farben entschieden, mit unterschiedlichen Nuancen von Gelb und Rosa. Die dunkleren Töne habe ich mir für den unteren Teil aufgehoben. Der Cardigan kann in allen möglichen Zusammenstellungen und Farben oder aber – wenn ein eher cleaner Look gewünscht ist – einfarbig gestrickt werden.

MAßE XS (S) M (L) XL (XXL) 3XL

Brustumfang: ca. 82 (93) 104 (121) 132 (138) 144 cm
Länge: 46 (48) 50 (52) 54 (56) 58 cm

MASCHENPROBE

Zopfmuster: 16 M x 17 Rd = 10 cm x 10 cm
Glatt rechts: 11 M x 15 Rd = 10 cm x 10 cm

AUSSTATTUNG

Rundstricknadel 8,0 mm, 80 cm lang
Rundstricknadel 5,0 mm, 100 cm, 80 cm und 40 cm lang

GARN

300 (350) 400 (450) 475 (500) 525 g dickes Mohairgarn
80 (100) 125 (150) 175 (200) 225 g dünnes Mohairgarn

MASCHENPROBE

Auf Nd 8,0 mm mit einem Faden dickem Mohairgarn und einem Faden dünnem Mohairgarn 20 M anschlagen. Entsprechend der nachfolgenden Strickschrift str. Wenn die Maschenprobe stimmt, misst das Stück 12 cm x 12 cm. Die Legende zur Strickschrift findest du auf Seite 107.

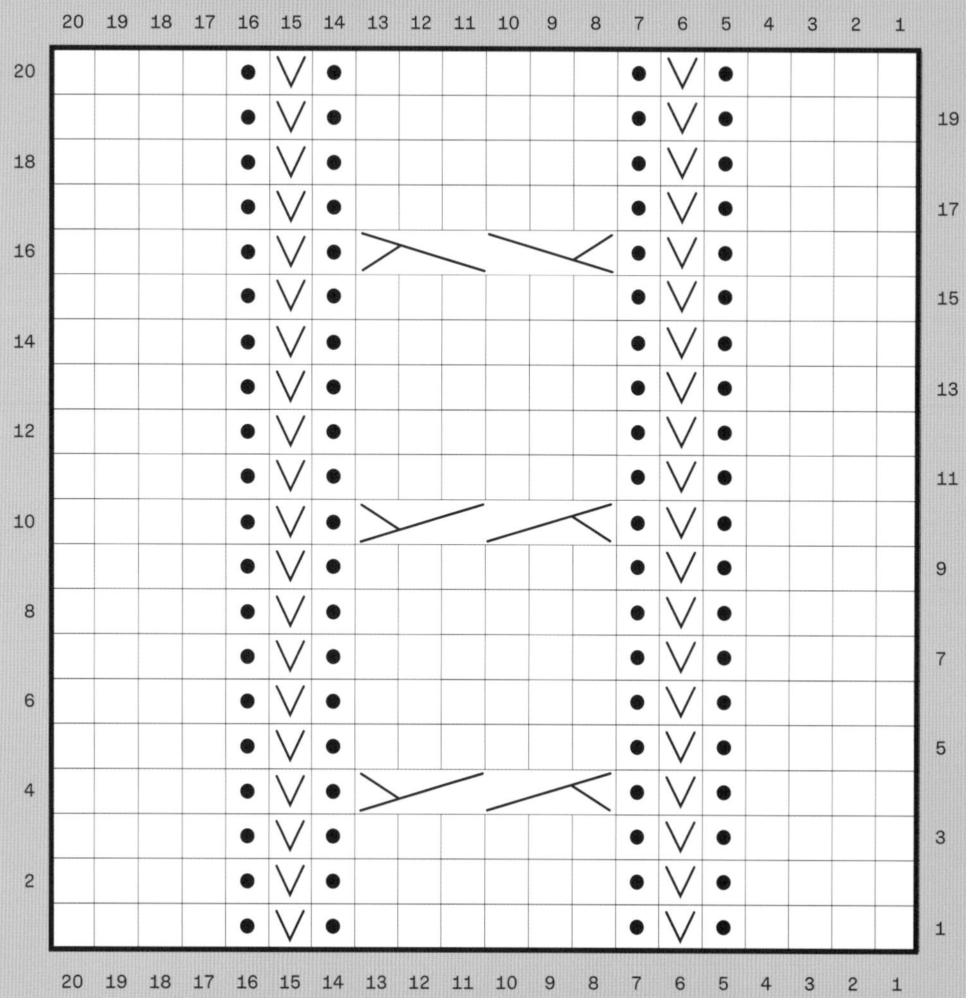

RÜCKTEIL

Mit Nd 8,0 mm und einem dicken Faden Mohair sowie einem dünnen Faden Mohair 49 (49) 49 (58) 58 (67) 67 M anschlagen. Muster entsprechend Strickschrift str und gleichzeitig in jeder zweiten R auf beiden Seiten der Arbeit für die rechte und die linke Schulter zun. Die erste R ist eine Rück-R:

1. R (Rück-R): Entsprechend Strickschrift A str.

2. R (Hin-R): 2 M rechts str, 1 M zun, entsprechend der Strickschrift str, bis noch 2 M auf der Nd sind, 1 M zun und die beiden letzten M rechts str.

Diese beiden R insgesamt 10 x (13 x) 19 x (19 x) 22 x (22 x) 22 x wdh = 69 (75) 87 (96) 102 (111) 111 M auf der Nd. Die zugenommenen M der Strickschrift entsprechend fortlaufend in die Arbeit integrieren. Strickschrift B str, bis die Arbeit 30 (30) 32 (32) 34 (34) 34 cm misst und sich die nächste R auf der rechten Seite (Hin-R) befindet.

RECHTE SCHULTER

Beginne bei der letzten M, die du auf dem Rückteil für die rechte Schulter zugenommen hast und nimm zwischen den zugenommenen M und den Nacken-M des Rückteils 20 (23) 29 (32) 38 (41) 41 M auf. Die ersten 7 R wie in Strickschrift D angegeben in Hin- und Rück-R str, während du gleichzeitig wie bisher in jeder 6. R verzopfst. Ab der 8. R wird zudem in jeder 4. R zugenommen. Die erste R befindet sich auf der linken Seite:

1. R (Rück-R): Wie in Strickschrift D angegeben von rechts nach links str.

2. R (Hin-R): Wie in Strickschrift D angegeben von links nach rechts str.

3. R: Wie die 1. R str.

4. R: Wie die 2. R str.

5. R: Wie die 1. R str.

6. R: Wie die 2. R str.

7. R: Wie die 1. R str.

8. R: Wie in Strickschrift D angegeben, von links nach rechts str, bis noch 1 M auf der Nd verbleibt. 1 M zun, 1 M rechts str.

Die 5. bis 8. R insgesamt 9 x wdh = 29 (32) 38 (41) 47 (50) 50 M auf der Nd. Die zugenommenen M wie in der Strickschrift angegeben str. Str, bis die Arbeit ca. 30 (30) 32 (32) 34 (34) 36 cm misst. Mit einer R auf der linken Seite abschließen und darauf achten, dass sich die letzte R an derselben Stelle des Zopfmusters befindet, wie beim Rückteil, sodass sie beim Verbinden der Teile an derselben Stelle verzopft werden.

Den Faden abtrennen und die M auf einem Maschenhalter oder einem Faden ruhen lassen.

LINKE SCHULTER

Beginne im Nacken des Rückteils und str entlang der M, die du auf dem Rückteil für die linke Schulter aufgenommen hast, 20 (23) 29 (32) 38 (41) 41 M auf. Die ersten 7 R wie in Strickschrift D angegeben in Hin- und Rück-R str, während du gleichzeitig wie bisher in jeder 6. R flechtest. Achte darauf, die Strickschrift im Vergleich zur rechten Schulter spiegelverkehrt zu str. Ab der 8. R wird in jeder 4. R zugenommen, während du gleichzeitig wie bisher in jeder 6. R flechtest. Die erste R befindet sich auf der linken Seite und wird wie folgt gestrickt:

1. R (Rück-R): Wie in Strickschrift D angegeben, von links nach rechts str.

2. R (Hin-R): Wie in Strickschrift D angegeben, von rechts nach links str.

3. R: Wie die 1. R str.

4. R: Wie die 2. R str.

5. R: Wie die 1. R str.

6. R: Wie die 2. R str.

7. R: Wie die 1. R str.

8. R: 1 M rechts str, 1 M zun, wie in Strickschrift D angegeben, von rechts nach links str.

Die 5. bis 8. R insgesamt 9 x wdh = 29 (32) 38 (41) 47 (50) 50 M auf der Nd. Die zugenommenen M wie in der Strickschrift angegeben str. Str, bis die Arbeit ca. 30 (30) 32 (32) 34 (34) 36 cm misst. Mit einer R auf der linken Seite abschließen und darauf achten, dass sich die letzte R an derselben Stelle des Zopfmusters befindet wie beim Rückteil, sodass beim Verbinden der Teile an derselben Stelle geflochten wird.

In der nächsten R werden die Schultern und das Rückteil zum Rumpfteil verbunden.

RUMPFTEIL

Str über die M der linken Schulter, str die letzte M der R links. 1 (5) 2 (8) 8 (5) 10 M anschlagen, die M des Rückteils auf die Nd setzen. Die erste und die letzte M des Rückteils links und den Rest wie im Muster angegeben str. 1 (5) 2 (8) 8 (5) 10 M anschlagen, die M der rechten Schulter auf die Nd setzen, die erste M der rechten Schulter links str, anschließend den Rest der M wie im Muster angegeben str.

Du hast jetzt die Schultern und das Rückteil zum Rumpfteil miteinander verbunden = 129 (149) 167 (194) 212 (221) 231 M und strickst weiter in Hin- und Rück-R. Integriere die neuen M so, dass sie gemäß Strickschrift B ins Muster passen.

Stricke, bis das Rumpfteil, gemessen vom Nacken des Rückteils, 42 (44) 46 (48) 50 (52) 54 cm misst oder der gewünschten Länge entspricht und sich die letzte R auf der linken Seite befindet. Wechsle zu Nd 5,0 mm. Str 1 R rechts. Str 6 cm Bündchen (1 M links, 1 M rechts) und kette anschließend ab.

ÄRMEL (2 X)

Str mit Nd 8,0 mm entlang des Armausschnitts 63 (63) 72 (72) 81 (81) 81 M auf. Str wie in Strickschrift C angegeben Zopfmuster. Str, bis der Ärmel 45 cm misst oder der gewünschten Länge entspricht. Probiere die Jacke ggf. an und justiere die Länge. Wechsle zu Nd 5,0 mm und str 1 Rd rechts, während du für die Größen XS und S gleichzeitig wie folgt abnimmst:

1 M rechts str, 2 M rechts zusstr, von * bis * über die R hinweg wdh = 21 (21) 24 (24) 27 (27) 27 M abgenommen, während 42 (42) 48 (48) 54 (54) 54 M verbleiben.

Str 6 cm Bündchen (1 M rechts, 1 M links) und kette anschließend ab.

TIPP!

Hier kannst du die Anzahl der aufgestrickten M entsprechend der gewünschten Jackenweite anpassen. Erscheint dir die Jacke über dem Nacken etwas zu breit, kannst du für den Nacken weniger M als angegeben aufstr. Beispiel: Str für jede zweite M des Nackens eine M auf. Das ergibt eine straffere Halsöffnung. Gefällt dir die Jacke so, wie sie ist, strickst du wie angegeben in jede M eine M auf.

KNOPFLEISTE

Str mit der Nd 5,0 mm, 100 cm, in jede M entlang des Randes der Jacke 1 M auf.

Trenne den Faden ab und lass die M auf der Nd ruhen. Platziere auf der rechten Seite der Nd mit den aufgenommenen M gleichmäßig verteilt 3 MM, die die Positionen der Knopflöcher markieren. Platziere den ersten MM bei der 8. M und den letzten direkt vor Beginn der Abn für den V-Ausschnitt.

Schlage 14 M auf Nd 5,0 mm an. Anschließend wird die Knopfleiste im Doppelstrick (bzw. Doubleface) gefertigt, während sie gleichzeitig am Cardigan befestigt wird, indem die letzte M jeder zweiten R mit den entlang des Randes des Cardigans aufgestrickten M zusammengestrickt wird. Str wie folgt:

1. R (Rück-R): Mit dem Faden vor der Arbeit die 1. M von der Nd heben. *1 M rechts str, mit dem Faden vor der Arbeit 1 M links abh*, von * bis * wdh, bis noch 1 M auf der Nd verbleibt, diese M rechts str. Die Arbeit wenden.

2. R (Hin-R): *Mit dem Faden vor der Arbeit 1 M links abh, 1 M rechts str*, von * bis * wdh, bis noch 1 M auf der Nd verbleibt, 1 M von der Nd holen, die du zum Aufstr der M entlang des Randes des Cardigans verwendet hast, und diese mit der letzten M der Knopfleiste rechts zusstr.

Die 1. und 2. R bis zum ersten MM wdh. In der nächsten R beginnst du mit der Fertigung der Knopflöcher.

KNOPFLÖCHER

1. R: 6 M wie die 2. R der Knopfleiste str. Die Arbeit wenden.

2. R: 6 M wie die 1. R der Knopfleiste str.

In Hin- und Rück-R im Doppelstrick über diese 6 M fortfahren, indem die 1. und die 2. R (unter der Überschrift Knopfleiste) insgesamt 2 x oder 3 x (kleine Knöpfe: 2 x, größere Knöpfe: 3 x) wiederholt werden.

Den Faden abtrennen. Jetzt mit den nächsten 6 M fortfahren, die auf der Knopfleiste ruhen.

3. R: 1 M rechts str, *mit dem Faden vor der Arbeit 1 M links abh, 1 M rechts str*, von * bis * wdh, bis noch 1 M auf der Nd verbleibt, 1 M vom Rand des Cardigans holen, die letzte M der R mit der M vom Rand zusstr. Die Arbeit wenden.

4. R: Mit dem Faden vor der Arbeit die 1. M von der Nd heben. *1 M rechts str, mit dem Faden vor der Arbeit 1 M links abh*, von * bis * über die 8 M der R wdh. Die Arbeit wenden.

Die 3. und 4. R insgesamt 2 x oder 3 x wdh. Den Faden abtrennen. Die M auf einer Nd sammeln und von der rechten Seite beginnen.

Die 1. und 2. R der Knopfleiste bis zum nächsten MM wdh. Die Anleitung für das Knopfloch wdh = 2. Knopfloch.

Die 1. und 2. R der Knopfleiste bis zum letzten MM wdh. Die Anleitung für das Knopfloch wdh = 3. Knopfloch.

Nachdem die Knopflöcher nun fertiggestellt sind, wird um die komplette Knopfleiste herum im Doppelstrick fortgefahren.

Die 1. und 2. R wdh, bis du über alle M der Knopfleiste gestrickt hast. Dann wie folgt abketten:

2 x 2 M zusammenstr und die hinterste M auf der Nd über die letzte M ziehen. Über die R hinweg wdh.

Alle losen Fäden befestigen.

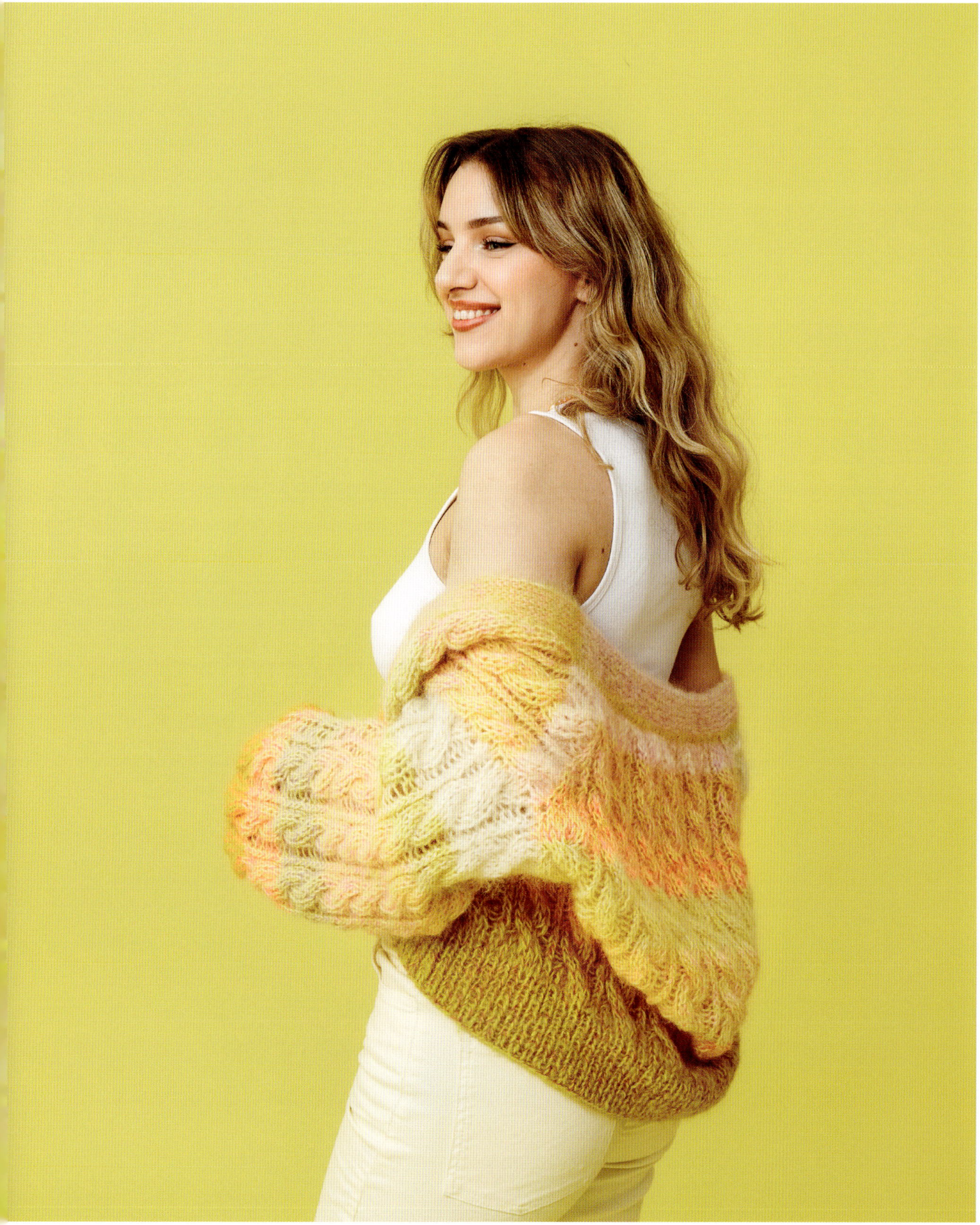

STRICKSCHRIFT A

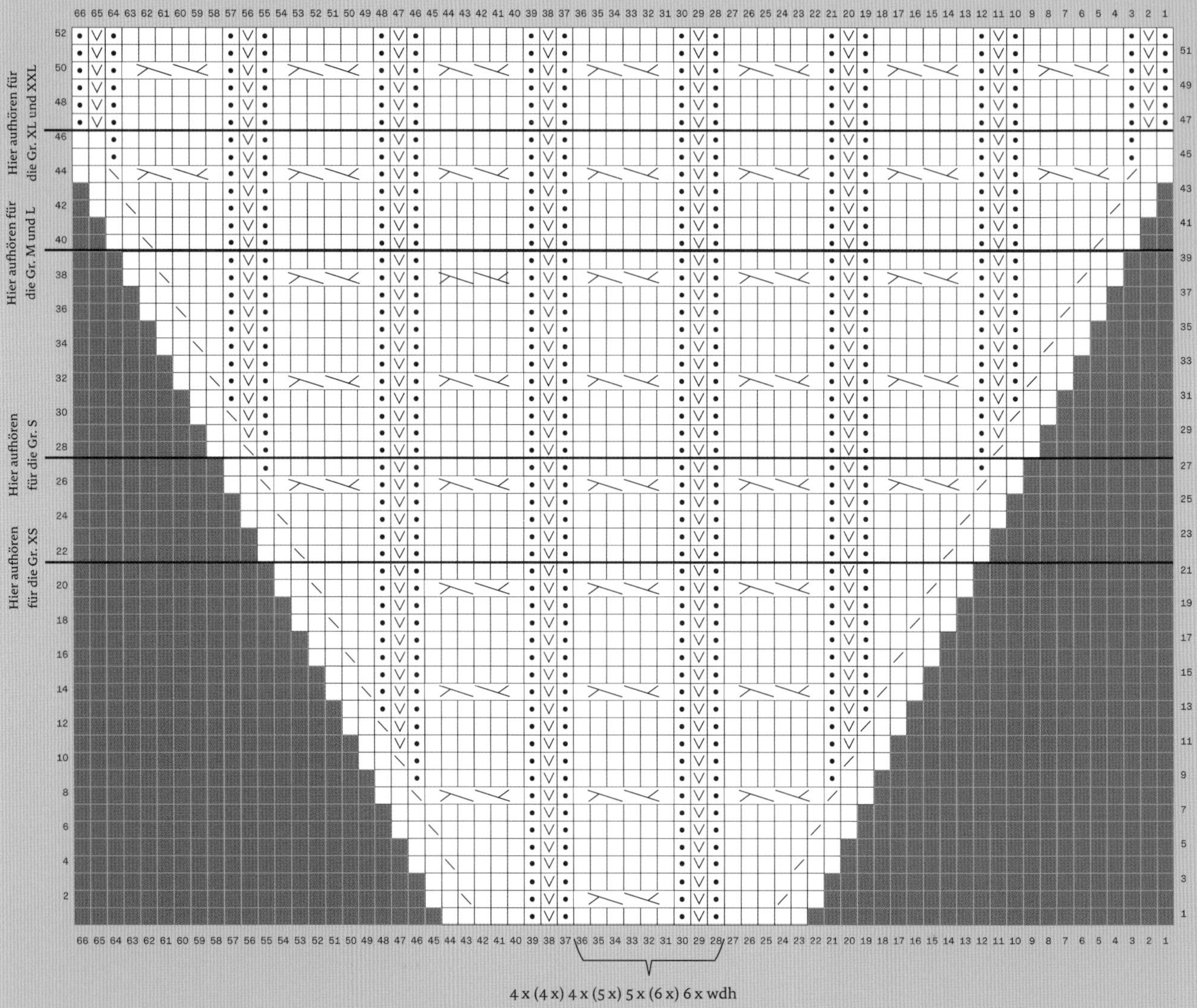

STRICKSCHRIFT B

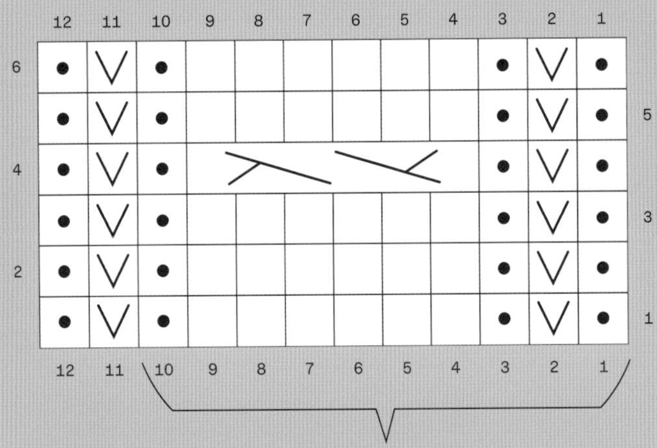

Diese 10 M wdh

STRICKSCHRIFT C

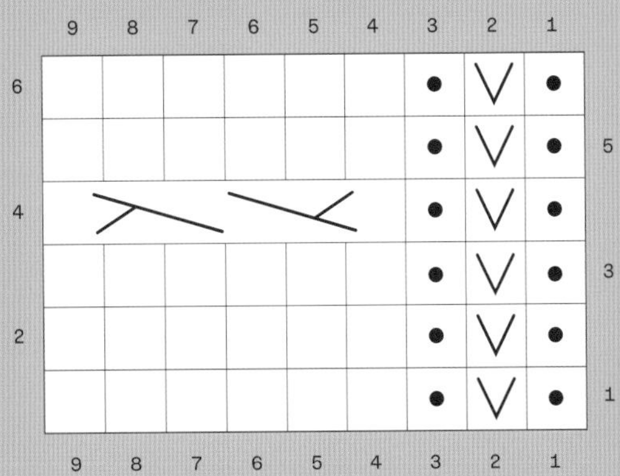

STRICKSCHRIFT D

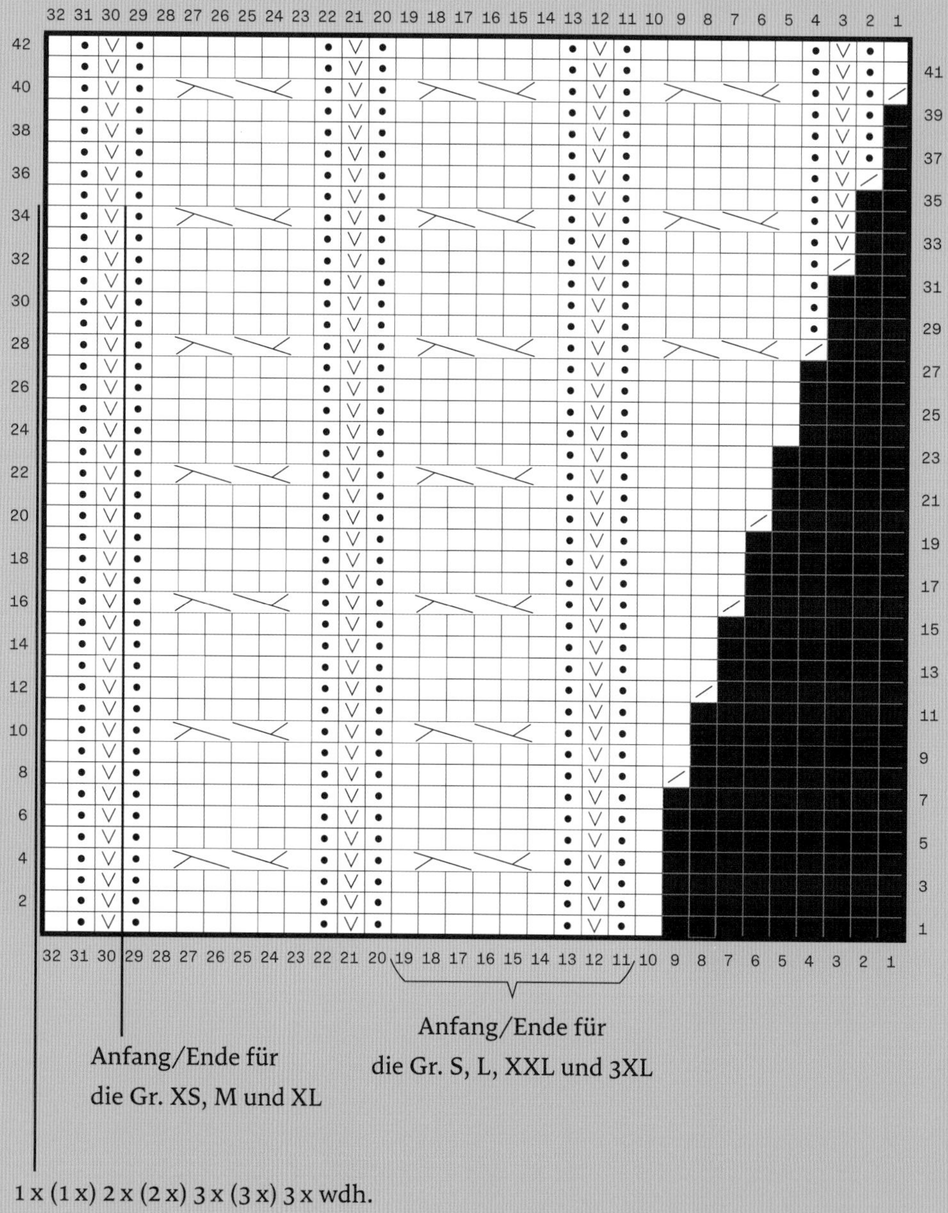

ZEICHENERKLÄRUNG

Hin-R: rechts str
Rück-R: links str

Hin-R: links str
Rück-R: rechts str

Wird nicht gestrickt

1 M zun

Hin-R: rechts verschränkt str
Rück-R: links verschränkt str

3 M auf eine Zopfnadel heben und diese auf der Vorderseite der Stricksache ruhen lassen, 3 M str, die 3 M auf der Zopfnadel str

1 M zun

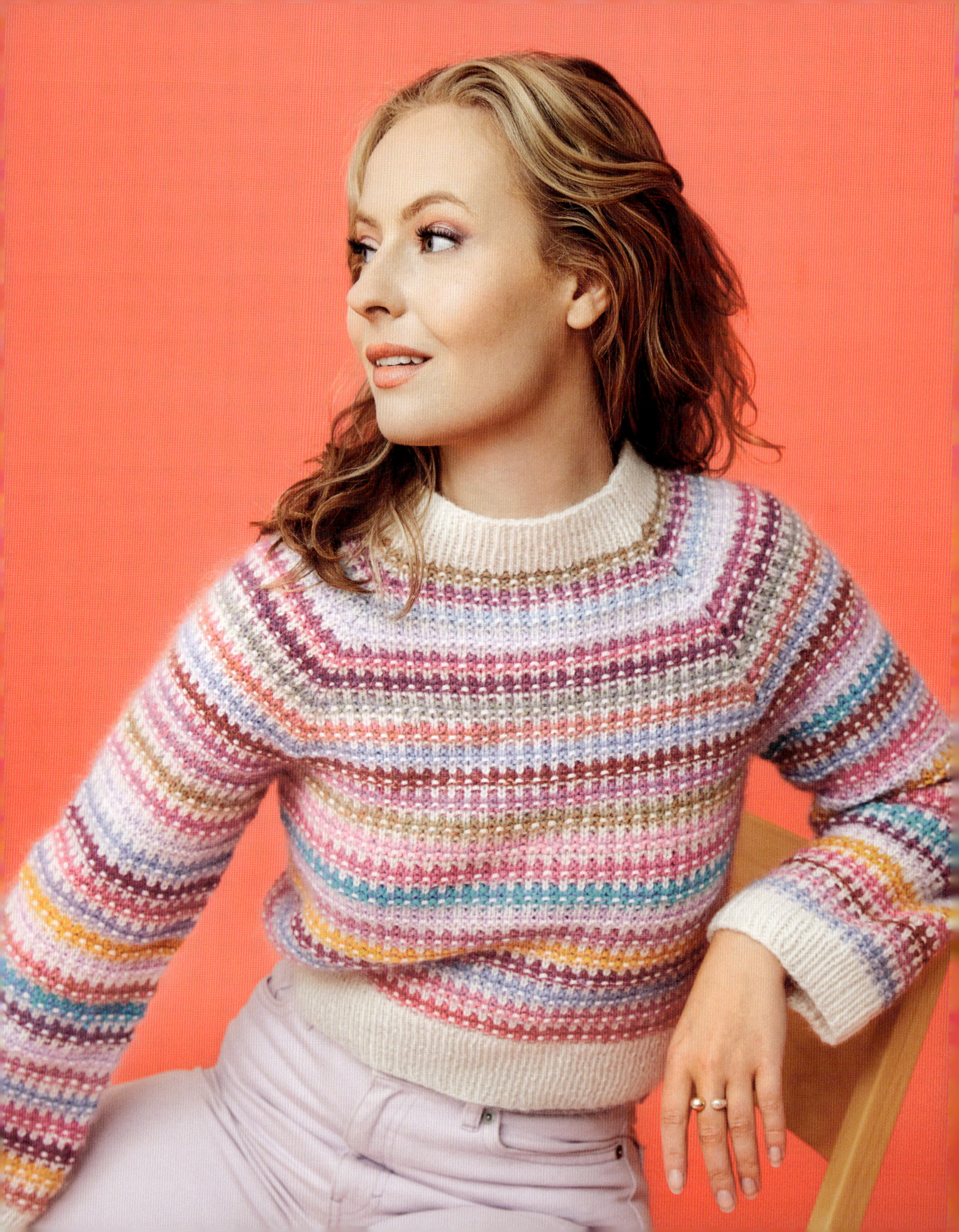

ZW-Nr. 8

ZW-Nr. 8 ist ein im Strukturmuster gestrickter Pullover, der von unten nach oben gestrickt wird, anschließend werden die Ärmel eingesetzt und mittels Raglanabnahmen befestigt. Der Pullover ist kurz designt, kann aber auch länger gestrickt werden, wenn du ausreichend Garn zur Verfügung hast. Die Struktur wird ganz einfach mit rechten und linken Maschen erzeugt, die dem Pullover ein schönes Muster verleihen und es gleichzeitig leicht machen, Farben zu wechseln, ohne dass die Übergänge zu markant wirken. Entscheidest du dich für einen neutralen Ton als Grundfarbe, kannst du einfach alle möglichen Farben zu einem regelrechten Farbfest hinzufügen, ohne dass zu viel Durcheinander entsteht. Hast du Reste in neutralen Farben, kannst du den Pullover mit einem kräftigen Ton als Grundfarbe aufpeppen. Verwende die kleinsten Reste für die Ärmel und die größten für die Schulterpasse, dann weißt du, ob das Garn für die komplette Runde reicht. Teste die unterschiedlichen Farben gegebenenfalls mittels einer Maschenprobe aus, die später zum Beispiel in ZW-Nr. 10 wiederverwendet werden kann.

MAẞE XS (S) M (L) XL (XXL) 3XL

Umfang: 85 (90) 95 (100) 105 (110) 115 cm
Länge: 40 (42) 45 (48) 50 (52) 54 cm

MASCHENPROBE

Strukturmuster: 19 M x 29 R = 10 cm x 10 cm

AUSSTATTUNG

Rundstricknadel 3,5 mm, 80 cm und 40 cm lang
Rundstricknadel 4,0 mm, 80 cm und 40 cm lang

GARN

Ca. 250 (275) 275 (300) 300 (325) 325 g dünner Wollfaden in der Grundfarbe
Ca. 50 (75) 100 (125) 125 (150) 150 g dünnes Mohairgarn in der Grundfarbe
Ca. 275 (300) 300 (325) 325 (350) 350 g dünner Wollfaden in Restfarben
Ca. 50 (75) 100 (125) 125 (150) 150 g dünnes Mohairgarn in Restfarben

MASCHENPROBE

Auf Nd 4,0 mm mit einem dünnen Wollfaden und einem Faden dünnem Mohairgarn in der Grundfarbe 25 M anschlagen.

1. Rd (Rück-R): *Mit der Grundfarbe 1 M links str, mit der Musterfarbe 1 M rechts str*, von * bis * wdh, bis noch 1 M auf der Nd verbleibt, mit der Grundfarbe links str.

2. Rd (Hin-R): Mit der Musterfarbe links str.

3. Rd: Mit der Musterfarbe links str.

4. Rd: *Mit der Grundfarbe 1 M rechts str, mit der Musterfarbe 1 M links str*, von * bis * über die Rd hinweg wdh.

5. Rd: Mit der Grundfarbe links str.

6. Rd: *Mit der Grundfarbe 1 M rechts str, mit der Musterfarbe 1 M links str*, von * bis * wdh, bis noch 1 M auf der Nd verbleibt, mit der Grundfarbe rechts str.

7. Rd: Mit der Musterfarbe rechts str.

8. Rd: Mit der Musterfarbe rechts str.

9.Rd: *Mit der Grundfarbe 1 M links str, mit der Musterfarbe 1 M rechts str*, von * bis * über die Rd hinweg wdh.

10. Rd: Mit der Grundfarbe rechts str.

Diese 10 Rd 3 x wdh. Anschließend noch einmal die 1. bis 5. Rd wdh und dann abketten. Wenn die Maschenprobe stimmt, sollte das Stück ca. 12 cm x 12 cm messen.

RUMPFTEIL

Auf Nd 3,5 mm, 80 cm, mit einem dünnen Wollfaden in der Grundfarbe und einem dünnen Faden Mohair in der Grundfarbe 172 (180) 188 (200) 208 (216) 224 M anschlagen. Bündchen (1 M rechts, 1 M links) in Rd str, bis es 7 cm misst.

Zu Nd 4,0 mm wechseln und 1 Rd rechts str. Am Beginn der Arbeit sowie nach 86 (90) 94 (100) 104 (108) 112 M (die Hälfte der Arbeit) je einen MM einsetzen.

Anschließend wie folgt im Strukturmuster str:

1. Rd: *Mit der Grundfarbe 1 M rechts str, mit der Musterfarbe 1 M links str*, von * bis * über die Rd hinweg wdh.

2. Rd: Mit der Musterfarbe links str.

3. Rd: Mit der Musterfarbe rechts str.

4. Rd: Die 1. Rd wdh.

5. Rd: Mit der Grundfarbe rechts str.

Diese 5 Rd wdh, bis die Arbeit 25 (27) 29 (31) 33 (35) 37 cm misst (oder der gewünschten Länge entspricht). Hier empfiehlt es sich, die Ärmel zu str und zu schauen, wie viel Garn du noch übrig hast. Hast du mehr Garn als in der Anleitung angegeben, kannst du das Rumpfteil durchaus ein Stück länger str, hast du weniger, dann kann es auch kürzer ausfallen. Die nächste zu strickende Rd ist eine, in der mit der Grundfarbe rechts gestrickt wird. Für das Streifenmuster wie auf dem Bild gezeigt, wird die Musterfarbe in jeder 5. Rd gewechselt.

Am Anfang der Rd 7 M abn, einen MM einsetzen. Bis 7 M vor dem zweiten MM str, den MM beibehalten und 10 M abn. Die Arbeit ruhen lassen, bis der erste Ärmel gestrickt ist, damit du den Ärmel vor dem Weiterstr an die Schulterpasse setzen kannst.

ÄRMEL (2 X)

Auf Nd 3,5 mm mit der Grundfarbe 60 (62) 64 (66) 68 (70) 72 M anschlagen.

Str ein 4 cm langes Bündchen, wechsle zu Nd 4,0 mm und str 1 Rd rechts.

Wie beim Rumpfteil (1.-5. Rd) im Strukturmuster str, bis die Arbeit 20 cm misst. Anschließend wird in den Rd, in denen du mit der Musterfarbe rechts strickst, zugenommen. Achte darauf, die zugenommenen M in die etablierte Struktur zu integrieren, sodass die linken und rechten M im Muster nicht verschoben werden.

1 M rechts str, 1 M links zun, 1 M str, str, bis noch 1 M des Ärmels verbleibt, 1 M links zun, die letzte M rechts str, von * bis * etwa alle 4 cm insgesamt 4 x (4 x) 5 x (5 x) 6 x (7 x) 8 x wdh (= 68 (70) 74 (76) 80 (84) 88 M auf dem Ärmel).

Im Strukturmuster weiterstr, bis der Ärmel ca. 40 (42) 44 (46) 48 (50) 52 cm misst und die nächste Rd eine ist, die mit der Grundfarbe rechts gestrickt wird. In der nächsten Rd wie folgt für den Armausschnitt abn:

Am Anfang der Rd 5 M abn, str, bis noch 5 M übrig bleiben, diese 5 M abn = 10 M abgenommen.

Den Faden abtrennen und den Ärmel auf die Schulterpasse setzen.

Am Übergang zum Rumpfteil einen MM einsetzen. Die Schulterpasse weiterstr, bis noch 3 M der Rd verbleiben und einen MM einsetzen. Diese 3 M abn und den Faden abtrennen.

Die Arbeit ruhen lassen, während du einen weiteren entsprechenden Ärmel strickst. Den zweiten Ärmel auf die Schulterpasse übertragen.

SCHULTERPASSE

Du hast jetzt 72 (76) 80 (86) 90 (94) 98 M auf dem Vorderteil, MM, 58 (60) 64 (66) 70 (74) 78 M auf dem rechten Ärmel, MM, 80 (84) 88 (94) 98 (102) 106 M auf dem Rückteil, MM, 58 (60) 64 (66) 70 (74) 78 M auf dem linken Ärmel = 268 (280) 296 (312) 328 (344) 360 M auf der Schulterpasse.

Die Schulterpasse wird im etablierten Strukturmuster gestrickt, während gleichzeitig in jeder rechts zu strickenden Rd Raglan-Abn erfolgen. Achte darauf, dass in Rd, bei denen jede 2. M in der Grundfarbe rechts und in der Musterfarbe links gestrickt wird, die rechte M und die linke M immer an denselben Platz fallen. Daher wird infolge der Abn die M variieren, mit der die Rd beginnt. Str wie folgt:

1. Rd: *Mit der Musterfarbe 1 M links str, mit der Grundfarbe 1 M rechts str*, von * bis * über die Rd hinweg wdh.

2. Rd: Mit der Musterfarbe links str.

3. Rd (wird mit der Musterfarbe gestrickt): 1 M links abn, *bis 2 M vor dem nächsten MM rechts str, 1 M rechts abn, den MM auf die rechte Nd setzen, 1 M links abn*, von * bis * wdh, bis in der Rd 2 M verbleiben, 1 M rechts abn = 8 M abgenommen.

4. Rd: *Mit der Grundfarbe 1 M rechts str, mit der Musterfarbe 1 M links str*, von * bis * über die Rd hinweg wdh.

5. Rd (wird mit der Grundfarbe gestrickt): 1 M links abn, *bis 2 M vor dem nächsten MM rechts str, 1 M rechts abn, den MM auf die rechte Nd setzen, 1 M links abn*, von * bis * wdh, bis in der Rd 2 M verbleiben, 1 M rechts abn = 8 M abgenommen.

Diese 5 Rd wdh, bis du insgesamt 21 (22) 24 (26) 28 (30) 32 Rd mit Abn gestrickt hast und 100 (104) 104 (104) 104 (104) 104 M auf der Nd verbleiben. Ohne Abn weiter im Muster str, sodass die letzte Rd, bevor du mit dem Kragen beginnst, eine Rd ist, die mit der Grundfarbe rechts gestrickt wird.

KRAGEN

Wechsle zu Nd 3,5 mm. Str ein Bündchen (1 M rechts, 1 M links), bis der Kragen 4 cm misst oder der gewünschten Länge entspricht. In der gewünschten Technik abketten.

FERTIGSTELLUNG

Unter den Ärmeln zusammennähen. Alle losen Fäden befestigen.

Den Pullover vor dem Tragen waschen und im nassen Zustand an die gewünschte Form anpassen. Der Pullover wird sich während des Waschens ein wenig weiten.

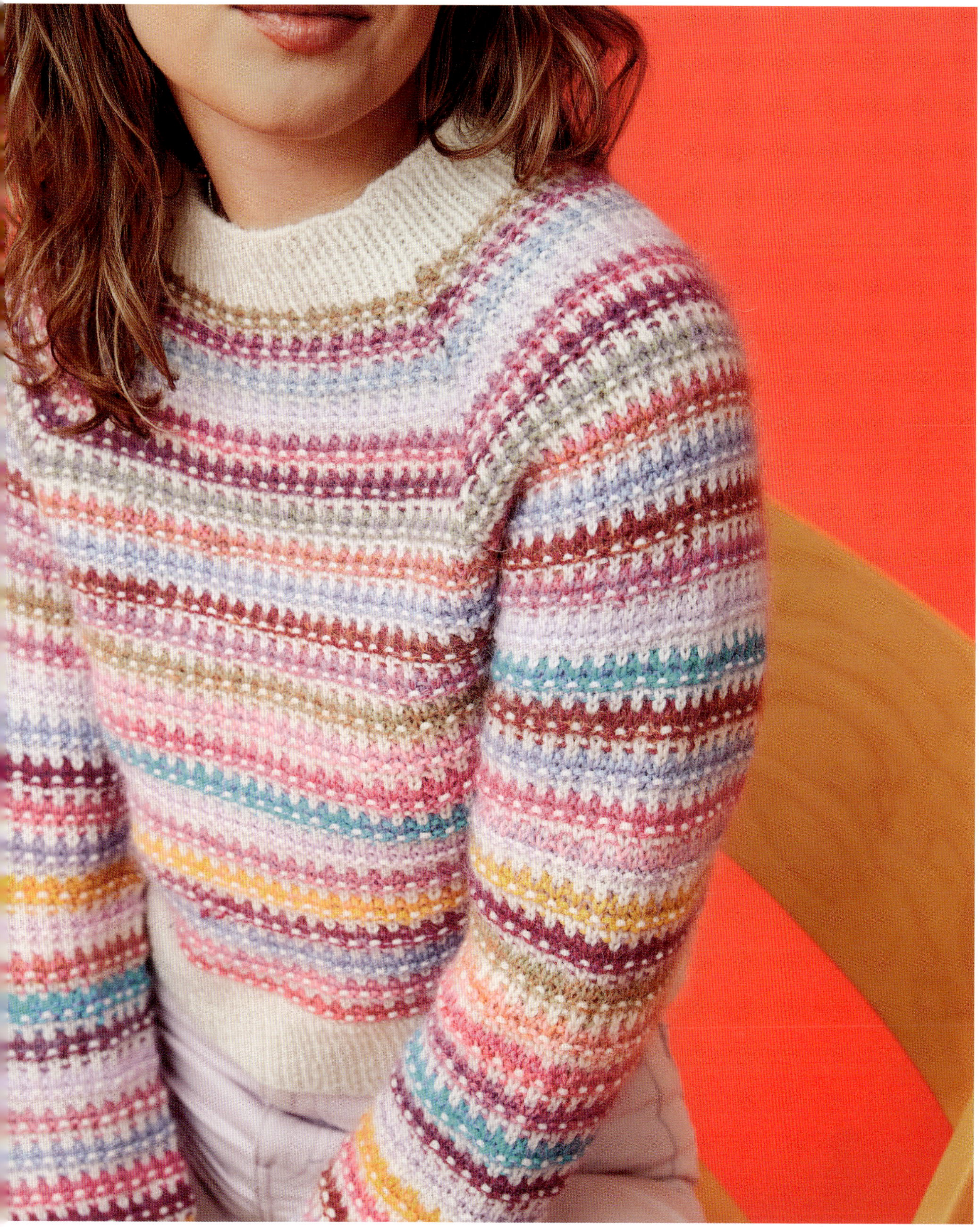

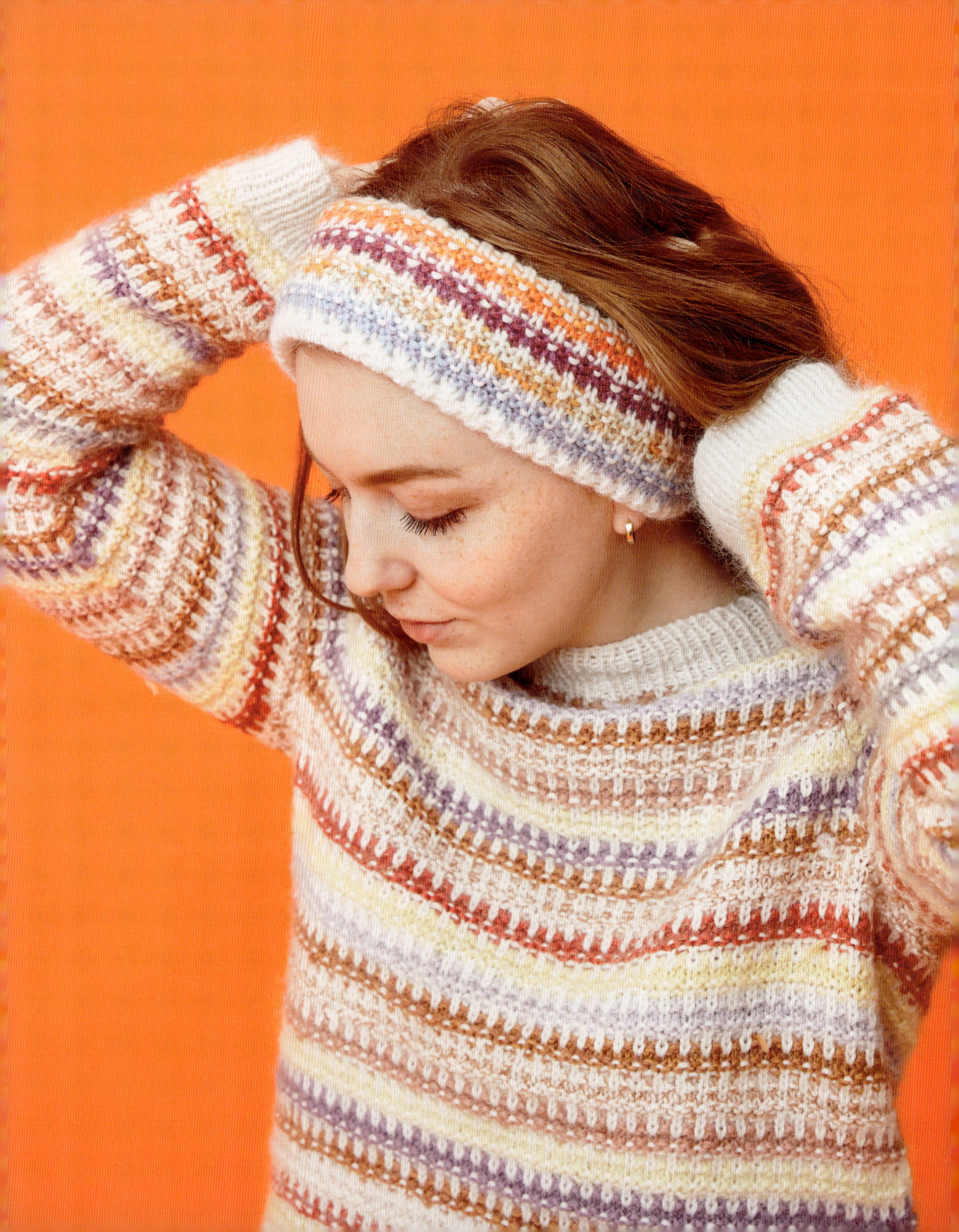

ZW-Nr. 8 Stirnband

Dieses Stirnband ist perfekt, falls du von ZW-Nr. 8 noch Reste übrig hast oder die kleinsten Reste im Garnkorb aufbrauchen möchtest. Es besteht aus vier Streifen im Strukturmuster und kann in verschiedenen Farben oder lediglich in einer gestrickt werden. Möchtest du mit verschiedenen Farben stricken, teilst du die Garnmenge der Musterfarbe durch vier, um so herauszufinden, wie viel Garn du pro Streifen benötigst. So kannst du ganz einfach feststellen, ob du ausreichend Garn in den verschiedenen Farben zur Verfügung hast. Das Stirnband wird doppelt gestrickt, indem du zuerst die erste Hälfte für die Innenseite in der Grundfarbe strickst. Dann wird die Vorderseite des Stirnbandes im Strukturmuster gefertigt, während der letzte Teil wieder in der Grundfarbe gestrickt wird. Abschließend werden die Kanten zusammengestrickt oder zusammengenäht – und schwupps hast du ein doppelt gestricktes Stirnband, das an kalten Tagen die Ohren wärmt!

MAßE S (M) L

Umfang: 54–56 (57–59) 60–63 cm
Breite: 8 cm

MASCHENPROBE

Strukturmuster: 19 M x 29 Rd = 10 cm x 10 cm

AUSSTATTUNG

Rundstricknadel 4,0 mm, 40 cm lang

GARN

Ca. 35 (40) 45 g dünner Wollfaden in der Grundfarbe
Ca. 10 (15) 15 g dünnes Mohairgarn in der Grundfarbe
Ca. 16 (20) 24 g dünner Wollfaden in Restfarben
Ca. 8 (10) 12 g dünnes Mohairgarn in Restfarben

Auf Nd 4,0 mm mit einem dünnen Wollfaden in der Grundfarbe und einem Faden dünnem Mohairgarn in der Grundfarbe 96 (104) 112 M anschlagen. 4 cm in Rd glatt rechts str.

In der nächsten Rd wird die Kante des Stirnbandes gestrickt:

1. Rd: *2 M rechts zusstr, 1 U über die Nd*, von * bis * über die Rd hinweg wdh.

2. Rd: 1 M rechts str, den U verschr rechts str.

Die 1. und 2. Rd insgesamt 2 x wdh.

Anschließend wird wie folgt das Strukturmuster eingearbeitet:

1. Rd: *Mit der Grundfarbe 1 M rechts str, mit der Musterfarbe 1 M links str*, von * bis * über die Rd hinweg wdh.

2. Rd: Mit der Musterfarbe links str.

3. Rd: Mit der Musterfarbe rechts str.

4. Rd: Die 1. Rd wdh.

5. Rd: Mit der Grundfarbe rechts str.

Diese 5 Rd insgesamt 4 x wdh = 4 Streifen Strukturmuster in der Musterfarbe.

Wie zu Beginn der Arbeit die Kante des Stirnbandes str:

1. Rd: *2 M rechts zusstr, 1 U über die Nd*, von * bis * über die Rd hinweg wdh.

2. Rd: 1 M rechts str, den U verschr rechts str.

Die 1. und 2. Rd insgesamt 2 x wdh.

4 cm glatt rechts str.

Drehe das Stirnband um und falte die Anschlagkante und die M auf der Nd zur Mitte der Arbeit. Jetzt werden die M auf der Nd abgekettet und dabei gleichzeitig mit der Anschlagkante zusammengestrickt:

1 M von der Anschlagkante mit 1 M von der Nd zusstr, von * bis * wdh und die hinterste M über die vorderste ziehen. So fortfahren, bis alle M abgekettet sind und die Anschlagkante mit der Abkettkante zusammengestrickt ist.

Alternative Montage: Mit rechten M abketten. Die Anschlagkante mit der Abkettkante zusammennähen.

Alle Fäden befestigen. Das Stirnband vor Gebrauch dämpfen oder spannen.

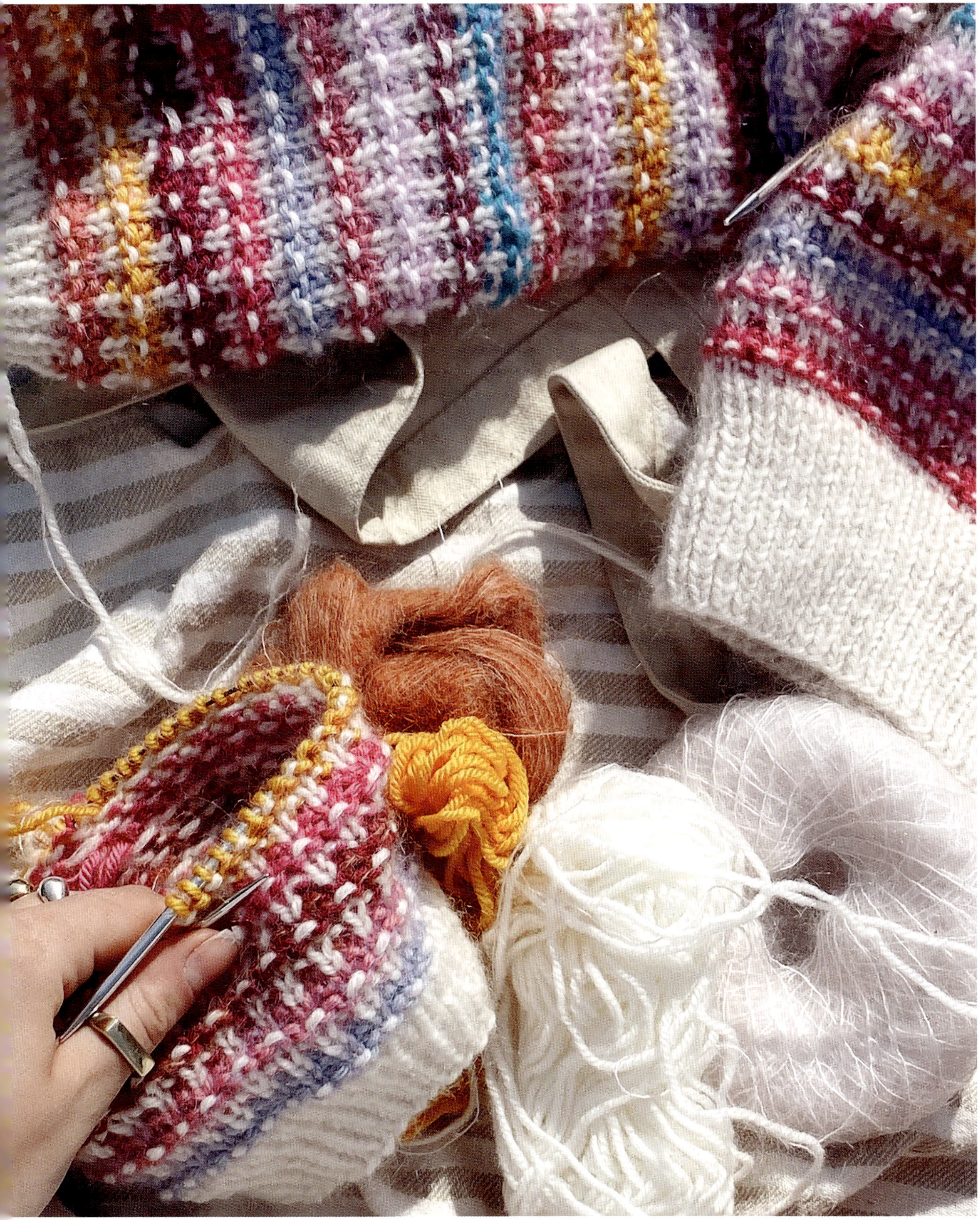

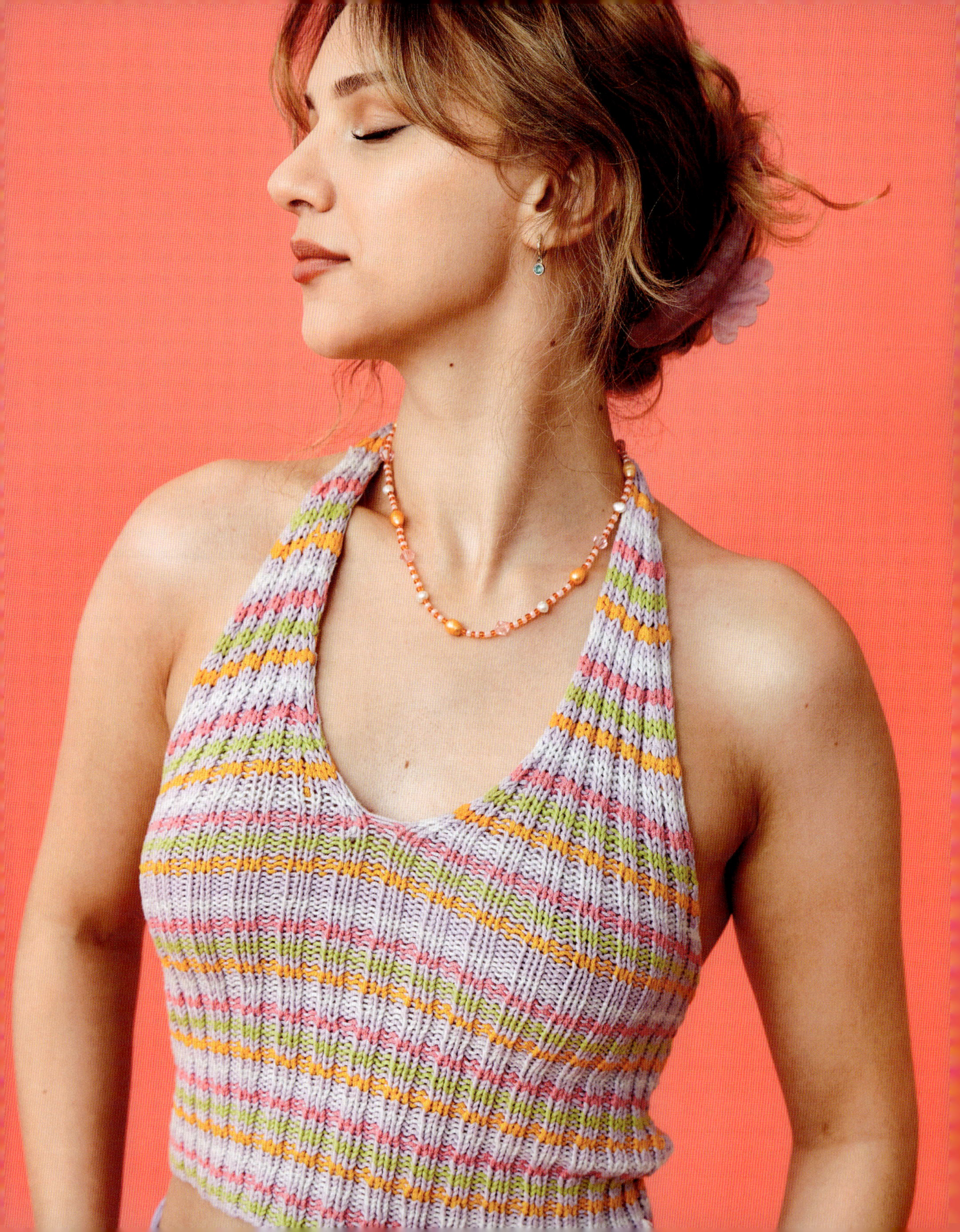

ZW-Nr. 9

ZW-Nr. 9 ist ein im Rippenmuster gestricktes Sommertop mit zwei langen Trägern, die im Nacken gebunden und nach eigenem Wunsch justiert werden können. Das Top kann wie in der Anleitung beschrieben in Streifen, aber auch einfarbig oder mit dickeren bzw. dünneren Streifen gestrickt werden.

Lass dein vorhandenes Garn über die Breite der Streifen in den einzelnen Farben entscheiden, verwende zum Beispiel die Farbe, von der du den meisten Vorrat hast, für breite Streifen oder nutze für die Streifen in der Musterfarbe kleine Garnreste in verschiedenen Farben.

MAẞE XS (S) M (L) XL (XXL) 3XL

Umfang (Taille): ca. 81 (86) 91 (96) 101 (106) 112 cm

MASCHENPROBE

Glatt rechts: 21 M x 30 Rd = 10 cm x 10 cm

AUSSTATTUNG

Rundstricknadel 3,5 mm, 60 cm oder 80 cm

GARN

150 (175) 175 (200) 200 (225) 225 g Baumwollgarn

Für die Streifen:

75 (90) 90 (100) 100 (115) 115 g mitteldickes Baumwollgarn in der Grundfarbe

75 (90) 90 (100) 100 (115) 115 g mitteldickes Baumwollgarn in der Restfarbe

MASCHENPROBE

26 M anschlagen. Insgesamt 36 R in Hin- und Rück-R glatt rechts str. Wenn die Maschenprobe stimmt, misst das Stück ca. 12 cm x 12 cm.

RUMPFTEIL

Auf Nd 3,5 mm mit einem Baumwollfaden in der Grundfarbe 156 (164) 172 (184) 192 (200) 208 M anschlagen. Wie folgt 2 Rd im Doppelstrick (bzw. Doubleface) str:

1. Rd: *1 M rechts str, mit dem Faden vor der Arbeit 1 M links abh*, von * bis * über die Rd hinweg wdh.

2. Rd: *Mit dem Faden hinter der Arbeit 1 M links abh, 1 M links str*, von * bis * über die Rd hinweg wdh.

Zur Musterfarbe wechseln und 2 Rd im Rippenmuster str (2 M rechts, 2 M links). Zur Grundfarbe wechseln und 2 Rd im Rippenmuster str. Fortlaufend Streifen im Rippenmuster str (2 Rd in der Musterfarbe, 2 Rd in der Grundfarbe), bis die Arbeit 19 (19) 20 (21) 22 (23) 24 cm misst oder der gewünschten Länge entspricht und die nächste Rd eine ist, in der zur Grundfarbe gewechselt wird.

In der nächsten Rd die M des Rückteils in Doppelstrick str und anschließend abketten. Anschließend wird nur das Vorderteil in Hin- und Rück-R gestrickt. Strickst du in Streifen, werden die nächsten 5 R wie folgt in der Grundfarbe gestrickt:

1. R: Die ersten 82 (86) 90 (96) 100 (104) 108 M im Rippenmuster str. *1 M rechts str, mit dem Faden vor der Arbeit 1 M links abh*, von * bis * über die nächsten 70 (74) 78 (84) 88 (92) 96 M wdh. Die letzten 4 M der R im Rippenmuster str.

2. R: Über die ersten 82 (86) 90 (96) 100 (104) 108 M im Rippenmuster str. *Mit dem Faden hinter der Arbeit 1 M links abh, 1 M links str*, von * bis * über die nächsten 70 (74) 78 (84) 88 (92) 96 M wdh. Die letzten 4 M der R im Rippenmuster str.

In der nächsten R werden die soeben in Doppelstrick gestrickten M abgenommen:

3. R: Die ersten 82 (86) 90 (96) 100 (104) 108 M der R im Rippenmuster str. Die nächsten 70 (74) 78 (84) 88 (92) 96 M wie folgt abn: 2 M rechts zusstr, die nächsten 2 M rechts zusstr, die hintere M über die vordere ziehen = insgesamt 3 M abgenommen. Mit den Abn so fortfahren, bis noch 5 M auf der Nd sind, 1 M rechts str, die hintere M über die vordere ziehen = noch 4 M auf der Nd. Die letzten 4 M im Rippenmuster str, den Faden abtrennen. Die letzten 4 M auf die linke Nd setzen.

VORDERTEIL

Du hast jetzt 86 (90) 94 (100) 104 (108) 112 M auf dem Vorderteil. Str die ersten beiden R ohne Abn:

1. R (Hin-R): Mit der Grundfarbe fortfahren. Mit dem Faden vor der Arbeit 1 M links von der Nd heben. 2 M rechts str. Im Rippenmuster str, bis noch 3 M auf der Nd sind, diese rechts str. Die Arbeit wenden.

2. R (Rück-R): Mit dem Faden vor der Arbeit 1 M links von der Nd heben, 2 M links str. Im Rippenmuster str, bis noch 3 M auf der Nd sind. 2 M links str, 1 M rechts str.

Anschließend wie zuvor Streifen str (2 R in der Musterfarbe, 2 R in der Grundfarbe) und gleichzeitig auf beiden Seiten des Vorderteils auf jeder rechten Seite insgesamt 2 x für die Armausschnitte abn.

3. R: Zur Musterfarbe wechseln. Mit dem Faden vor der Arbeit die erste M links abh, 1 M rechts str, 1 M links abn, str, bis noch 4 M auf der Nd sind, 1 M rechts abn, 2 M rechts str. Die Arbeit wenden.

4. R: Mit dem Faden vor der Arbeit die erste M rechts abh, 2 M links str. Im Rippenmuster str, bis noch 3 M auf der Nd sind. 2 M links str, 1 M rechts str.

Diese beiden R (3. und 4. R) insgesamt 2 x wdh = 82 (86) 90 (96) 100 (104) 108 M auf dem Vorderteil.

Anschließend in jeder zweiten R auf der rechten Seite wie folgt für den Armausschnitt abn:

5. R: Mit dem Faden vor der Arbeit 1 M rechts von der Nd abh, 1 M str, 1 M links abn, str, bis noch 4 M auf der Nd sind, 1 M rechts abn, 2 M rechts str.

6. R: Mit dem Faden vor der Arbeit die erste M rechts von der Nd abh, im Rippenmuster str, bis noch 3 M auf der Nd sind, 2 M links str, 1 M rechts str.

7. R: Mit dem Faden vor der Arbeit die erste M rechts von der Nd abh, 2 M rechts str, im Rippenmuster str, bis noch 3 M auf der Nd sind, diese 3 M rechts str.

8. R: Wie die 6. R str.

Die 5. bis 8. R insgesamt 2 x wdh = 78 (82) 86 (92) 96 (100) 104 M auf der Nd.

In der nächsten R wird das Vorderteil in zwei Teile geteilt, die getrennt voneinander gestrickt werden.

LINKES VORDERTEIL

1. R: Mit dem Faden vor der Arbeit die erste M rechts von der Nd abh, 1 M str, 1 M links abn, 31 (33) 34 (38) 40 (42) 44 M im Rippenmuster str, 1 M rechts abn, 2 M rechts str.

2. R: Mit dem Faden vor der Arbeit die erste M rechts von der Nd abh, 2 M links str, im Rippenmuster str, bis noch 3 M auf der Nd sind, 2 M links str, 1 M rechts str.

Die letzten 39 (41) 42 (46) 48 (50) 52 M auf der rechten Seite des Vorderteils auf einen Maschenhalter oder einen Faden übertragen. Anschließend wird auf beiden Seiten des linken Vorderteils weitere 2 x für den Halsausschnitt und den Armausschnitt abgenommen:

3. R: Mit dem Faden vor der Arbeit die erste M rechts von der Nd abh, 2 M rechts str, im Rippenmuster str, bis noch 3 M auf der Nd sind, diese 3 M rechts str.

4. R: Wie die 2. R str.

5. R: Mit dem Faden vor der Arbeit die erste M rechts von der Nd abh, 1 M str, 1 M links abn, str, bis noch 4 M auf der Nd sind, 1 M rechts abn, 2 M rechts str.

6. R: Wie die 2. R str.

Die 3. bis 6. R insgesamt 2 x wdh. Du hast jetzt 33 (35) 38 (40) 42 (44) 46 M auf der Nd.

In der nächsten R wird nur für den Halsausschnitt abgenommen.

7. R: Mit dem Faden vor der Arbeit die erste M rechts abh, 2 M rechts str, str, bis noch 4 M auf der Nd sind, 1 M rechts abn, 2 M rechts str.

8. R: Wie die 2. R str.

9. R: Wie die 3. R str.

10. R: Wie die 2. R str.

Die 7. bis 10. R insgesamt 1 x (3 x) 2 x (4 x) 2 x (4 x) 6 x wdh = 32 (32) 36 (36) 40 (40) 40 M auf der Nd.

Anschließend weiterhin für den Halsausschnitt sowie gleichzeitig für die Schulter des linken Vorderteils abn:

11. R: Mit dem Faden vor der Arbeit die erste M links von der Nd abh. 2 M rechts str, 2 M links str, 1 M rechts str. 1 M links abn. Im Rippenmuster str, bis noch 4 M auf der Nd sind, 1 M rechts abn, 2 M rechts str.

12. R: Wie die 2. R str.

13. R: Wie die 3. R str.

14. R: Wie die 2. R str.

Die 11. bis 14. R insgesamt 4 x wdh = 24 (24) 28 (28) 32 (32) 32 M auf der Nd.

Anschließend nicht weiter für den Halsausschnitt abn. Wie folgt str:

15. R: Mit dem Faden vor der Arbeit die erste M links von der Nd abh. 2 M rechts str, 2 M links str, 1 M rechts str. 1 M links abn. Im Rippenmuster str, bis noch 3 M auf der Nd sind, 3 M rechts str.

16. R: Wie die 2. R str.

Die 15. bis 16. R insgesamt 12 x (12 x) 16 x (16 x) 20 x (20 x) 20 x wdh = 12 M auf der Nd.

LINKER TRÄGER

Der Träger wird für alle Größen gleich gestrickt.

Mit dem Faden vor der Arbeit 1 M links abh. Im Rippenmuster str, bis noch 1 M verbleibt, 1 M rechts str.

Wiederhole von * bis * mit der Grundfarbe im Rippenmuster, bis der Träger 58 cm misst.

Wie folgt abketten:

1. R: Mit dem Faden vor der Arbeit 1 M links von der Nd abh, 1 M str, die abgehobene M über die rechts gestrickte M ziehen = 1 M abgenommen. Im Rippenmuster str und die letzte M rechts str.

2. R: Mit dem Faden vor der Arbeit 1 M links abh, im Rippenmuster str, bis noch 1 M auf der Nd verbleibt, diese M rechts str. Die letzte M auf der Nd über die vorletzte M ziehen = 1 M abgenommen. Die Arbeit wenden.

Diese beiden R insgesamt 11 x wdh, bis noch 1 M auf der Nd verbleibt. Den Faden durch die M ziehen. Anschließend mit dem rechten Vorderteil fortfahren.

RECHTES VORDERTEIL

Garn ansetzen und auf der rechten Seite des rechten Vorderteils beginnen.

1. R (Hin-R): Mit dem Faden vor der Arbeit die erste M rechts von der Nd abh, 1 M str, 1 M links abn, 31 (33) 34 (38) 40 (42) 44 M im Rippenmuster str, 1 M rechts abn, 2 M rechts str.

2. R (Rück-R): Mit dem Faden vor der Arbeit die erste M rechts von der Nd abh, 2 M links str, Rippenmuster str, bis noch 3 M auf der Nd sind, 2 M links str, 1 M rechts str.

Anschließend auf beiden Seiten des rechten Vorderteils weitere 2 x für den Halsausschnitt und den Armausschnitt abn:

3. R: Mit dem Faden vor der Arbeit die erste M rechts von der Nd abh, 2 M rechts str, Rippenmuster str, bis noch 3 M verbleiben, diese 3 M rechts str.

4. R: Wie die 2. R str.

5. R: Mit dem Faden vor der Arbeit die erste M rechts von der Nd abh, 1 M str, 1 M links abn, str, bis noch 4 M auf der Nd sind, 1 M rechts abn, 2 M rechts str.

6. R: Wie die 2. R str.

Die 3. bis 6. R insgesamt 2 x wdh. Du hast jetzt 33 (35) 38 (40) 42 (44) 46 M auf der Nd.

In der nächsten R wird nur für den Halsausschnitt abgenommen.

7. R: Mit dem Faden vor der Arbeit die erste M rechts abh, 1 M str, 1 M links abn, im Rippenmuster str, bis noch 3 M auf der Nd sind, diese 3 M rechts str = 32 M auf der Nd.

8. R: Wie die 2. R str.

9. R: Wie die 3. R str.

10. R: Wie die 2. R str.

Die 7. bis 10. R insgesamt 1 x (3 x) 2 x (4 x) 2 x (4 x) 6 x wdh = 32 (32) 36 (36) 40 (40) 40 M auf der Nd.

Anschließend weiterhin für den Halsausschnitt sowie gleichzeitig für die Schulter des rechten Vorderteils abn:

11. R: Mit dem Faden vor der Arbeit die erste M links von der Nd abh, 1 M rechts str, 1 M links abn. Im Rippenmuster str, bis noch 8 M auf der Nd sind, 1 M rechts abn. 1 M rechts str, 2 M links str und mit 3 M rechts abschließen.

12. R: Wie die 2. R str.

13. R: Wie die 3. R str.

14. R: Wie die 2. R str.

Die 11. bis 14. R insgesamt 4 x wdh = 24 (24) 28 (28) 32 (32) 32 M auf der Nd.

Anschließend nicht weiter für den Halsausschnitt abn. Wie folgt str:

15. R: Mit dem Faden vor der Arbeit die erste M links von der Nd abh, 2 M rechts str, im Rippenmuster str, bis noch 8 M auf der Nd sind, 1 M rechts abn. 1 M rechts str, 2 M links str und mit 3 M rechts abschließen.

16. R: Wie die 2. R str.

Die 15. bis 16. R insgesamt 12 x (12 x) 16 x (16 x) 20 x (20 x) 20 x wdh = 12 M auf der Nd.

RECHTER TRÄGER

Entsprechend dem linken Träger str.

Alle losen Fäden befestigen und das Top vor dem Tragen waschen.

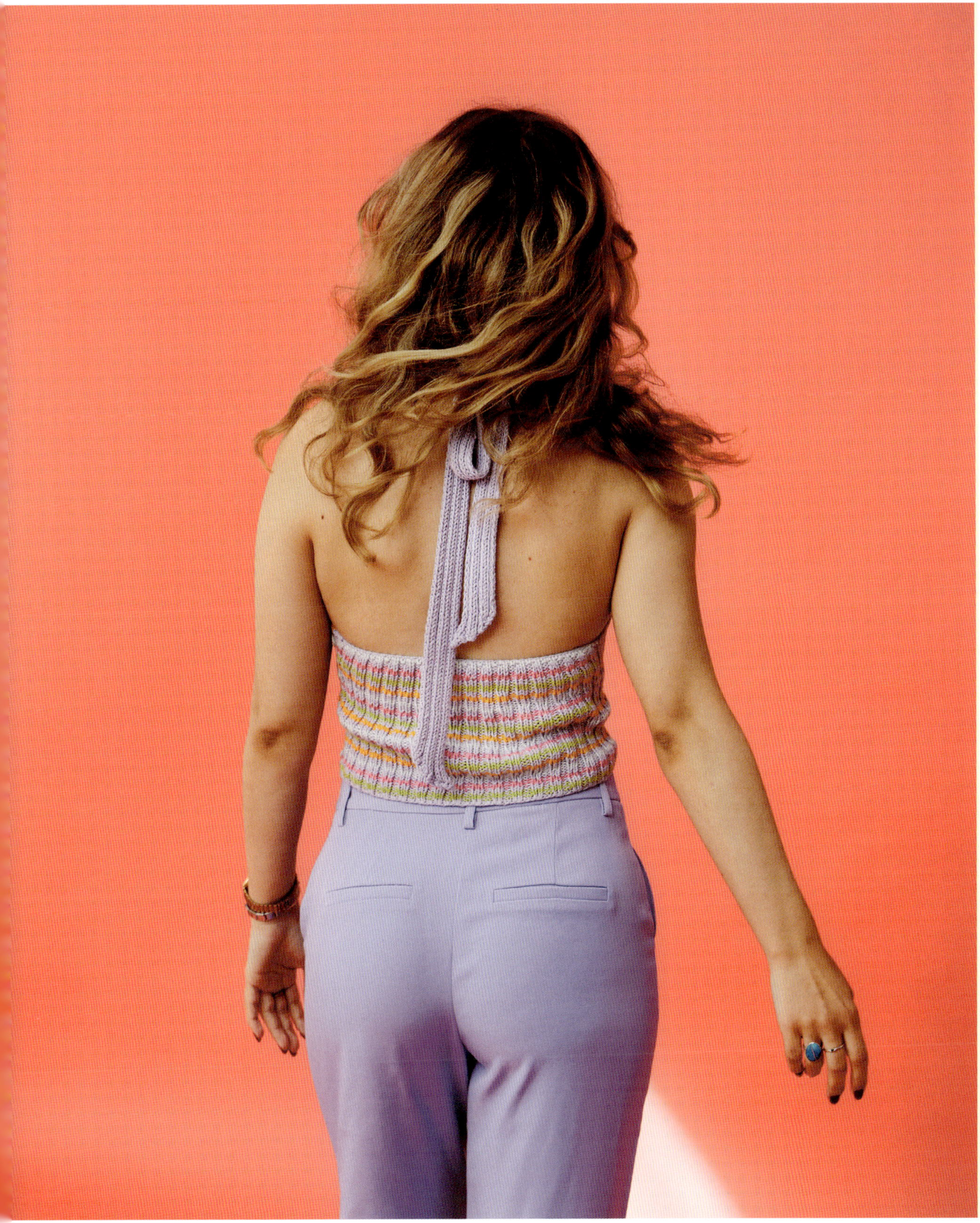

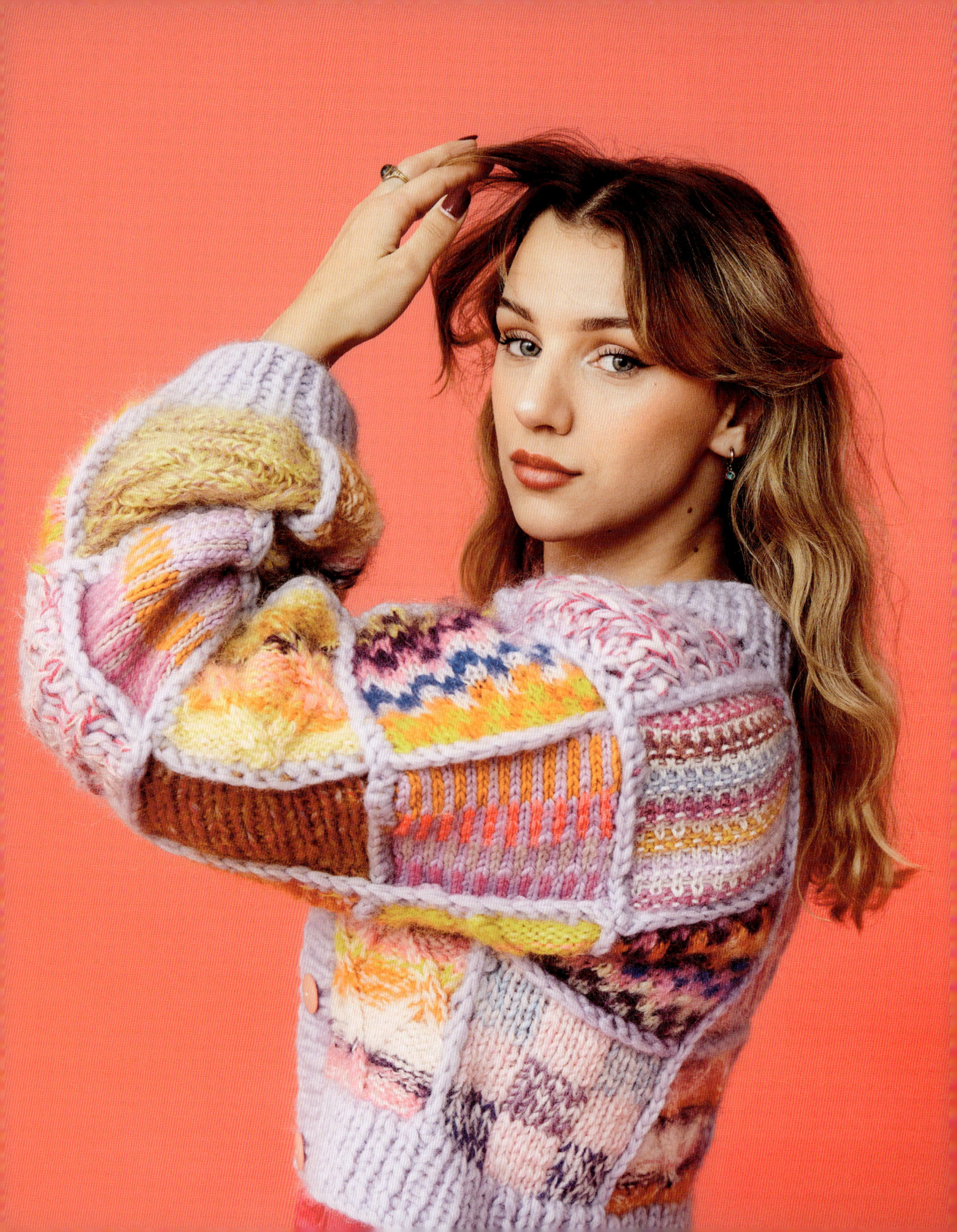

ZW-Nr. 10

Findest du das Stricken von Maschenproben genauso langweilig wie ich? Als ich mit meinem Restgarnprojekt begann, kam mir ganz schnell die Idee zu dieser Jacke. Das motivierte mich, wenn es darum ging, Maschenproben zu stricken, und ich hatte sogar ein wenig Freude daran. Strickt man mit Restgarn, ist die Maschenprobe vielleicht der wichtigste Arbeitsschritt überhaupt – nicht nur, um die Strickfestigkeit zu überprüfen, sondern auch, um die verschiedenen Farbkombinationen auszutesten. Diese Jacke gehört mittlerweile zu meinen Lieblingskleidungsstücken und ist vielleicht das coolste Teil, das ich jemals gestrickt habe. Und da man für die einzelnen Maschenproben eine minimale Menge an Garn benötigt und mit unzähligen Garnkombinationen stricken kann, ist das vielleicht das ultimative Restgarnprojekt, weil es sich dazu eignet, selbst die kleinsten Reste zu verbrauchen.

MAßE S (L)

Breite (flach aufliegend gemessen): ca. 38 (62) cm

Länge: ca. 42 (66) cm

AUSSTATTUNG

Rundstricknadel 5,0 mm, 80 cm oder 100 cm lang

GARN

300 (500) g Air Garn

MASCHENPROBEN

Str 47 (77) Maschenproben in den Maßen 12 cm x 12 cm. Verwende gern die Maschenproben von den anderen Anleitungen in diesem Buch!

NAME DES DESIGNS	SEITENZAHL DER MASCHENPROBE
ZW-Nr. 1	S. 55
ZW-Nr. 2	S. 63
ZW-Nr. 3	S. 75
ZW-Nr. 4	S. 83
ZW-Nr. 5	S. 87
ZW-Nr. 6	S. 93
ZW-Nr. 7	S. 97
ZW-Nr. 8	S. 109
ZW-Nr. 9	S. 119
Flanier-Pullover	S. 141
Getränke- und Weinflaschenhalter	S. 165
Cotton Candy-Tasche	S. 169

DAS ZUSAMMENHÄKELN DER MASCHENPROBEN: SCHRITT FÜR SCHRITT

Schritt 1: Lege zwei Maschenproben nebeneinander.

Schritt 2: Fertige mit der Häkelnadel eine Schlaufe.

Schritt 3: Führe die Häkelnadel durch die jeweils erste M von beiden Maschenproben.

Schritt 4: Ziehe den Faden durch die beiden M, sodass du auf der Häkelnadel eine neue M erhältst.

Schritt 5: Ziehe den Faden anschließend durch die beiden M auf der Häkelnadel.

Schritt 6: Wiederhole die Schritte 2 bis 4, bis sich der Häkelsaum über die gesamte Länge der Maschenproben erstreckt.

ZUSAMMENNÄHEN

Lege alle Maschenproben wie in der nachfolgenden Abbildung gezeigt auf den Boden (das erleichtert die Visualisierung, wenn es darum geht, die Maschenproben zusammenzuhäkeln).

Die Zahlen in der Abbildung auf Seite 130 geben an, in welcher Reihenfolge die Maschenproben aneinandergehäkelt werden sollen. Beginne bei Nr. 1 und arbeite dich voran. Beginne mit dem Zusammenhäkeln der Maschenproben dort, wo die jeweilige Zahl in der Abbildung platziert ist, und fahre entlang der Zickzacklinie in der gleichen Farbe wie die Zahl fort.

Häkle die Maschenproben wie in der Abbildung dargestellt für die gewählte Größe bis zu Schritt 18 (24) zusammen.

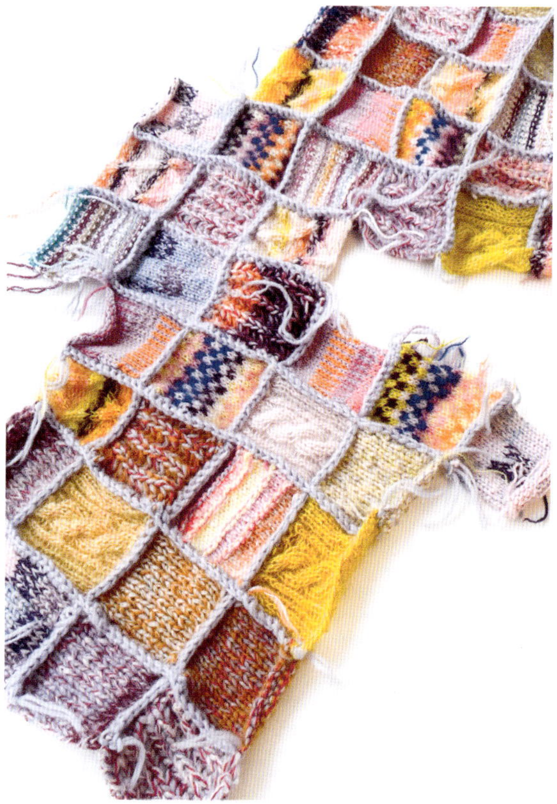

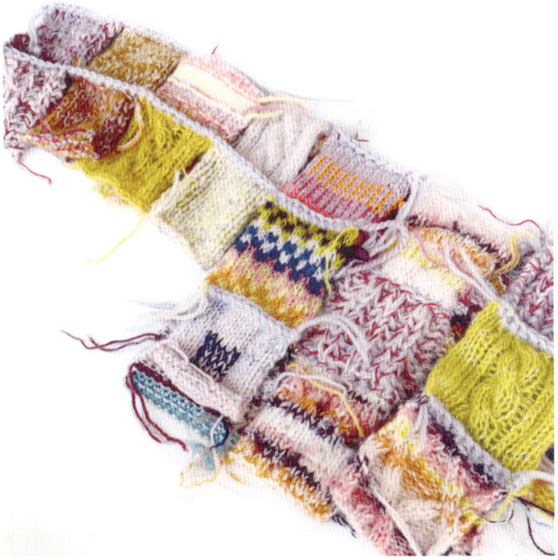

Falte die Jacke horizontal entlang der Linien 14 (21) und 16 (23), sodass du ein Rückteil, zwei Vorderteile und zwei Ärmel erhältst. Die roten Zickzacklinien geben an, wo du unter den Ärmeln und an den Seiten der Jacke zusammenhäkeln sollst. Bearbeite die restlichen, in der Abbildung angegebenen Schritte.

BÜNDCHEN

Str auf Nd 5,0 mm mit doppeltem Faden Air Garn am Saum der Jacke M auf. Str dabei pro Maschenprobe 16 M auf = insgesamt 80 (144) M. Str ein 5 cm langes Bündchen (1 M rechts, 1 M links).

TIPP

Str die 16. M in den Saum, wo du die Maschenproben zusammengehäkelt hast, so entsteht ein fließender Übergang von den Säumen zum Bündchen.

ÄRMEL

Str mit Nd 5,0 mm und doppeltem Faden Air Garn entlang des Ärmelrandes M auf, 16 M pro Maschenprobe = insgesamt 64 (64) M. 1 Rd rechts str und gleichzeitig wie folgt die M-Anzahl halbieren: *2 M rechts zusstr*, von * bis * über die Rd hinweg wdh = 32 M verbleiben auf dem Ärmel.

Str ein 5 cm langes Bündchen (1 M rechts, 1 M links).

KNOPFLEISTEN

Str mit Nd 5,0 mm und doppeltem Faden Air Garn entlang des Jackenrandes M auf. 6 M entlang beider Bündchen am Jackensaum und 16 M pro Maschenprobe = insgesamt 124 (188) M. Str ein 2 cm langes Bündchen (1 M rechts, 1 M links).

Miss ab, wo die Knöpfe sich befinden sollen, damit der Abstand zwischen ihnen in etwa gleich groß ist. Platziere dort, wo sich die Knopflöcher befinden sollen, jeweils einen MM auf der Nd.

Str bis 1 M vor dem MM das Bündchen weiter, kette 1 M ab. Wiederhole das so oft, wie du MM für die Knopflöcher platziert hast.

Str bis dorthin das Bündchen weiter, wo du für das Knopfloch abgekettet hast, nimm 1 M auf. Wiederhole das so oft, wie du MM für die Knopflöcher platziert hast.

Stricke, bis das Bündchen 5 cm misst und kette ab.

Nähe die Knöpfe an und befestige alle losen Fäden. Wasche oder dämpfe die Jacke vor dem Tragen.

ABBILDUNGEN ZUM ZUSAMMENNÄHEN

Gr. S

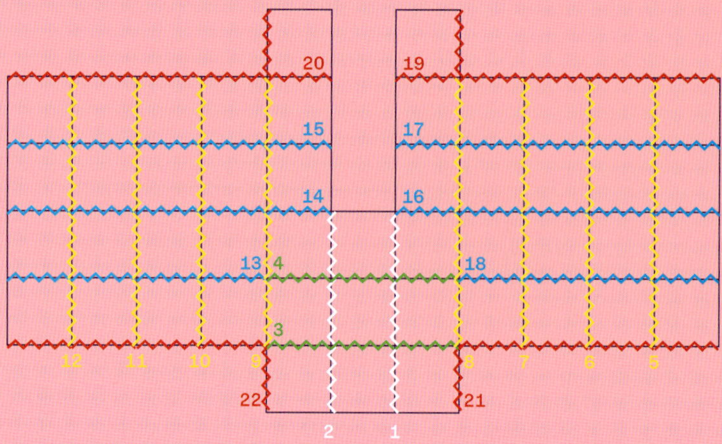

Gr. L

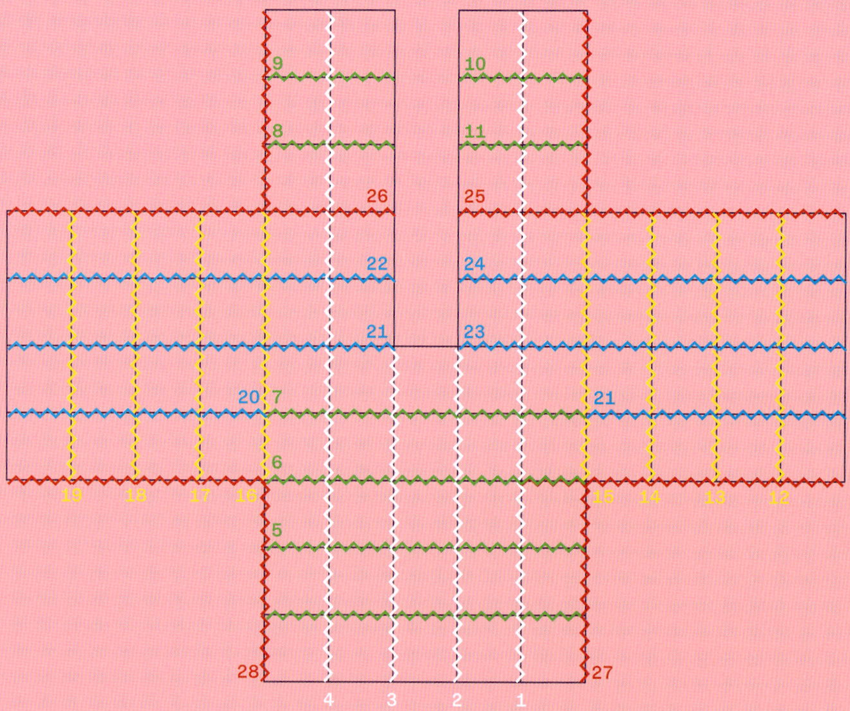

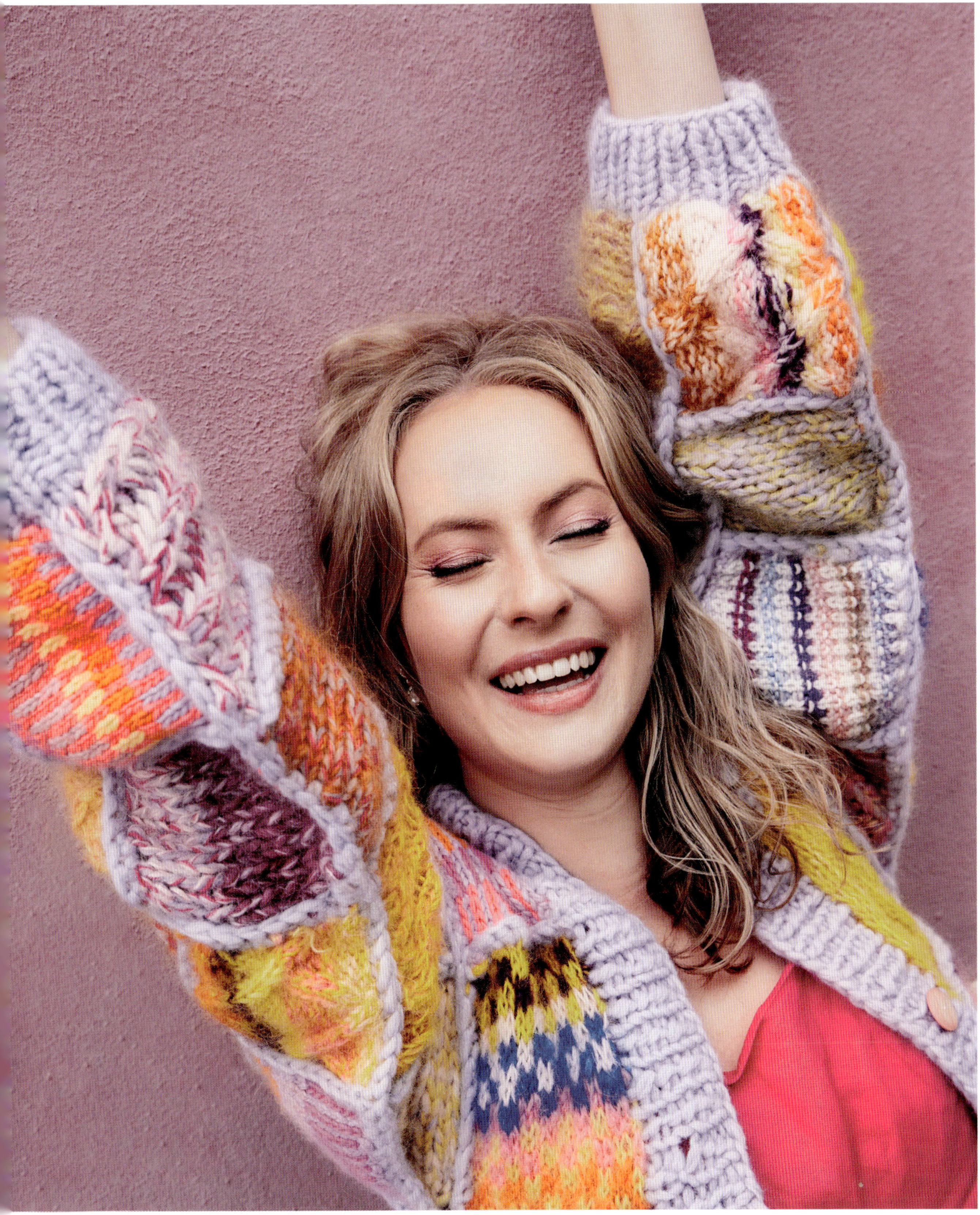

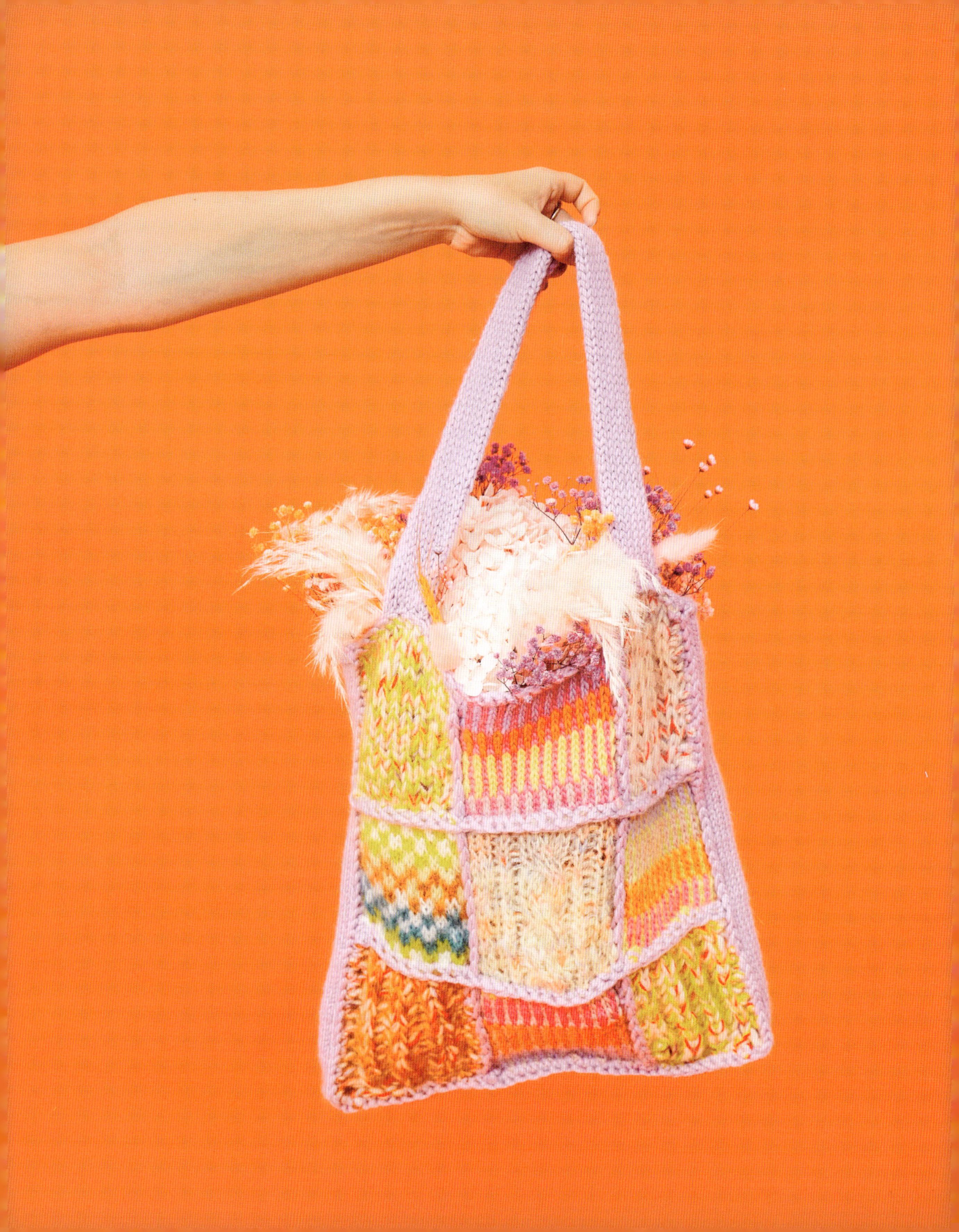

ZW-Nr. 10 Tragetasche

Sollten deine Maschenproben nicht für eine komplette Jacke reichen, ist die ZW-Nr. 10 Tragetasche vielleicht eine Alternative. Es gibt sie in zwei Größen und sie eignet sich ausgezeichnet, um auch die allerkleinsten Reste loszuwerden, mit denen du ansonsten nichts anzufangen weißt. Die Henkel der Tasche habe ich einfarbig gehalten – sie können aber auch mehrfarbig, mit horizontalen oder vertikalen Streifen oder im Karomuster gestrickt werden.

MAßE S (L)

Breite (flach aufliegend gemessen): 29 (40) cm

Länge (ohne Henkel): 24 (36) cm

AUSSTATTUNG

Häkelnadel 8,0 mm

Rundstricknadel 5,0 mm, 80 cm lang

GARN

100 (200) g dicker Wollfaden oder doppelter Faden Air Garn

MASCHENPROBEN

Str 8 (18) Maschenproben in den Maßen 12 cm x 12 cm. Verwende gern die Maschenproben von den anderen Anleitungen in diesem Buch!

STREIFEN

Auf Nd 5,0 mm mit einem dicken Faden oder doppeltem Faden Air Garn 8 (10) M anschlagen. Str so lange in Hin- und Rück-R glatt rechts, bis der Henkel 24 (36) cm misst. Abketten.

Insgesamt 3 gleiche Streifen str.

ZUSAMMENNÄHEN, SCHRITT 1:

Lege alle Maschenproben wie in der nachfolgenden Abbildung dargestellt auf eine ebene Fläche.

Die Zahlen in der Abbildung geben an, in welcher Reihenfolge die Säume gehäkelt werden sollen. Beginne bei Nr. 1 und arbeite dich voran. Beginne mit dem Zusammenhäkeln der Maschenproben dort, wo die jeweilige Zahl in der Abbildung platziert ist und fahre entlang der Zickzacklinie in der gleichen Farbe wie die Zahl fort.

Du solltest jetzt eine Art Gitternetz mit 4 (9) Maschenproben haben. Wiederhole das mit den verbleibenden Maschenproben.

Häkle die Streifen wie in der Abbildung dargestellt zusammen.

Gr. S

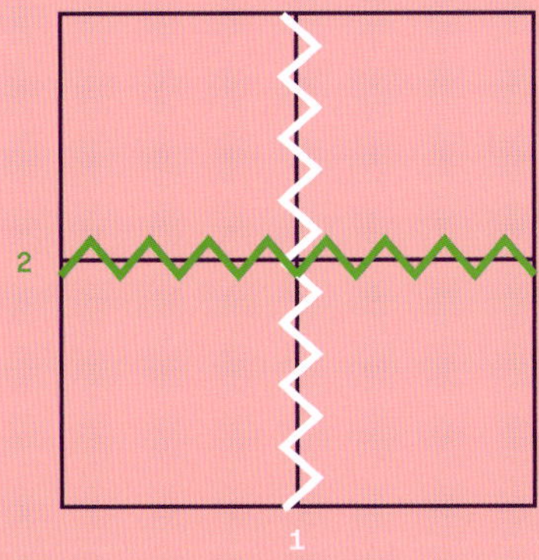

Streifen

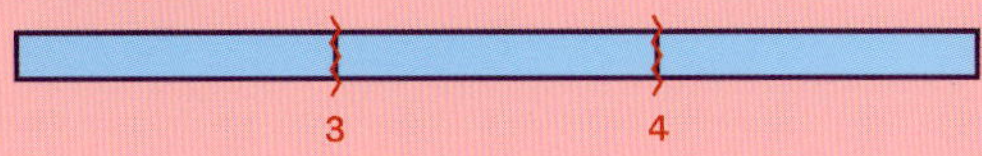

Gr. L

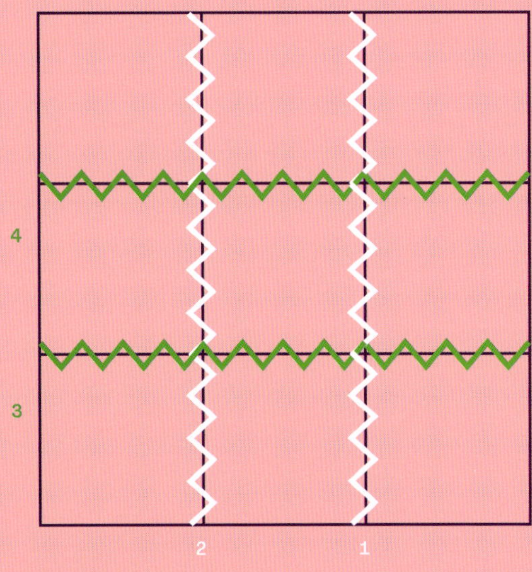

Streifen

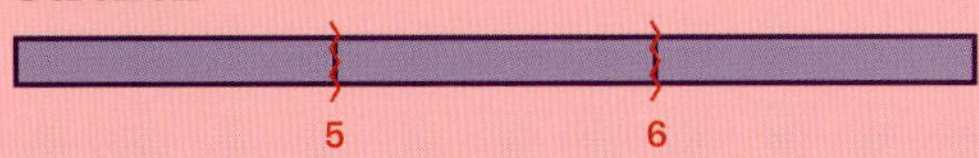

ZUSAMMENNÄHEN, SCHRITT 2:

Jetzt werden die Streifen an das Gitternetz gehäkelt. Die roten Linien zeigen an, wo die Vorderseite der Tasche an die Streifen gehäkelt werden soll, während die gelben Linien angeben, wo die Rückseite der Streifen angehäkelt werden soll. Häkle zum Abschluss einen Rand um den oberen Taschensaum (die blaue Linie).

HENKEL

Schlage auf Nd 5,0 mm mit einem dicken Faden oder einem doppeltem Faden Air Garn 9 (13) M an. Str wie folgt so lange im Doppelstrick, bis der Henkel ca. 34 (60) cm misst:

1. R (Rück-R): *Mit dem Faden vor der Arbeit 1 M links abh, 1 M rechts str*, von * bis * wdh und die letzte M mit dem Faden vor der Arbeit links abh. Die Arbeit wenden.

2. R (Hin-R): *1 M rechts str, mit dem Faden vor der Arbeit 1 M links abh*, von * bis * wdh und die letzte M rechts str. Die Arbeit wenden.

Häkle einen zweiten Henkel.

Nähe das erste Ende des einen Henkels mittig auf die Maschenprobe ganz außen auf der rechten Vorderseite der Tasche, nähe das andere Ende mittig auf die Maschenprobe ganz außen auf der linken Vorderseite der Tasche. Bei dem anderen Henkel auf der Rückseite wdh.

Alle Fäden befestigen und die Tasche vor Gebrauch dämpfen oder waschen.

Gr. S

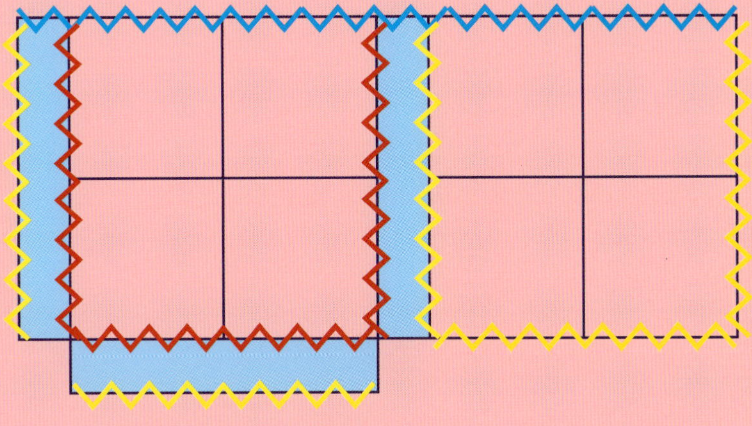

Gr. L

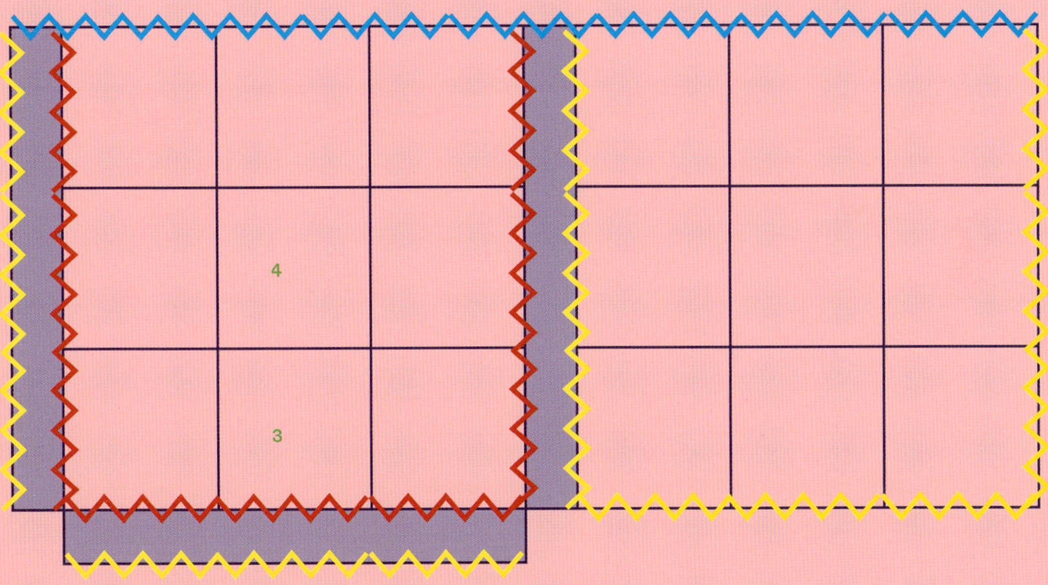

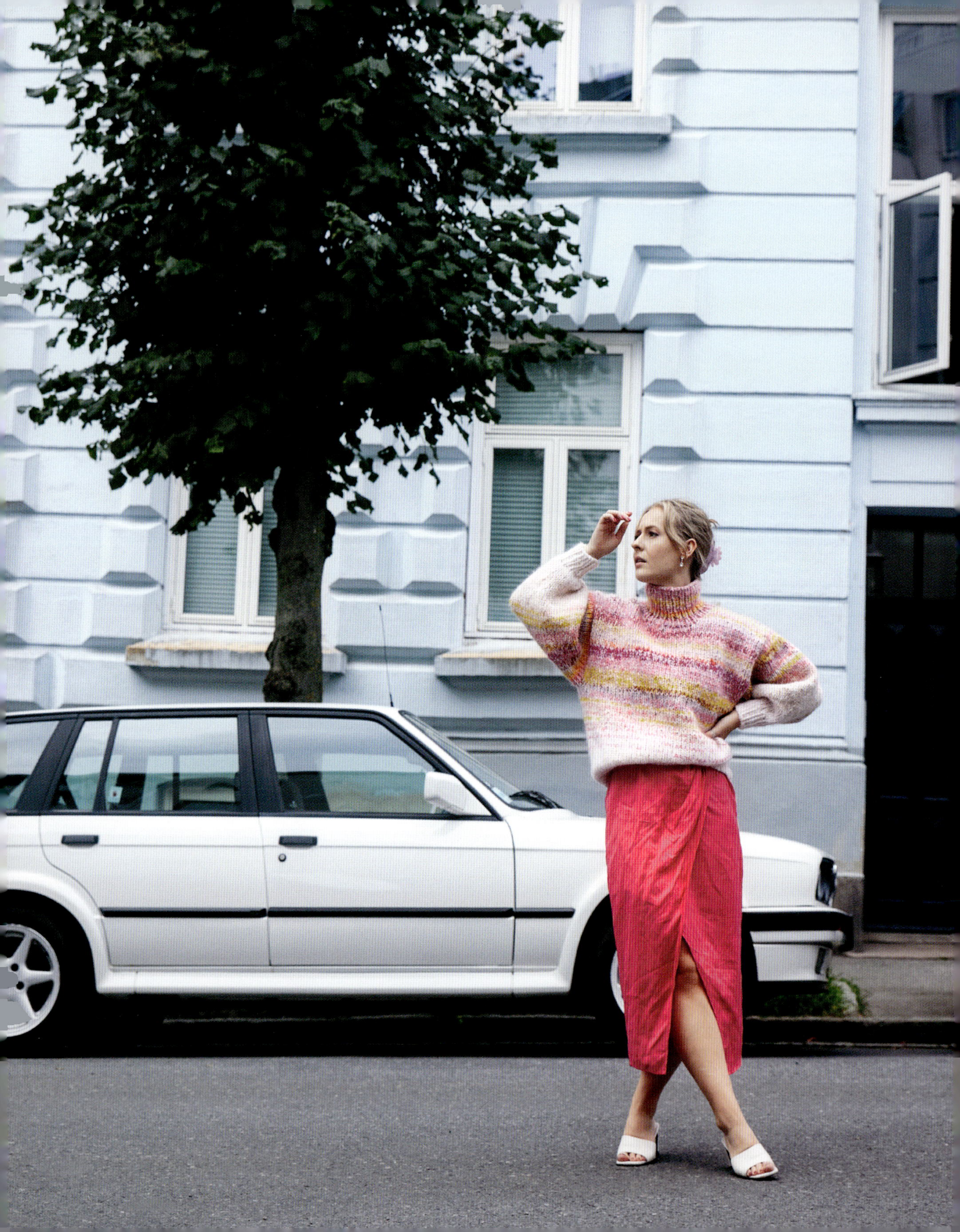

Die Flanier-Kollektion

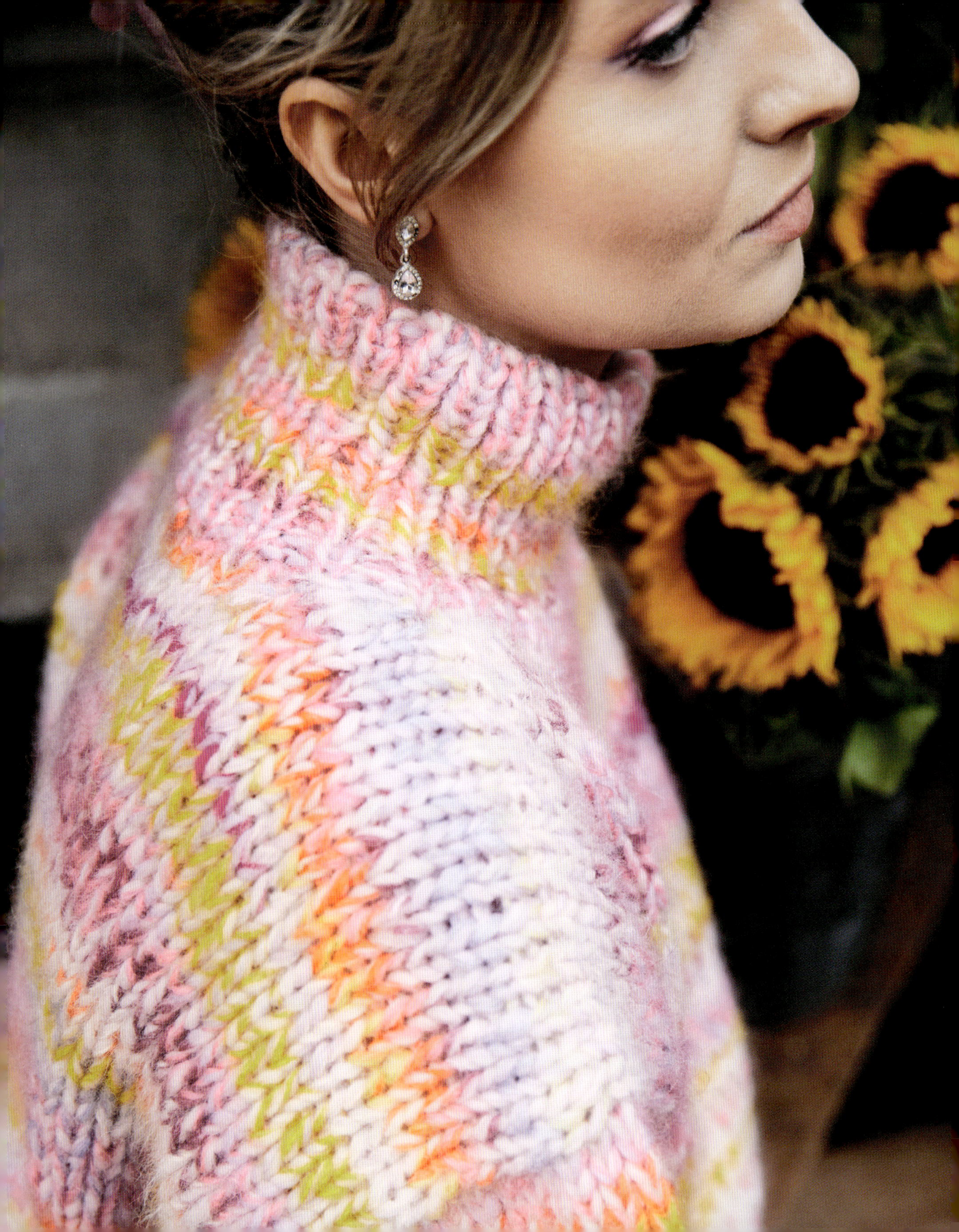

Flanier-Pullover

Der Flanier-Pullover ist eines meiner ersten Designs und ein großer Favorit in meinem Kleiderschrank. Ich trage ihn anstatt einer Jacke, wenn es auf kältere Tage zugeht oder das Frühjahr vor der Tür steht, die Luft aber noch immer kalt ist. Im Winter trage ich ihn oft zum Skifahren. Mit einer winddichten Jacke darüber kann er auch an den kältesten Tagen verwendet werden. Als ich dieses Modell in einer Restgarnversion stricken wollte, hatte sich mein Garnvorrat bereits reduziert und ich war unsicher, ob ich ausreichend Farben für den kompletten Pullover haben würde. Während des Strickens entschied ich mich, zu einem neutralen Ton als Grundfarbe zu wechseln, und um den Übergang fließender zu gestalten, habe ich Abstufungen verwendet. Der Flanier-Pullover eignet sich sowohl für Abstufungen gut als auch für Farbspiele und kann in allen möglichen Farbkombinationen gestrickt werden. Lass deiner Kreativität freien Lauf. Ich bin ganz sicher, dass daraus ein Pullover entsteht, mit dem du gern die Straßen entlangflanierst.

MAßE XS (S) M (L) XL

Brustumfang: 100 (108) 116 (124) 132 cm
Länge: 63 (65) 67 (70) 73 cm

MASCHENPROBE

Glatt rechts: 9 M x 13 Rd = 10 x 10 cm

AUSSTATTUNG

Rundstricknadel 7,0 mm, 80 cm und 40 cm lang
Strumpfnadeln 7,0 mm
Rundstricknadel 10,0 mm, 80 cm und 40 cm lang

GARN

300 (300) 350 (400) 450 g dickes Mohairgarn
400 (400) 500 (550) 600 g Air Garn
75 (75) 100 (100) 125 g dünnes Mohairgarn (kann weggelassen werden, verleiht dem Pullover jedoch eine besonders schöne Farbe und Form)

MASCHENPROBE

Mit zwei Fäden Air Garn und einem Faden dickem Mohairgarn 11 M anschlagen. 16 R glatt rechts str und abketten. Wenn die Maschenprobe stimmt, sollte das Stück ca. 12 cm x 12 cm messen.

VORDERTEIL LINKE SCHULTER

Auf Rundstricknadel 10,0 mm mit zwei Fäden Air Garn, einem Faden dickem Mohairgarn und eventuell einem Faden dünnem Mohairgarn 13 (15) 16 (18) 19 M anschlagen. Die erste R rechts str, anschließend 1 R links str. In der nächsten R beginnen wie folgt die Zun:

1. R: 1 M rechts str, 1 M rechts zun. Den Rest der R rechts str.

2. R: Die Arbeit wenden und über alle M links str.

Diese beiden R insgesamt 4 x wdh. Du solltest jetzt 17 (19) 20 (22) 23 M haben. Den Faden abtrennen und mit der rechten Schulter beginnen, während die linke Schulter auf der Nd ruht.

VORDERTEIL RECHTE SCHULTER

13 (15) 16 (18) 19 M auf Rundstricknadel 10,0 mm anschlagen und die erste R rechts str. Anschließend 1 R links str. In der nächsten R wie auf der linken Schulter mit den Zun beginnen, jedoch wie folgt auf der anderen Seite der Nd:

1. R: Rechts str, bis noch 1 M auf der Nd ist, 1 M links zun. Die letzte M str und die Arbeit drehen.

2. R: Über alle M links str.

Diese beiden R insgesamt 4 x wdh. Du hast jetzt sowohl auf der rechten als auch auf der linken Schulter jeweils 17 (19) 20 (22) 23 M. Die nächste R beginnt auf der rechten Seite der rechten Schulter.

VORDERTEIL

Über die M der rechten Schulter rechts str, 10 (10) 12 (12) 13 M auf der Nd anschlagen, über die M der linken Schulter str.

Du hast die beiden Schultern nun verbunden und solltest 44 (48) 52 (56) 59 M auf dem Vorderteil haben.

Weiter glatt rechts str, bis das Vorderteil von der Schulter abwärts gemessen 32 (34) 36 (38) 40 cm misst, und so abschließen, dass sich die nächste zu strickende R auf der rechten Seite befindet.

Den Faden abtrennen und die M des Vorderteils auf einen Maschenhalter oder einen Faden übertragen. Mit dem Rückteil fortfahren.

RÜCKTEIL RECHTE SCHULTER

Mit der Rundstricknadel 10,0 mm auf der rechten Seite zwischen den M der rechten Schulter 13 (15) 16 (18) 19 M aufstr. Die nächste R links str. Anschließend wie folgt für den Kragen zun:

1. R: 1 M rechts str, 1 M rechts zun, den Rest der R rechts str.

2. R: Die Arbeit wenden und über alle M links str.

Diese beiden R insgesamt 2 x wdh, bis du 15 (17) 18 (20) 21 M hast. Den Faden abtrennen und die M auf der Nd ruhen lassen, während du mit der linken Schulter beginnst.

RÜCKTEIL LINKE SCHULTER

Mit der Rundstricknadel 10,0 mm auf der rechten Seite zwischen den M der linken Schulter 13 (15) 16 (18) 19 M aufstr. Die nächste R links str. Anschließend wie folgt für den Kragen zun:

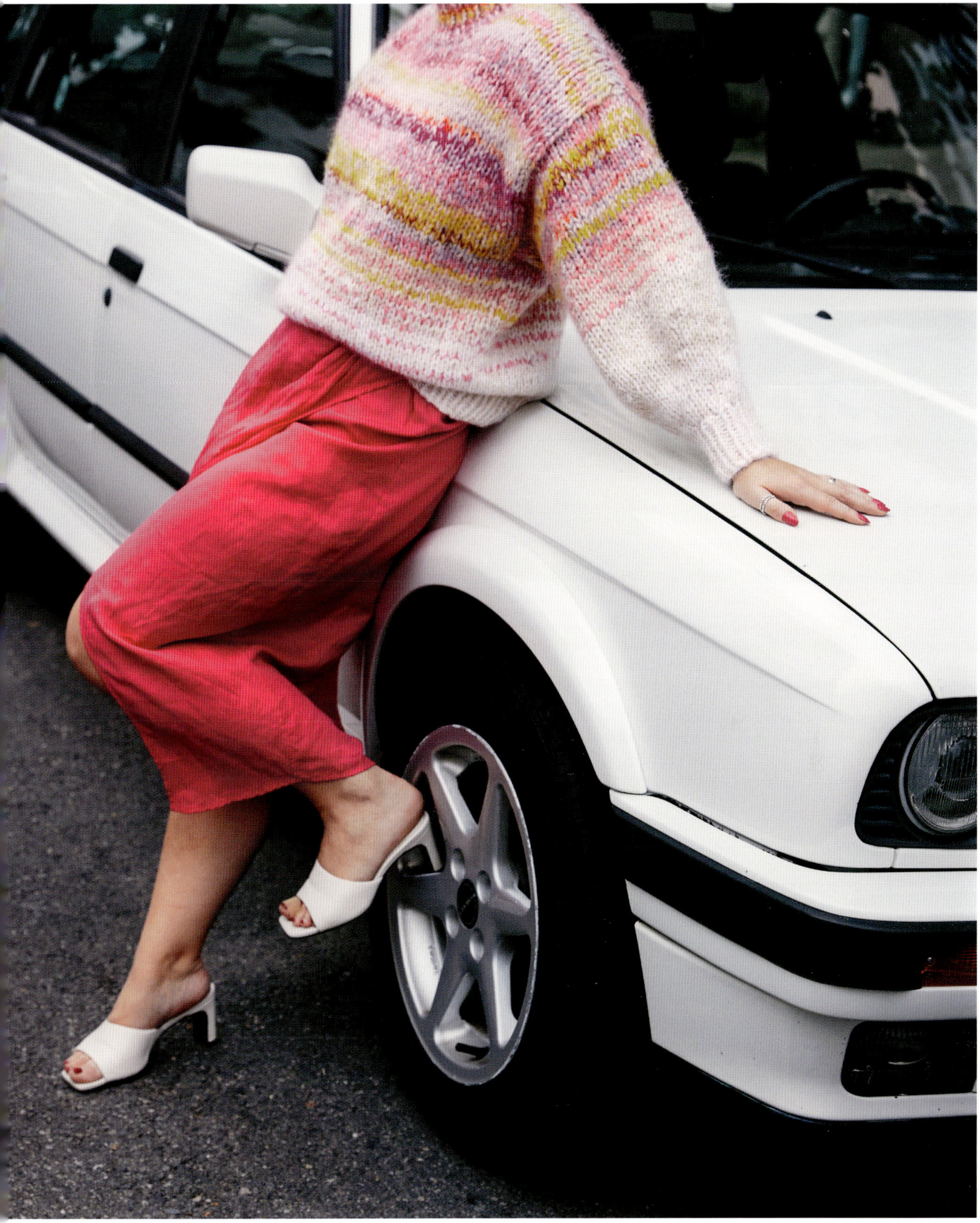

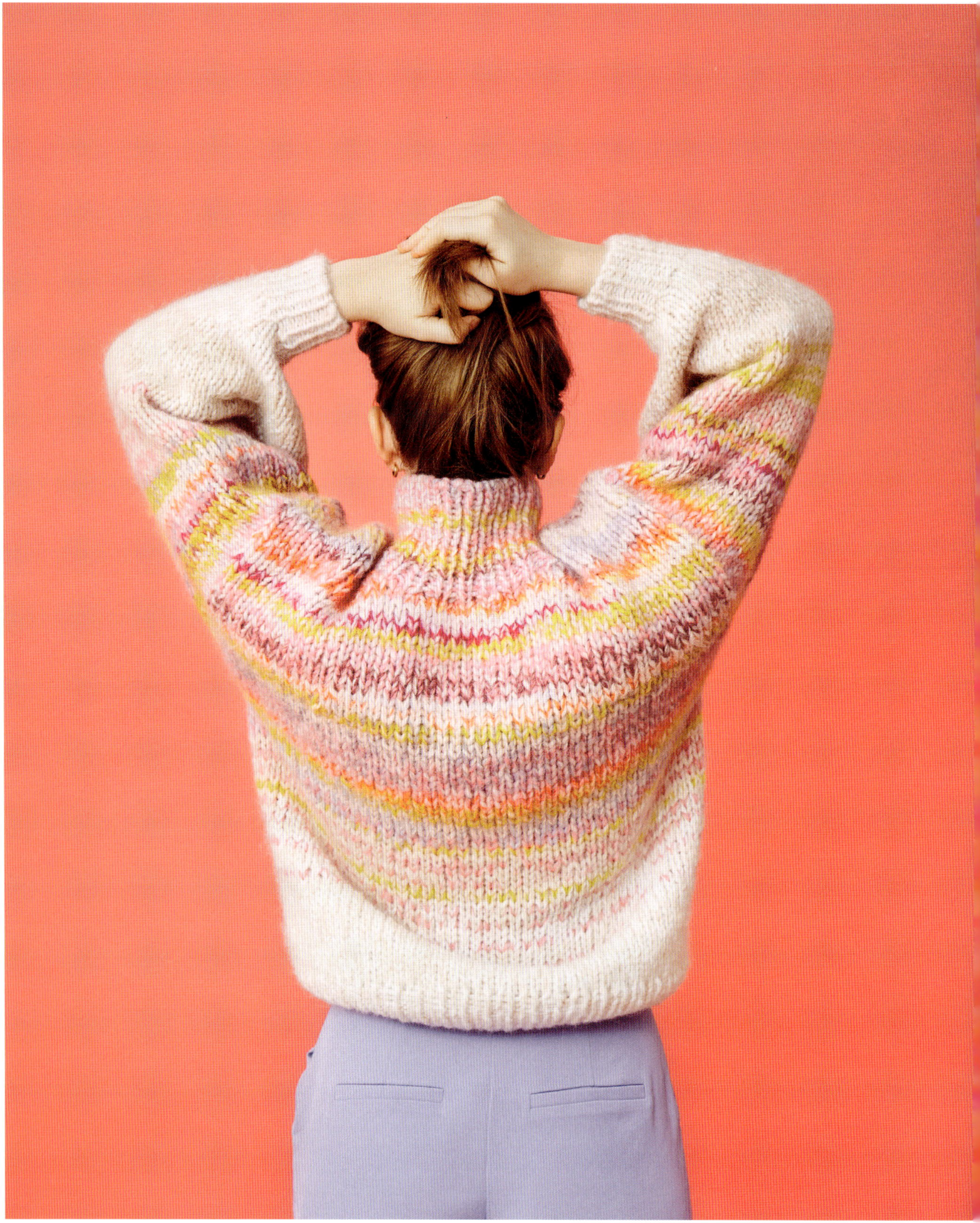

1. R: Rechts str, bis noch 1 M auf der Nd ist, 1 M links zun. Die letzte M str und die Arbeit wenden.

2. R: Über alle M links str.

Diese beiden R insgesamt 2 x wdh, bis du 15 (17) 18 (20) 21 M auf der Nd hast und die nächste R von der rechten Seite gestrickt werden muss.

RÜCKTEIL

Über die M der linken Schulter rechts str, auf der Nd 14 (14) 16 (16) 17 M anschlagen und über alle M der rechten Schulter rechts str.

Du hast die beiden Schultern nun verbunden und hast 44 (48) 52 (56) 59 M auf dem Rückteil.

Str weiter glatt rechts, bis das Rückteil 32 (34) 36 (38) 40 cm misst und mit einer R auf der linken Seite abschließt, sodass die nächste R auf der rechten Seite gestrickt wird.

Jetzt werden Rückteil und Vorderteil verbunden und fortan wird rund gestrickt.

RUMPFTEIL

Über alle M des Rückteils rechts str, 1 M anschlagen. Die M des Vorderteils wieder auf die Nd setzen und über die M des Vorderteils rechts str. 1 M anschlagen und einen MM einsetzen, um den Anfang der Rd zu markieren.

Das Rumpfteil besteht jetzt aus 90 (98) 106 (114) 120 M. Glatt rechts str, bis die Arbeit 58 (62) 64 (67) 70 cm misst oder der gewünschten Länge entspricht.

In der nächsten Rd 4 (4) 6 (6) 8 M abn, sodass 86 (94) 100 (108) 112 M verbleiben und zu Nd 7,0 mm wechseln. Str ein 8 cm langes Bündchen und kette dann ab. Für das schönste Ergebnis empfiehlt sich das italienische Abketten (eine Erklärung der Technik findest du im Internet unter dem Stichwort „italienisches Abketten").

ÄRMEL (2 X)

Für die Ärmel mit Rundstricknadel 10,0 mm (auf beiden Seiten) gleichmäßig verteilt auf dem Vorderteil 52 (56) 60 (64) 68 M und auf dem Rückteil 25 (28) 30 (32) 34 M aufstr. Für den schönsten Übergang unter dem Ärmel beginnen.

Glatt rechts str, bis der Ärmel 30 (32) 34 (36) 36 cm misst oder der gewünschten Länge entspricht. Anschließend wie folgt auf dem Ärmel in jeder 3. Rd abn:

1. Rd: Gleichmäßig verteilt 6 (7) 7 (8) 8 M abn.

2. Rd: Über alle M rechts str.

3. Rd: Über alle M rechts str.

Diese 3 Rd insgesamt 4 x wdh. Eventuell zu Strumpfnadeln wechseln, bevor in der nächsten Rd 10 (8) 12 (10) 14 M abgenommen werden. Du solltest jetzt 18 (20) 20 (22) 22 M haben. Zu Rundstricknadel oder Strumpfnadeln 7 mm wechseln und ein 8 cm langes Bündchen str. Italienisch abketten.

Auf der anderen Seite einen zweiten Ärmel str.

KRAGEN

Für den Kragen auf Rundstricknadel 7,0 mm gleichmäßig verteilt 46 (46) 50 (50) 52 M aufstr. Beginne dabei beim Übergang von der rechten Schulter zum Rückteil. Str ein 14 cm langes Bündchen und kette italienisch ab. Den Kragen nach unten nähen oder so lassen wie er ist.

Alle losen Fäden befestigen und den Pullover dämpfen oder waschen.

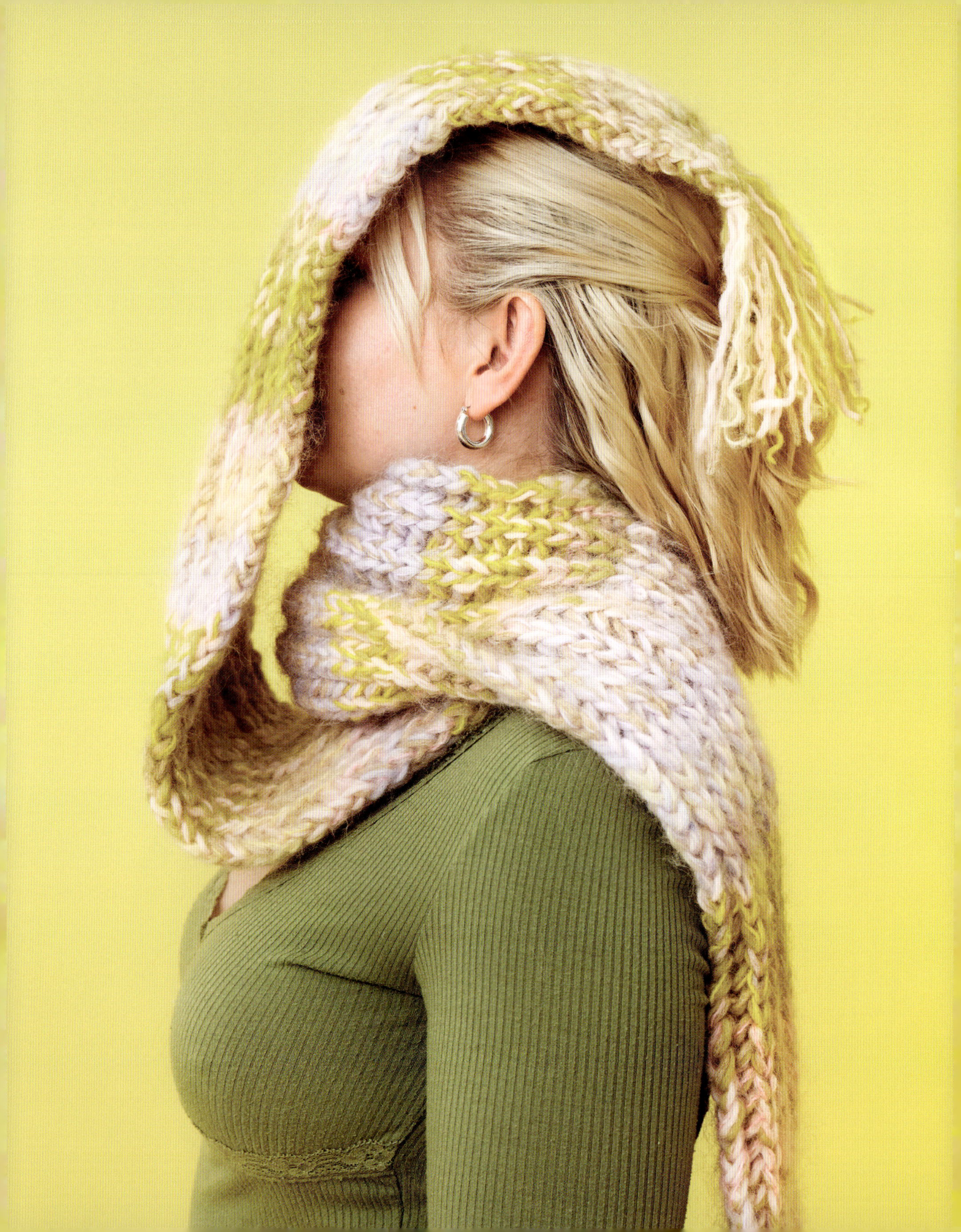

Flanier-Patentschal

Die Restgarnkollektion verlangte nach einem schnell zu strickenden, kuscheligen, chunky Schal. Der Weg dorthin führte zweifellos über das Patentmuster. Durch das Patentmuster hat der Schal zwei sich gleichende Seiten, zudem eignet es sich gut für die Kombination verschiedener Farben. Solltest du viel Garn übrig haben, kann der Schal auch länger als angegeben gestrickt werden.

MAßE

Breite: ca. 20 cm

Länge: ca. 185 cm

MASCHENPROBE

Glatt rechts: 9 M x 14 Rd = 10 cm x 10 cm

AUSSTATTUNG

Rundstricknadel 10,0 mm, 80 cm lang

GARN

Ca. 125 g dickes Mohairgarn

Ca. 225 g Air Garn

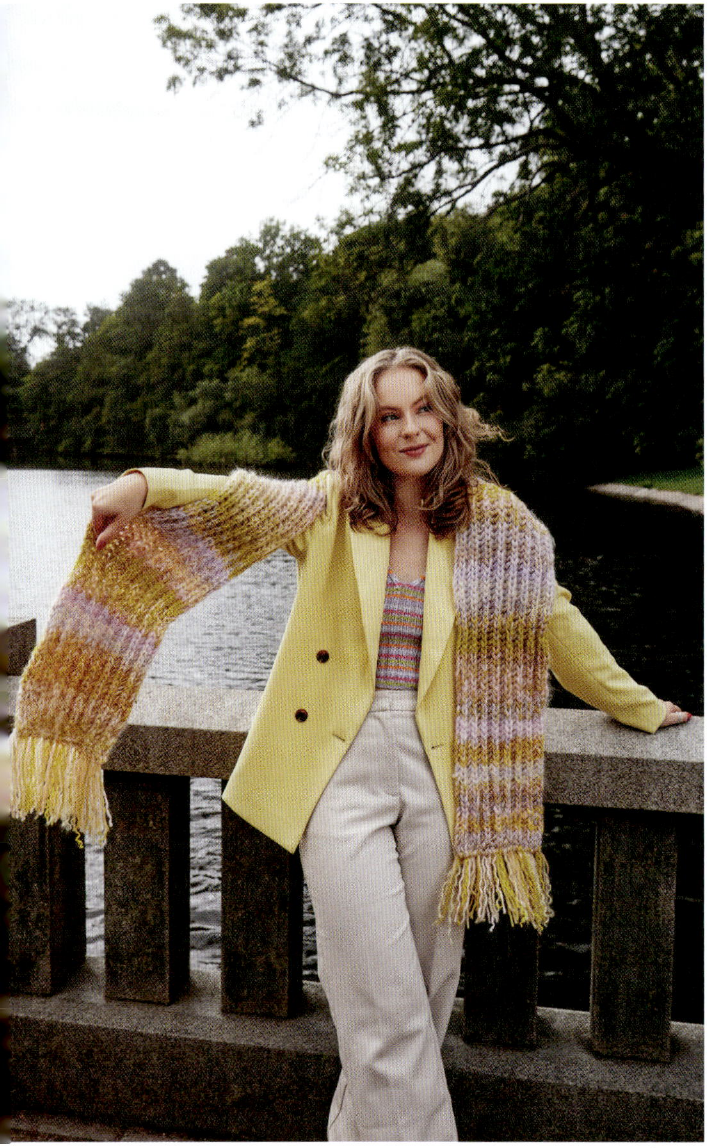

Auf Rundstricknadel 10,0 mm mit zwei Fäden Air Garn und einem Faden dickem Mohairgarn 17 M anschlagen. Wie folgt das Patentmuster str:

1. R (Rück-R): Mit dem Faden vor der Arbeit 1 M links von der Nd abh (Rand-M). *1 M rechts str, 1 U auf die Nd und die nächste M links abh*, von * bis * wdh, bis noch 2 M auf der Nd sind. Diese beiden M rechts str.

2. R (Hin-R): Mit dem Faden vor der Arbeit 1 M links von der Nd abh (Rand-M). *1 U auf die Nd und 1 M links abh, 1 M rechts str (Patent-M)*, von * bis * wdh, bis noch 2 M auf der Nd sind. 1 U, 1 M links abh, 1 M rechts str (Rand-M).

3. R (Rück-R): Mit dem Faden vor der Arbeit 1 M links von der Nd abh (Rand-M). *1 Patent-M str, 1 U auf die Nd und 1 M links abh*, von * bis * wdh, bis noch 3 M auf der Nd sind. 1 U auf die Nd und 1 M links abh, 1 Patent-M str, 1 M rechts str (Rand-M).

Fahre durch das Wiederholen der 2. und 3. R im Patentmuster fort, bis die Arbeit ca. 185 cm misst oder der gewünschten Länge entspricht.

Mit rechten M abketten.

Alle Fäden vernähen oder -häkeln.

Ca. 30 cm lange Fäden zuschneiden. An beiden Enden des Schals mit einer Häkelnadel in jede M 3 Fäden einsetzen. Die Häkelnadel durch die erste M am Ende des Schals führen und 3 Fäden mittig genommen durch die erste M ziehen, sodass eine Schlaufe entsteht. Das Garn durch diese Schlaufe ziehen und festziehen. An beiden Enden des Schals für alle M wdh.

Fransen für den Schal

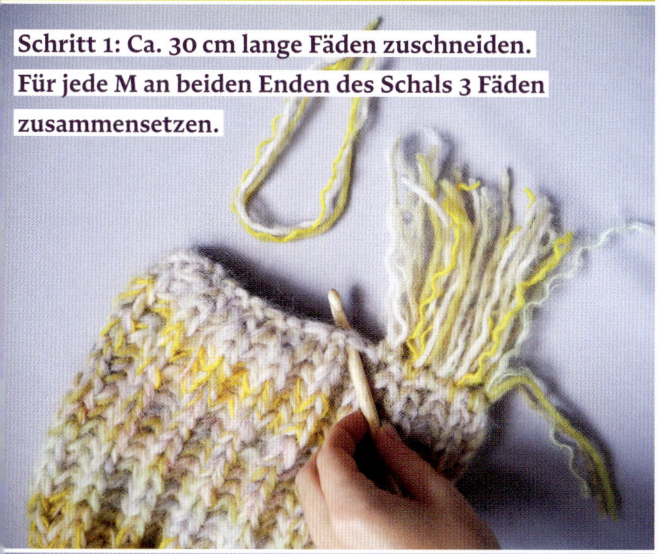

Schritt 1: Ca. 30 cm lange Fäden zuschneiden. Für jede M an beiden Enden des Schals 3 Fäden zusammensetzen.

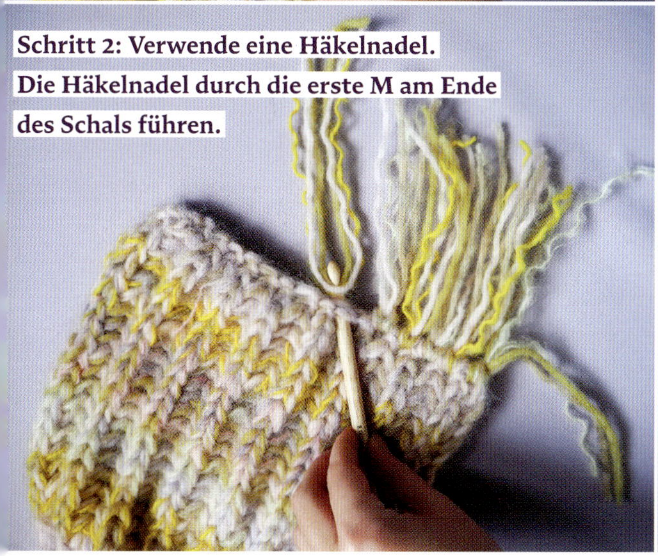

Schritt 2: Verwende eine Häkelnadel. Die Häkelnadel durch die erste M am Ende des Schals führen.

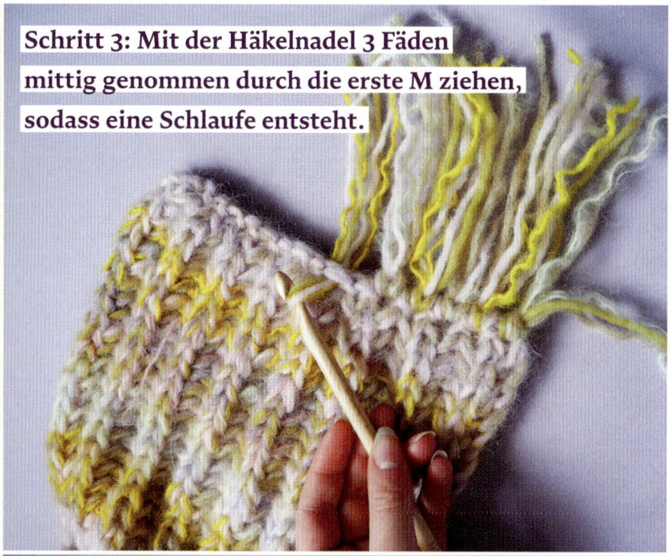

Schritt 3: Mit der Häkelnadel 3 Fäden mittig genommen durch die erste M ziehen, sodass eine Schlaufe entsteht.

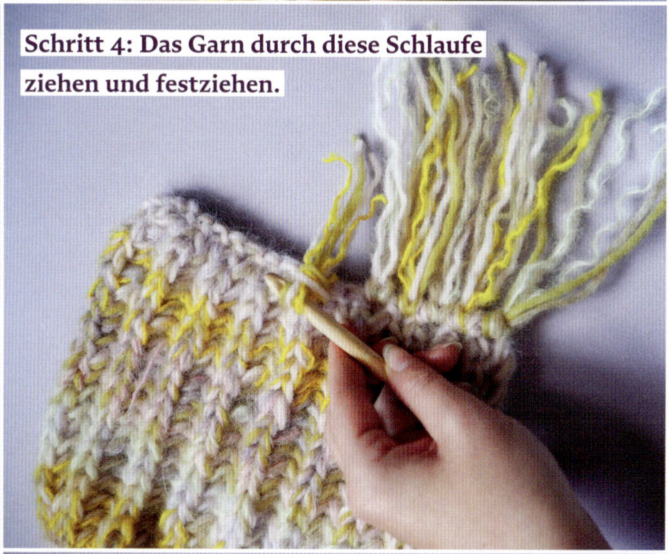

Schritt 4: Das Garn durch diese Schlaufe ziehen und festziehen.

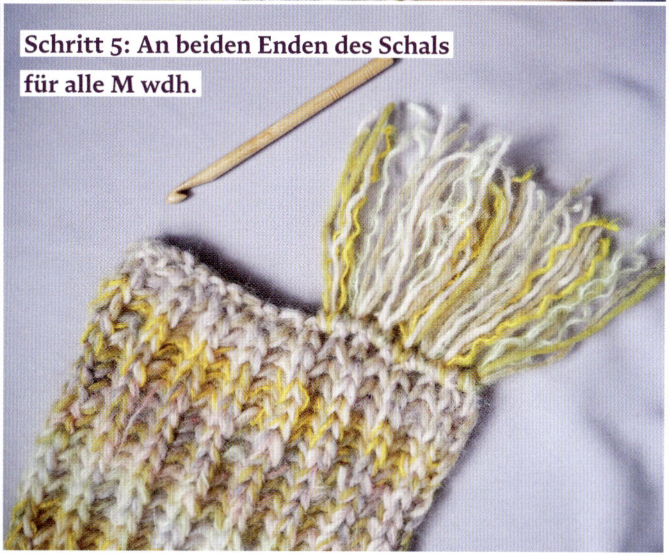

Schritt 5: An beiden Enden des Schals für alle M wdh.

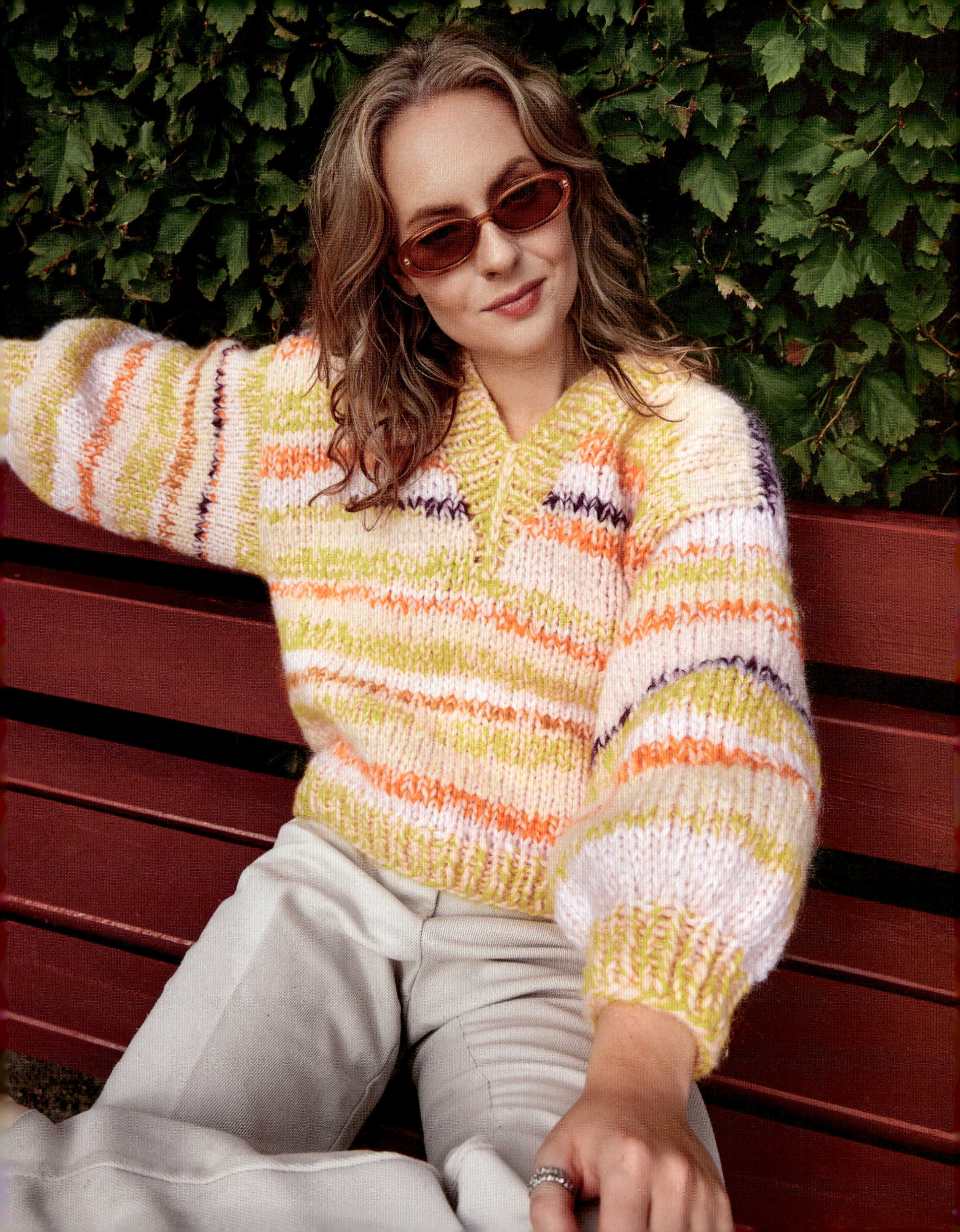

Flanier-V-Ausschnitt

Der Flanier-V-Ausschnitt ist eine liebgewonnene Ergänzung zu dieser Kollektion. Das war der letzte Restgarnpullover, den ich im Rahmen dieses Projekts gestrickt habe, und da mein Garnvorrat zu diesem Zeitpunkt schon ziemlich ausgedünnt war, musste ich ein wenig kreativ sein, um ausreichend Material für den kompletten Pullover zu haben. Ich habe kleinere und größere Projekte aufgetrennt, die ich herumliegen hatte und saß schließlich erneut mit einem Berg Knäuel in unterschiedlichen Größen und Farben da. Ich stellte fest, dass es am einfachsten sein würde, mit Farbspiel ohne Grundfarbe zu arbeiten und testete unterschiedliche Farben und Garntypen aus. Um das Ganze zu verbinden, entschied ich mich für einfarbige Bündchen in einem kräftigen Gelb, von dem ich viel vorrätig hatte. Dieser Pullover ist wahrhaft ein recyceltes Restefest und ein schöner Abschluss des großen Restgarnprojekts.

MAßE XS (S) M (L) XL

Brustumfang: 51 (56) 60 (64) 68 cm
Länge: 52 (56) 60 (64) 68 cm
Ärmellänge: 36 (38) 42 (46) 50 cm

MASCHENPROBE

Glatt rechts auf Nd 10,0 mm:
9 M x 13 R = 10 cm x 10 cm

AUSSTATTUNG

Rundstricknadel 10,0 mm, 80 cm und 40 cm lang
Rundstricknadel 8,0 mm, 80 cm und 40 cm lang, eventuell Strumpfnadeln

GARN

250 (300) 350 (400) 450 g dickes Mohairgarn
400 (400) 500 (550) 600 g doppelter Faden Air Garn oder 600 (650) 800 (900) 950 g dicker Wollfaden

MASCHENPROBE

Mit zwei Fäden Air Garn und einem Faden dickem Mohairgarn 11 M anschlagen. 16 R glatt rechts str und dann abketten. Wenn die Maschenprobe stimmt, misst das Stück ca. 12 cm x 12 cm.

VORDERTEIL LINKE SCHULTER

Für die linke Schulter 14 (15) 17 (18) 20 M auf Rundstricknadel 10,0 mm anschlagen. 1 R rechts str, anschließend 1 R links str. In der nächsten R wie folgt für den V-Ausschnitt zun:

1. R: 1 M str, 1 M rechts zun. Den Rest der R rechts str.

2. R: Die Arbeit wenden und über alle M links str.

3. R: 1 R rechts str.

4. R: 1 R links str.

Diese 4 R insgesamt 8 x (9 x) 9 x (10 x) 10 x wdh, bis du 22 (24) 26 (28) 30 M hast. Den Faden abtrennen und die M auf der Nd ruhen lassen. Anschließend beginnst du mit der rechten Schulter.

VORDERTEIL RECHTE SCHULTER

Für die rechte Schulter 14 (15) 17 (18) 20 M auf Rundstricknadel 10,0 mm anschlagen. 1 R rechts str, anschließend 1 R links str. In der nächsten R wie folgt für den V-Ausschnitt zun:

1. R: Rechts str, bis noch 1 M auf der Nd verbleibt, 1 M links zun, die letzte M der R str.

2. R: Die Arbeit wenden und über alle M links str.

3. R: 1 R rechts str.

4. R: 1 R links str.

Diese 4 R insgesamt 8 x (9 x) 9 x (10 x) 10 x wdh bis du 22 (24) 26 (28) 30 M hast. Die nächste R befindet sich auf der rechten Seite. Jetzt werden die beiden Schultern zu einem Vorderteil verbunden.

VORDERTEIL

Über alle M der rechten Schulter rechts str. 1 M auf der Nd anschlagen (diese M markiert die Mitte des V-Ausschnitts) und über die M der linken Schulter rechts str. Das Vorderteil umfasst jetzt 45 (49) 53 (57) 61 M.

Str, bis das Vorderteil von der Schulter abwärts gemessen 30 (34) 38 (42) 46 cm misst. Mit einer R auf der linken Seite abschließen, damit die nächste R auf der rechten Seite gestrickt wird. Den Faden abtrennen und die M auf einen Maschenhalter oder einen Faden übertragen.

RÜCKTEIL RECHTE SCHULTER

Zwischen den bereits vorhandenen M auf der rechten Schulter des Vorderteils 14 (15) 17 (18) 20 M auf Nd 10,0 mm aufstr. 1 R rechts str, anschließend 1 R links str. Anschließend wie folgt für den Kragen zun:

1. R: 1 M str, 1 M rechts zun. Den Rest der R rechts str.

2. R: Die Arbeit wenden und über alle M links str.

3. R: 1 R rechts str.

4. R: 1 R links str.

Diese 4 R insgesamt 2 x wdh bis du 16 (17) 19 (20) 22 M auf der Nd hast. Den Faden abtrennen und die M auf der Nd ruhen lassen, während du die linke Schulter strickst.

RÜCKTEIL LINKE SCHULTER

Zwischen den bereits vorhandenen M auf der linken Schulter des Vorderteils 14 (15) 17 (18) 20 M auf Nd 10,0 mm aufstr. 1 R rechts str, anschließend 1 R links str. Anschließend wie folgt für den Kragen zun:

1. R: Rechts str, bis noch 1 M auf der Nd verbleibt, 1 M links zun, die letzte M in der R str.

2. R: Die Arbeit wenden und über alle M links str.

3. R: 1 R rechts str.

4. R: 1 R links str.

Diese 4 R insgesamt 2 x wdh, bis du 16 (17) 19 (20) 22 M auf der Nd hast. Die nächste R wird von der rechten Seite gestrickt.

RÜCKTEIL

Über alle M der rechten Schulter des Rückteils rechts str. 13 (15) 15 (17) 17 M auf der Nd anschlagen und über alle M der linken Schulter des Rückteils rechts str. Das Rückteil umfasst jetzt 45 (49) 53 (57) 61 M.

Weiter glatt rechts str, bis die Arbeit von der Schulter abwärts gemessen 30 (34) 38 (42) 46 cm misst. Mit einer R auf der linken Seite abschließen, sodass die nächste R auf der rechten Seite gestrickt wird. Vorder- und Rückteil sollten nunmehr gleich lang sein. In der nächsten R werden die beiden Teile zum Rumpfteil verbunden.

RUMPFTEIL

Über die M des Rückteils rechts str, 1 M anschlagen, über die M des Vorderteils rechts str, 1 M anschlagen. Einen MM einsetzen, um den Anfang der Rd zu markieren. Du hast jetzt Vorder- und Rückteil miteinander verbunden und solltest 92 (100) 108 (116) 124 M haben.

Weiter glatt rechts str, bis die Arbeit von der Schulter abwärts gemessen 54 (58) 62 (66) 70 cm misst.

! Wenn du M für die Ärmel aufstrickst, wird sich der Pullover in der Länge etwas zusammenziehen, weshalb er letztendlich ein wenig kürzer sein wird.

Wechsle zu Rundstricknadel 8,0 mm, str 5 cm Bündchen und kette dann ab.

ÄRMEL (2 X)

Auf Rundstricknadel 10,0 mm für den Ärmel 48 (52) 56 (60) 64 M aufstr. Achte darauf, dass die M zwischen Vorder- und Rückteil gleichmäßig verteilt sind (24 (26) 28 (30) 32 M auf jeder Seite).

Ohne Zun oder Abn weiter glatt rechts str, bis der Ärmel 38 (40) 42 (44) 46 cm misst oder der gewünschten Länge entspricht. Probiere den Pullover gegebenenfalls zwischendurch an. In der nächsten Rd wird die M-Anzahl des Ärmels wie folgt reduziert:

2 M rechts zusstr, von * bis * über die Rd hinweg wdh, bis noch 24 (26) 28 (30) 32 M verbleiben. Zu Nd 8,0 mm wechseln und ein 5 cm langes Bündchen str. Alle M abketten.

Auf der anderen Seite einen zweiten Ärmel str.

KRAGEN

Auf Rundstricknadel 8,0 mm für den Kragen 80 (86) 86 (92) 92 M aufstr. Beginne auf dem Rückteil und verteile die M wie folgt: 13 (15) 15 (17) 17 M in der Mitte des Rückteils, 8 M auf der linken Schulter des Rückteils, 25 (27) 27 (29) 29 M auf beiden Seiten des V-Ausschnitts auf dem Vorderteil, 1 M in der Mitte vorn, die die Mitte des V-Ausschnitts markiert, 8 M auf der rechten Schulter des Rückteils.

Str bis 1 M vor der mittleren M in der Mitte des V-Ausschnitts im Bündchenmuster (1 M rechts, 1 M links), hebe dann 2 M zusammen von der Nd ab, so als hättest du sie rechts zusammengestrickt. Die nächste M rechts str und die beiden von der Nd gehobenen M über die soeben gestrickte M heben. Auf diese Weise kreierst du mit deiner mittleren M im Zentrum ein V.

Weiter so mit den Abn für den V-Ausschnitt in jeder Rd str, bis das Bündchen vom Nacken aus gemessen 5 cm misst.

Abketten und alle losen Fäden befestigen. Den Pullover dämpfen oder waschen, dadurch werden auch die Kanten, an denen du M für die Ärmel und den Kragen aufgestrickt hast, weniger sichtbar.

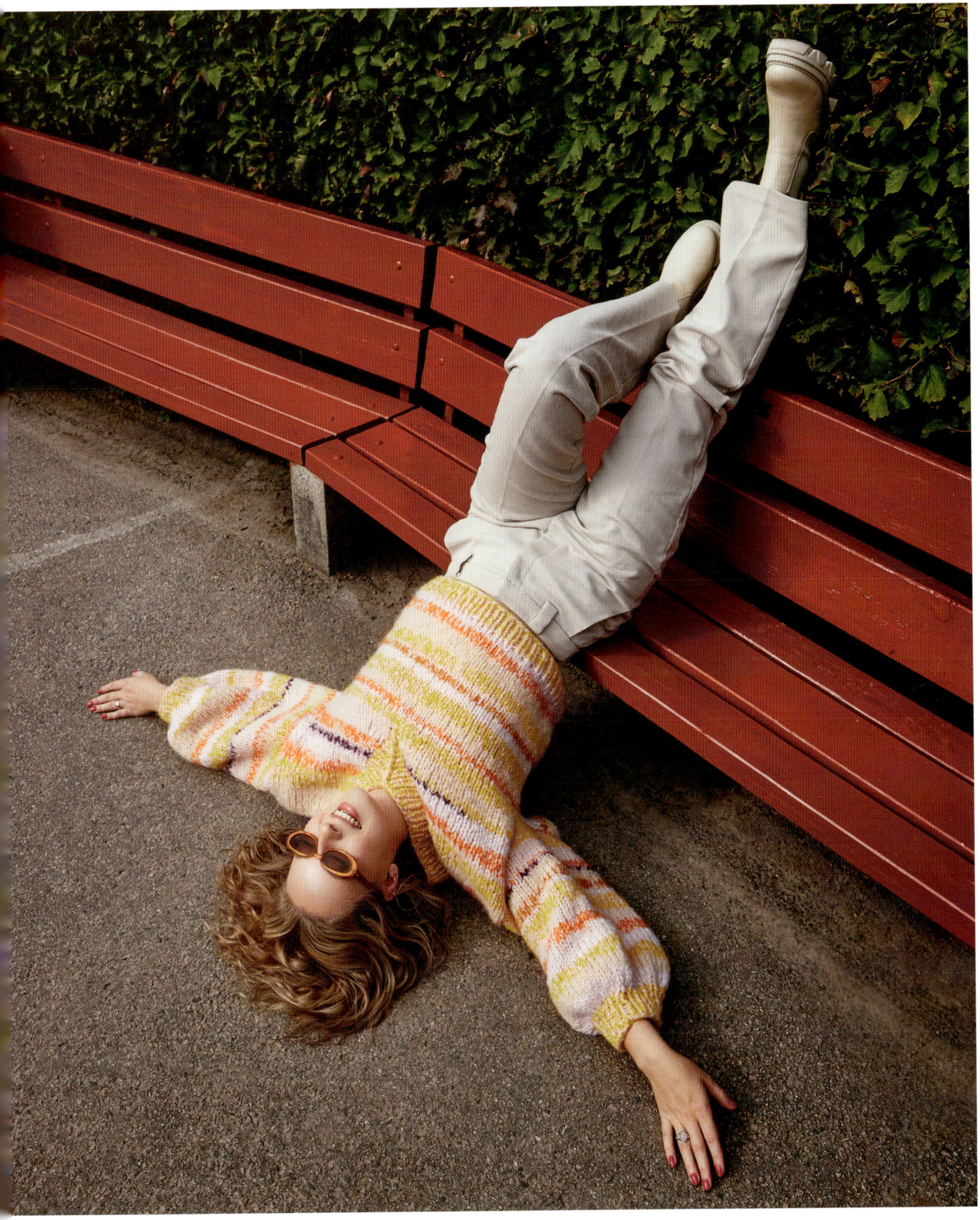

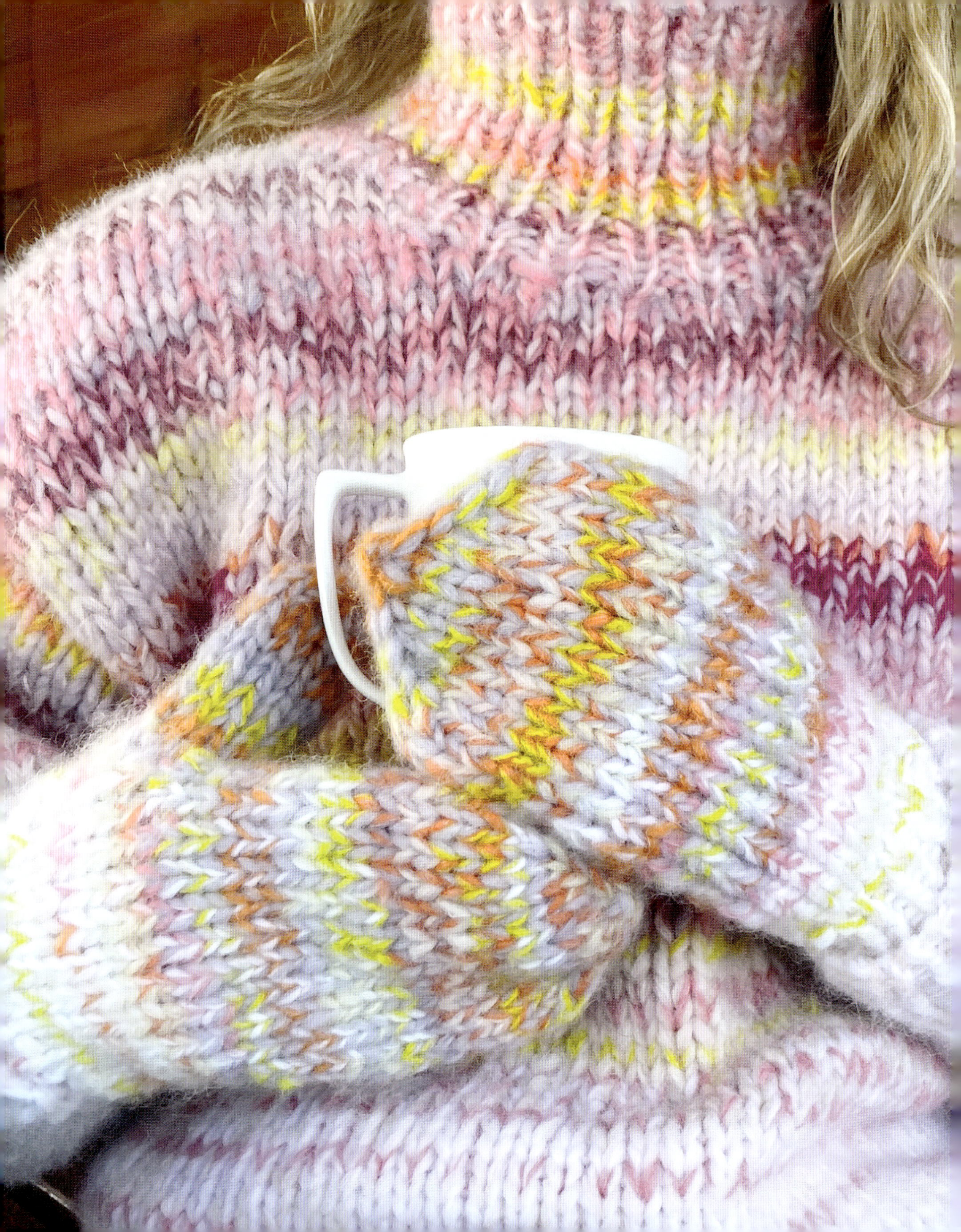

Flanier-Handschuhe

Die Flanier-Handschuhe sind ein Paar herrlich dicker Handschuhe, die sich perfekt für kalte Wintertage eignen. Sie sind in der gleichen Garnkombination gestrickt wie die anderen Modelle dieser Kollektion und können somit einfach mit diesen kombiniert werden. Die Handschuhe lassen sich schnell stricken und sind zudem ein schönes Geschenk. Durch die kompakte Strickfestigkeit werden sie wohlig warm und lassen die Hände selbst an den kältesten Wintertagen nicht frieren.

MAßE S (M) L

Breite: 9 (10) 11 cm
Länge: 25 (26) 27 cm

MASCHENPROBE

Glatt rechts auf Nd 7,0 mm:
12 M x 20 Rd = 10 cm x 10 cm

AUSSTATTUNG

Strumpfnadeln 7,0 mm (Rundstricknadel 7,0 mm, falls du in der Magic-Loop-Technik strickst)
Strumpfnadeln 6,0 mm (Rundstricknadel 6,0 mm, falls du in der Magic-Loop-Technik strickst)
(Für eine Erklärung der Technik schaue im Internet unter dem Stichwort „Magic Loop" nach.)

GARN

Ca. 50 (65) 75 g Air Garn
Ca. 35 (40) 45 g dickes Mohairgarn

Auf Strumpfnadel 6,0 mm mit einem Faden dickes Mohairgarn und zwei Fäden Air Garn 18 (20) 22 M anschlagen.

Str ein 8 cm langes Bündchen.

Wechsle zu Nd 7,0 mm, str 1 Rd rechts und nimm dabei gleichmäßig verteilt 4 M zu = 22 (24) 26 M auf der Nd. Wenn du mit der Magic-Loop-Technik strickst, kannst du am Anfang der Rd sowie nach 11 (12) 13 M jeweils einen MM einsetzen, um die Vorder- und die Rückseite des Handschuhs zu markieren.

Anschließend für den Daumen zun. Die Zun sind für alle Größen gleich.

RECHTER HANDSCHUH

1. Rd: 2 M rechts str, 1 M rechts zun, 1 M rechts str, 1 M links zun. Den Rest der Rd rechts str.
2. Rd: Ohne Zun rechts str.
3. Rd: 2 M rechts str, 1 M rechts zun, 3 M rechts str, 1 M links zun. Den Rest der Rd rechts str.
4. Rd: Ohne Zun rechts str.

Weiterstr, bis die Arbeit 13 (14) 15 cm misst. In der nächsten Rd werden wie folgt M für den Daumen abgeteilt:

Str 1 M rechts, übertrage 7 M auf einen Maschenhalter oder einen Faden, schlage mit Schlaufenanschlag 3 M auf der Nd an und str die Rd fertig rechts.

LINKER HANDSCHUH

1. Rd: 8 (9) 10 M rechts str, 1 M rechts zun, 1 M rechts str, 1 M links zun. Die Rd fertig rechts str.
2. Rd: Ohne Zun rechts str.
3. Rd: 8 (9) 10 M rechts str, 1 M rechts zun, 3 M rechts str, 1 M links zun. Die Rd fertig rechts str.
4. Rd: Ohne Zun rechts str.

Weiterstr, bis die Arbeit 13 (14) 15 cm misst. In der nächsten Rd werden wie folgt M für den Daumen abgeteilt:

Str 7 (8) 9 M rechts, übertrage 7 M auf einen Maschenhalter oder einen Faden, schlage mit Schlaufenanschlag 3 M auf der Nd an und str die Rd fertig rechts.

Str weiter, bis die Arbeit 24 cm misst.

Anschließend werden auf der Spitze des Handschuhs in V-Form M abgenommen.

Magic Loop

1 M links abn, bis 2 M vor dem MM str, 1 M rechts abn, den MM auf die rechte Nd setzen, 1 M links abn. Str, bis noch 2 M auf der Nd verbleiben, 1 M links abn = 4 M abgenommen.

Strumpfnadeln

Verteile die M so, dass du 5 (6) 6 M auf der ersten Nd, 6 (6) 7 M auf der zweiten Nd, 5 (6) 6 M auf der dritten Nd und 6 (6) 7 M auf der vierten Nd hast. Zu Beginn der ersten Nd 1 M links abn, str, bis auf der zweiten Nd noch 2 M verbleiben, 1 M rechts abn, zu Beginn der dritten Nd 1 M links abn, str, bis in der Rd noch 2 M verbleiben, 1 M rechts abn = 4 M abgenommen.

Für die verschiedenen Größen die Abn wie folgt wdh:

Größen S und L

Die Abn wdh, bis noch 6 M auf der Nd verbleiben. *Die erste M auf der Nd rechts abh, 2 M rechts zusstr, die erste M auf der rechten Nd über die andere M heben* = 2 M abgenommen, von * bis * wdh. Den Faden abtrennen und durch die verbleibenden 2 M ziehen.

Größe M

Die Abn in jeder Rd wdh, bis noch 4 M auf der Nd verbleiben, den Faden abtrennen und durch die 4 M ziehen.

DAUMEN

Der Daumen wird für alle drei Größen gleich gestrickt.

Die 7 für den Daumen abgeteilten M wieder auf die Nd setzen. Anschließend wie folgt M aufnehmen: 1 M zwischen den M auf der Nd und der Rückseite des Handschuhs aufnehmen, 3 M von der Rückseite des Handschuhs aufnehmen und 1 M zwischen der Rückseite des Handschuhs und den M auf der Nd = 12 M.

Die M auf Strumpfnadeln verteilen, sodass sich auf jeder Nd 3 M befinden. Wenn du mit der Magic-Loop-Technik strickst, kannst du am Beginn der Rd sowie nach 6 M einen MM einsetzen.

Str, bis der Daumen vom Punkt der M-Aufnahme (5,5) 6 (6,5) cm misst oder der gewünschten Länge entspricht. Probiere den Handschuh zwischendurch an. Anschließend für den Daumen in der gleichen Weise wie beim Handschuh abn:

Magic Loop

1 M links abn, bis 2 M vor dem MM str, 1 M rechts abn, den MM auf die rechte Nd setzen, 1 M links abn. Str, bis noch 2 M auf der Nd verbleiben, 1 M links abn = 4 M abgenommen.

Strumpfnadeln

Zu Beginn der ersten Nd 1 M links abn, str, bis auf der zweiten Nd noch 2 M verbleiben, 1 M rechts abn, zu Beginn der dritten Nd 1 M links abn, str, bis in der Rd noch 2 M verbleiben, 1 M rechts abn = 4 M abgenommen.

Die Abn wdh, bis noch 4 M auf der Nd verbleiben, den Faden abtrennen und durch die 4 M ziehen.

Alle losen Fäden befestigen und die Handschuhe vor Gebrauch waschen.

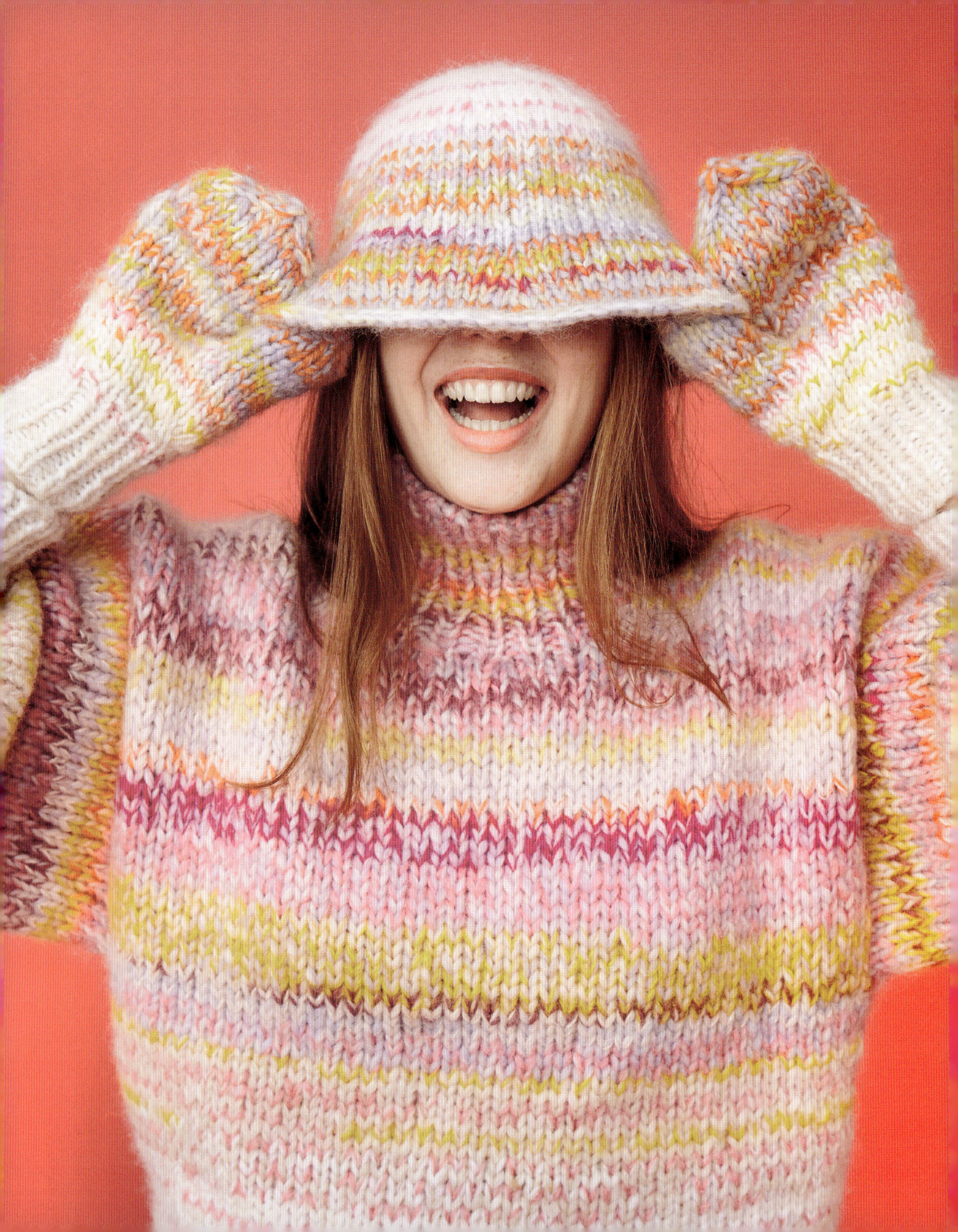

Flanier-Bucket-Hat

Hierbei handelt es sich um einen dicken Anglerhut, der in der gleichen Garnkombination wie die übrige Flanier-Kollektion gestrickt wurde und somit sehr gut zusammen mit den anderen Modellen getragen werden kann. Der Hut ist sowohl ein perfektes Restgarnprojekt als auch ein stylisches und wärmendes Accessoire.

MAßE S (M) L

Umfang: ca. 48 (54) 60 cm

MASCHENPROBE

Glatt rechts 12 M x 20 Rd = 10 cm x 10 cm

AUSSTATTUNG

Rundstricknadel 7,0 mm, 40 cm lang
Strumpfnadeln 7,0 mm, falls du Strumpfnadeln der Magic-Loop-Technik vorziehst
(Für eine Erklärung der Magic-Loop-Technik schaue im Internet unter dem Stichwort „Magic Loop" nach.)

GARN

ca. 45 (50) 60 g Air Garn
ca. 30 (35) 40 g dickes Mohairgarn

Der Hut ist in drei Teile untergliedert: Kopf, Korpus und Krempe. Der Kopf wird mithilfe der Magic-Loop-Technik gestrickt, während gleichzeitig in jeder zweiten Rd 8 M zugenommen werden. Anschließend wird der Hut ohne Zun bis zur angegebenen oder gewünschten Länge rund gestrickt, bevor die Krempe gestrickt wird, indem in der gleichen Weise wie beim Kopf des Hutes in jeder dritten Rd zugenommen wird.

Auf einer Rundstricknadel 7,0 mm, 40 cm, mit zwei Fäden Air Garn und einem Faden dickes Mohairgarn 8 M anschlagen. (Wenn du es vorziehst, mit Strumpfnadeln zu arbeiten, kannst du die M auf einer Strumpfnadel 7,0 mm anschlagen und erst zur Rundstricknadel wechseln, wenn du genug M auf den Nd hast).

Anschließend wie folgt in der Magic-Loop-Technik str: Schiebe die angeschlagenen M in die Mitte des Nadelseils. Ziehe dort das Seil aus der Mitte der M heraus. Schiebe die M wieder nach oben, der Arbeitsfaden liegt rechts oben auf der Nd. Str die erste M der linken Nd, ziehe den Faden fest an, sodass die erste und letzte M sich treffen und die Arbeit rund gestrickt wird. Str die restlichen M der Rd und achte dabei darauf, die ersten M straff zu str.

Dieser Teil kann sich als ein wenig schwierig erweisen. Es wird jedoch einfacher, sobald du beginnst, M zuzunehmen.

Mit der Magic-Loop-Technik weiter rund str und gleichzeitig wie folgt M zun:

1. Rd: *1 M rechts str, mit Schlaufenanschlag 1 M anschl*, von * bis * über die Rd hinweg wdh = 8 M zugenommen.

2. Rd: Alle M, inklusive der in der 1. Rd angeschlagenen M, rechts str.

3. Rd: *2 M rechts str, mit Schlaufenanschlag 1 M anschl*, von * bis * über die Rd hinweg wdh = 8 M zugenommen.

4. Rd: Alle M, inklusive der in der vorhergehenden Rd angeschlagenen M, rechts str.

Weiter in jeder zweiten Rd 8 M zun, indem den M, die in jeder Rd vor jeder Zun gestrickt werden, 1 M hinzugefügt wird. Insgesamt 6 x (7 x) 8 x zun = 56 (64) 72 M auf der Nd.

Ohne Zun rechts str, bis die Arbeit, von der letzten Rd in der zugenommen wurde, abwärts gemessen, 7 cm misst oder der gewünschten Länge entspricht.

Anschließend wie folgt für die Hutkrempe zun:

1. Rd: *7 (8) 9 M rechts str, mit Schlaufenanschlag 1 M anschl*, von * bis * über die Rd hinweg wdh.

2. Rd: Rechts str.

3. Rd: Rechts str.

Weiter in jeder dritten Rd 8 M zun, indem den M, die vor jeder Zun gestrickt werden, 1 M hinzugefügt wird. Insgesamt 4 x zun = 88 (96) 104 M auf der Nd. Abketten.

Alle losen Fäden befestigen und den Hut vor dem Tragen waschen. Um zu vermeiden, dass sich die Krempe des Hutes kräuselt, kannst du versuchen, sie durch Druck flach zu halten (z. B. mit einem Stapel Bücher oder etwas anderem Schweren).

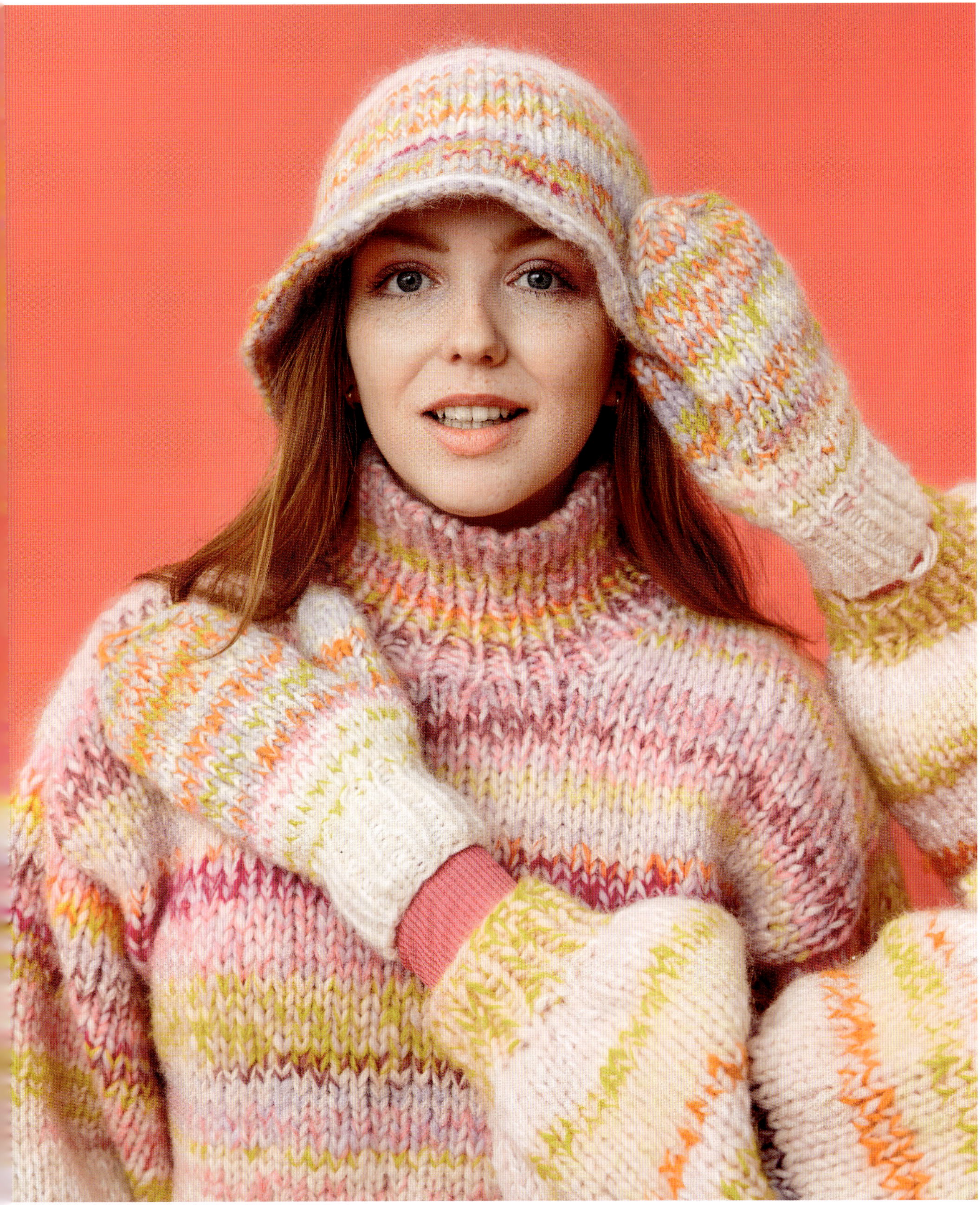

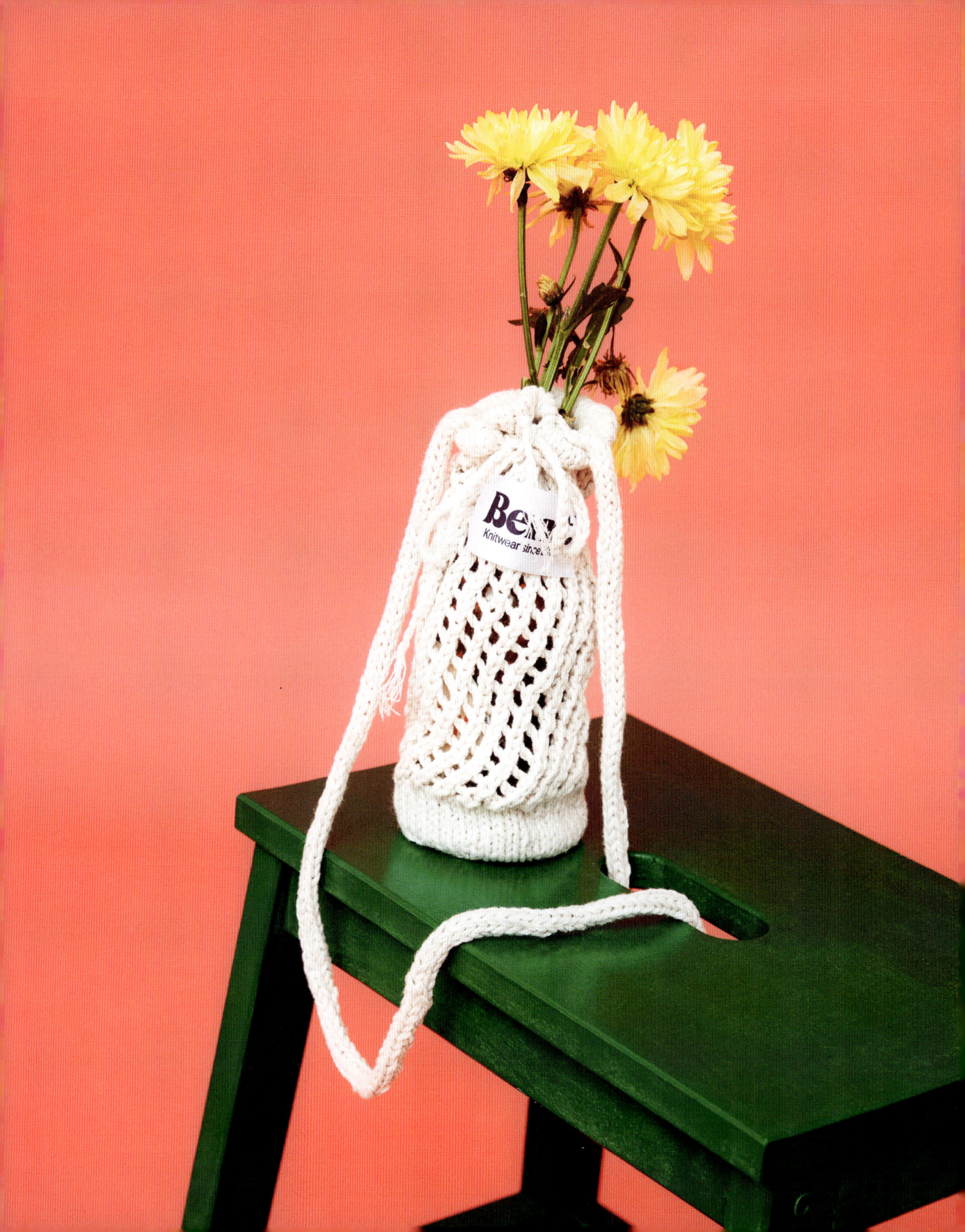
Knitwear since

Getränke- und Weinflaschenhalter

Diesen Flaschenhalter habe ich bereits unzählige Male in der gehäkelten Version gesehen und wollte schon immer gern einen haben. Da ich im Häkeln nicht sonderlich geschickt bin, beschloss ich, stattdessen einen zu stricken. Er eignet sich perfekt für Besuche im Park, die nächste Strick- und Plauderrunde oder zum Transportieren der Wasserflasche beim Wandern. Zudem ist er auch das perfekte Zubehör, wenn du eine Flasche Wein verschenken möchtest. Die Anleitung basiert auf der Arbeit mit dicker Baumwolle, ebenso gut kann aber auch mit einem doppelten Faden mitteldickem Baumwollgarn oder drei Fäden dünner Baumwolle gestrickt werden. Wichtig ist nur, die Strickfestigkeit zu überprüfen.

! Das Lochmuster und der Henkel werden sich dehnen, wenn eine schwere Flasche in den Behälter kommt, überprüfe daher während des Strickens, ob die Länge dem gewünschten Maß entspricht und nimm wenn nötig Anpassungen vor.

MAẞE

Länge: ca. 24 cm, ohne Henkel, flach aufliegend gemessen
Breite: ca. 12 cm, flach aufliegend gemessen

MASCHENPROBE

16 M x 25 Rd in Glattstrick = 10 cm x 10 cm

AUSSTATTUNG

Rundstricknadel 4,5 mm, 40 cm lang
Strumpfnadeln 4,5 mm, falls du Strumpfnadeln der Magic-Loop-Technik vorziehst
(Für eine Erklärung der Magic-Loop-Technik schaue im Internet unter dem Stichwort „Magic Loop“ nach.)

GARN

75 g dickes Baumwollgarn

MASCHENPROBE

20 M anschlagen. Glatt rechts str, bis die Maschenprobe 12 cm misst. Wenn die Maschenprobe stimmt, misst das Stück ca. 12 cm x 12 cm.

BODEN

Auf Rundstricknadel 4,5 mm mit einem Faden dicker Baumwolle 8 M anschlagen. (Wenn du es vorziehst, mit Strumpfnadeln zu arbeiten, kannst du die M auf einer Strumpfnadel 4,5 mm anschlagen und erst zur Rundstricknadel wechseln, wenn du genug M auf den Nd hast).

Anschließend wie folgt in der Magic-Loop-Technik str:
Schiebe die angeschlagenen M in die Mitte des Nadelseils. Ziehe dort das Seil aus der Mitte der M heraus. Schiebe die M wieder nach oben, der Arbeitsfaden liegt rechts oben auf der Nd. Str die erste M der linken Nd, ziehe den Faden fest an, sodass die erste und letzte M sich treffen und die Arbeit rund gestrickt wird. Str die restlichen M der Rd und achte dabei darauf, die ersten M straff zu str.

Dieser Teil kann sich als ein wenig schwierig erweisen. Es wird jedoch einfacher, sobald du beginnst M zuzunehmen.

Str weiter mit der Magic-Loop-Technik in Rd und nimm gleichzeitig wie folgt M zu:

1. Rd: *1 M rechts str, mit Schlaufenanschlag 1 M anschl*, von * bis * über die Rd hinweg wdh = 8 M zugenommen.

2. Rd: Alle M, inklusive der in der 1. Rd angeschlagenen M, rechts str.

3. Rd: *2 M rechts str, mit Schlaufenanschlag 1 M anschl*, von * bis * über die Rd hinweg wdh = 8 M zugenommen.

4. Rd: Alle M, inklusive der in der vorhergehenden Rd angeschlagenen M, rechts str.

Weiter in jeder zweiten Rd 8 M zun, indem den M, die in jeder Rd vor jeder Zun gestrickt werden, 1 M hinzugefügt wird. Insgesamt 4 x zun = 40 M auf der Nd. Ab der letzten Zun ca. 2,5 cm rund str.

LOCHMUSTER

Weiter in Hin- und Rück-R wie folgt Lochmuster str:

1. R (Hin-R): 1 M links von der Nd abh, *2 M rechts zusstr, 1 U str*, von * bis * wdh, bis noch 2 M verbleiben, 2 M rechts str.

2. R (Rück-R): 1 M rechts von der Nd abh, links str, bis noch 1 M verbleibt, 1 M rechts str.

3. R: 1 M links von der Nd abh, *2 M rechts zusstr, 1 U str*, von * bis * wdh, bis noch 1 M verbleibt, 1 M rechts str.

TIPP!

Für einen breiteren Behälter, z.B. für eine Flasche Prosecco oder eine noch größere Projekttasche, am Boden weitere M zun, bis der gewünschte Umfang erreicht ist. Das Lochmuster wird dann wie angegeben mit deiner neuen M-Anzahl gestrickt. Wenn du am oberen Rand M für die Schnur abnimmst, teilst du die M-Anzahl durch 2 und ziehst 8 M ab (1 M für jedes Loch und 6 M dazwischen), um die Löcher auf der Vorderseite zu zentrieren.

4. R: Die 2. R wdh.

Die 1. bis 4. R wdh, bis das Lochmuster ca. 16 cm misst oder der gewünschten Länge entspricht.

OBERE KANTE

In der nächsten Rd wird für die Schnurkante des Behälters wieder rund gestrickt. Zum Binden der Schnur werden zwei Löcher abgenommen, bevor die Kante umgestrickt oder umgenäht wird. Str 3 Rd rechts.

16 M str, 1 M abketten, 6 M str, 1 M abketten, 16 M str.

16 M str, mit Schlaufenanschlag 1 M anschlagen, 6 M str, mit Schlaufenanschlag 1 M anschlagen, 16 M str. 5 Rd rechts str.

Str die Kante während des Abkettens nach unten um oder kette ab und nähe die Kante um.

Häkle mit den Fingern eine Schnur von ca. 65–70 cm oder der gewünschten Länge entsprechend und ziehe diese mithilfe einer Sicherheitsnadel durch den Rand des Behälters.

Nähe den Behälter auf der Rückseite zusammen.

HENKEL

Schlage 6 M auf Nd 4,5 mm an. Str ein I-Cord-Bändchen (eine Erklärung dazu findest du im Internet), bis der Henkel ca. 80 cm misst oder der gewünschten Länge entspricht. Str wie folgt:

Verschiebe die M auf die linke Nd, sodass sich der Faden der Arbeit auf der hintersten M der Nd befindet. Str die erste M der Nd, während du straff ziehst, sodass die erste und letzte M sich treffen und die Arbeit rund gestrickt wird. Str die restlichen M der Rd und achte darauf, die ersten M straff zu str.

Nähe den Henkel an den Behälter.

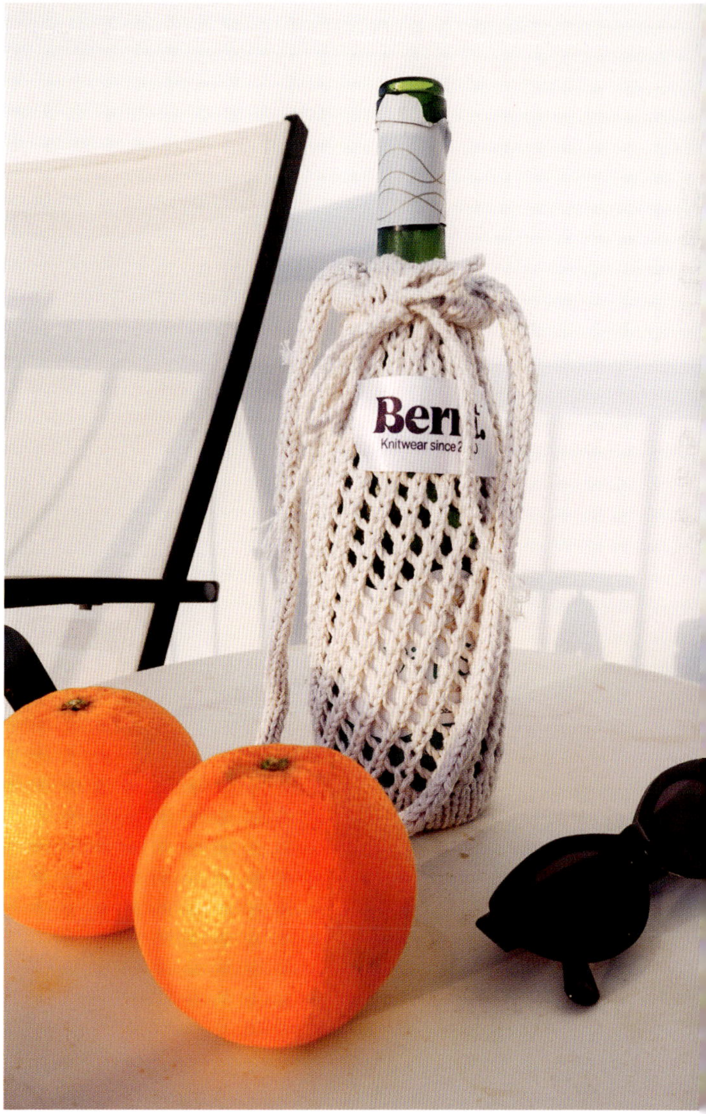

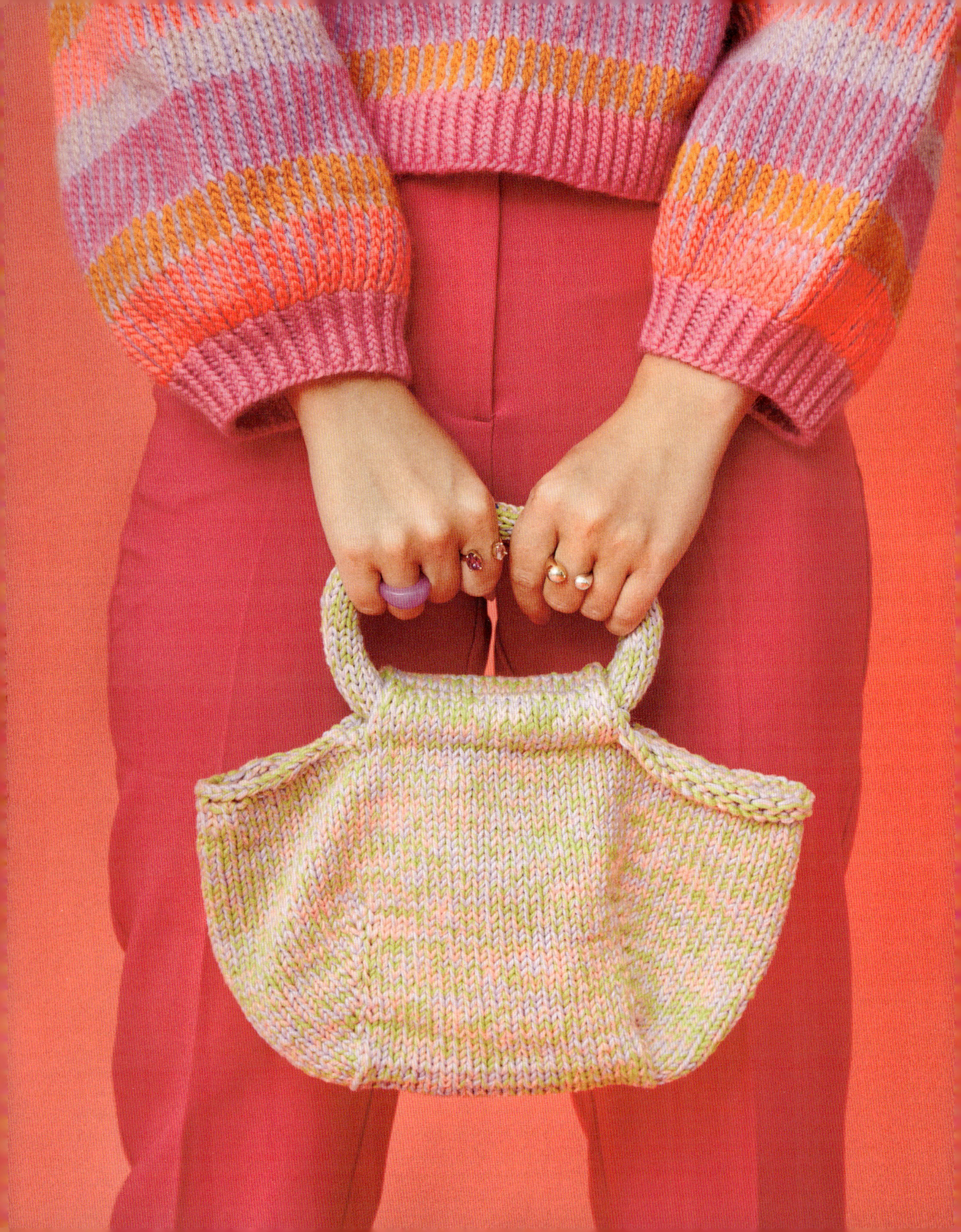

Cotton Candy-Tasche

Diese Tasche ist ein wahres Restefest für dein Baumwollgarn. Sie wurde mit drei Fäden Baumwolle in verschiedenen Tönen gestrickt, die ihr ein schönes Farbspiel verleihen, sie kann aber auch einfarbig gearbeitet werden. Für die Tasche werden zwei runde Henkel benötigt. Diese sind in Handarbeits- oder Hobbyläden erhältlich. Solltest du – so wie ich – keine runden Henkel haben, kannst du sie auch ganz einfach selbst stricken. Als Füllung für die Henkel kannst du übrige Garnschnipsel verwenden, um so wirklich alle Reste aufzubrauchen.

MAẞE

Breite (flach aufliegend gemessen): ca. 32 cm

Länge: ca. 20 cm

MASCHENPROBE

Glatt rechts: 17 M x 26 Rd = 10 cm x 10 cm

AUSSTATTUNG

Rundstricknadel 4,0 mm, 60 cm lang

Garn

Ca. 100 g mitteldickes Baumwollgarn in Farbe 1

Ca. 100 g mitteldickes Baumwollgarn in Farbe 2

Ca. 50 g dünnes Baumwollgarn

MASCHENPROBE

20 M anschlagen. 31 R glatt rechts str. Wenn die Maschenprobe stimmt, misst das Stück ca. 12 cm x 12 cm.

BODEN

Auf Rundstricknadel 4,0 mm mit Judy's Magic Cast On 24 M anschlagen, sodass du insgesamt, auf 2 Nd verteilt, 48 M hast. (Eine Erklärung der Technik findest du im Internet unter dem Stichwort „Judy's Magic Cast On".)

Beginne mit der oberen Nd. Str 6 R glatt. Trenne den Faden ab.

Fahre mit der unteren Nd fort, str 6 R glatt.

Anschließend wird rund gestrickt.

TASCHE

Entlang der Kante des Bodens 10 M aufnehmen, über die erste R rechts str. Entlang des Bodens 10 M aufnehmen und über die nächste R rechts str. Es befinden sich jetzt 68 M auf der Nd. Zu Beginn der Rd, nach 10 M, nach 34 M und nach 44 M jeweils einen MM einsetzen.

Einen MM einsetzen. 11 M rechts str, 1 M rechts zun, einen MM einsetzen. 22 M rechts str, einen MM einsetzen, 1 M links zun. 12 M rechts str, 1 M rechts zun, einen MM einsetzen. 22 M rechts str, einen MM einsetzen, 1 M links zun, 1 M rechts str = 4 M zugenommen.

Ohne Zun 1 Rd rechts str. Anschließend wie folgt in jeder zweiten Rd 4 M zun:

1. Rd: *Bis zum MM str, 1 M rechts zun. Bis zum nächsten MM str, den MM auf die rechte Nd heben, 1 M links zun*, von * bis * wdh. Die Rd fertig rechts str.

2. Rd: Ohne Zun rechts str.

Die 1. und 2. Rd insgesamt 9 x wdh = 108 M auf der Nd.

Rechts str, bis die Arbeit, flach aufliegend, in der Mitte der Tasche ca. 20 cm misst. Den Faden abtrennen.

Setze beim letzten MM vor deinem Startmarkierer neues Garn an. Str 32 M wie folgt in Doppelstrick:

1. R (Hin-R): *1 M rechts str, mit dem Faden vor der Arbeit 1 M links abh*, von * bis * wdh, bis du insgesamt 32 M in Doppelstrick gestrickt hast.

2. R (Rück-R): Die Arbeit wenden. *1 M rechts str, mit dem Faden vor der Arbeit 1 M links abh*, von * bis * wdh, bis du insgesamt 32 M in Doppelstrick gestrickt hast.

Die Arbeit wieder auf die rechte Seite wenden und mit rechten M 32 M abketten.

Die nächsten 22 M rechts str und die M ruhen lassen.

Über die nächsten 32 M Doppelstrick str:

1. R (Hin-R): *1 M rechts str, mit dem Faden vor der Arbeit 1 M links abh*, von * bis * wdh, bis du insgesamt 32 M in Doppelstrick gestrickt hast.

2. R (Rück-R): Die Arbeit wenden. *1 M rechts str, mit dem Faden vor der Arbeit 1 M links abh*, von * bis * wdh, bis du insgesamt 32 M in Doppelstrick gestrickt hast.

Die Arbeit wieder auf die rechte Seite wenden und mit rechten M 32 M abketten.

Über die nächsten 22 M rechts str, die Arbeit wenden und zurück links str. So in Hin- und Rück-R fortfahren, bis die Arbeit ca. 6 cm misst. Abketten und den Faden abtrennen.

Auf der rechten Seite der 22 auf der Nd verbleibenden M neues Garn ansetzen, über die nächsten 22 M rechts str. In Hin- und Rück-R in glatt rechts fortfahren, bis die Arbeit ca. 6 cm misst. Abketten.

HENKEL (2 X)

6 M anschlagen. Eine I-Cord-Kordel (eine Erklärung dazu findest du im Internet) str, bis der Henkel ca. 35 cm misst. Den Hohlraum des Henkels mit alten Garnschnipseln, Baumwolle oder ähnlichem füllen.

Anfang und Ende des gestrickten Henkels zusammennähen, sodass ein runder Henkel entsteht.

ZUSAMMENNÄHEN

Auf eine Seite der Tasche einen Henkel auf den mit 22 M gestrickten Streifen legen. Den Streifen über den Henkel klappen und festnähen oder -häkeln. Mit dem anderen Henkel auf der anderen Seite der Tasche wdh.

Alle Fäden befestigen.

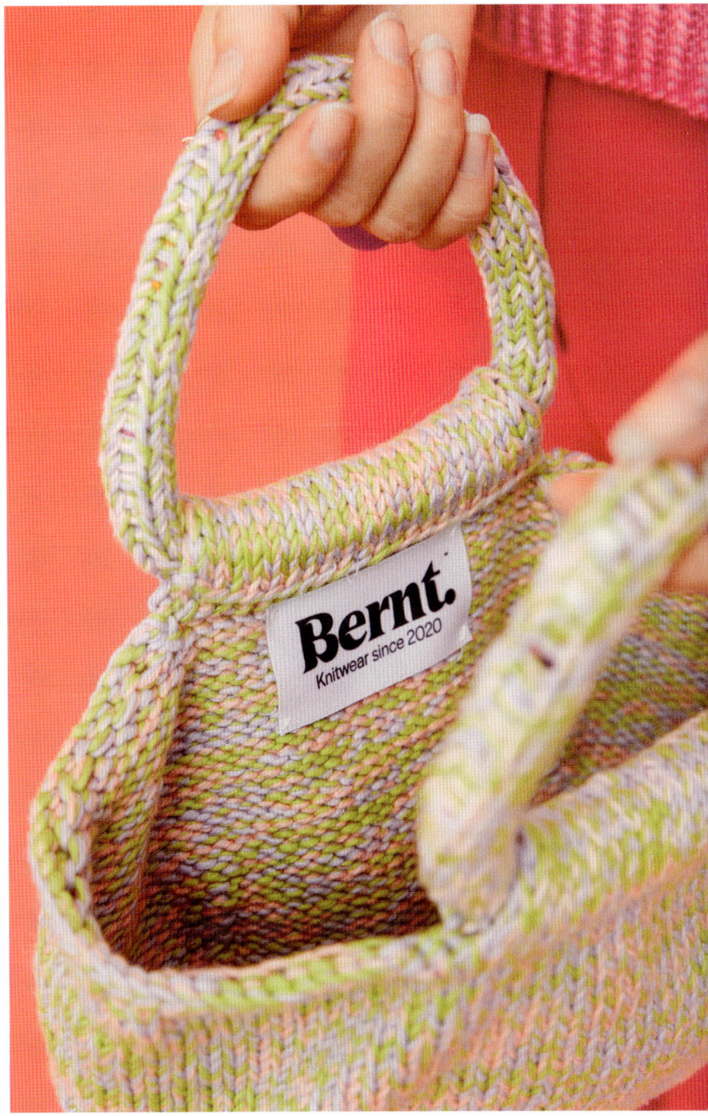

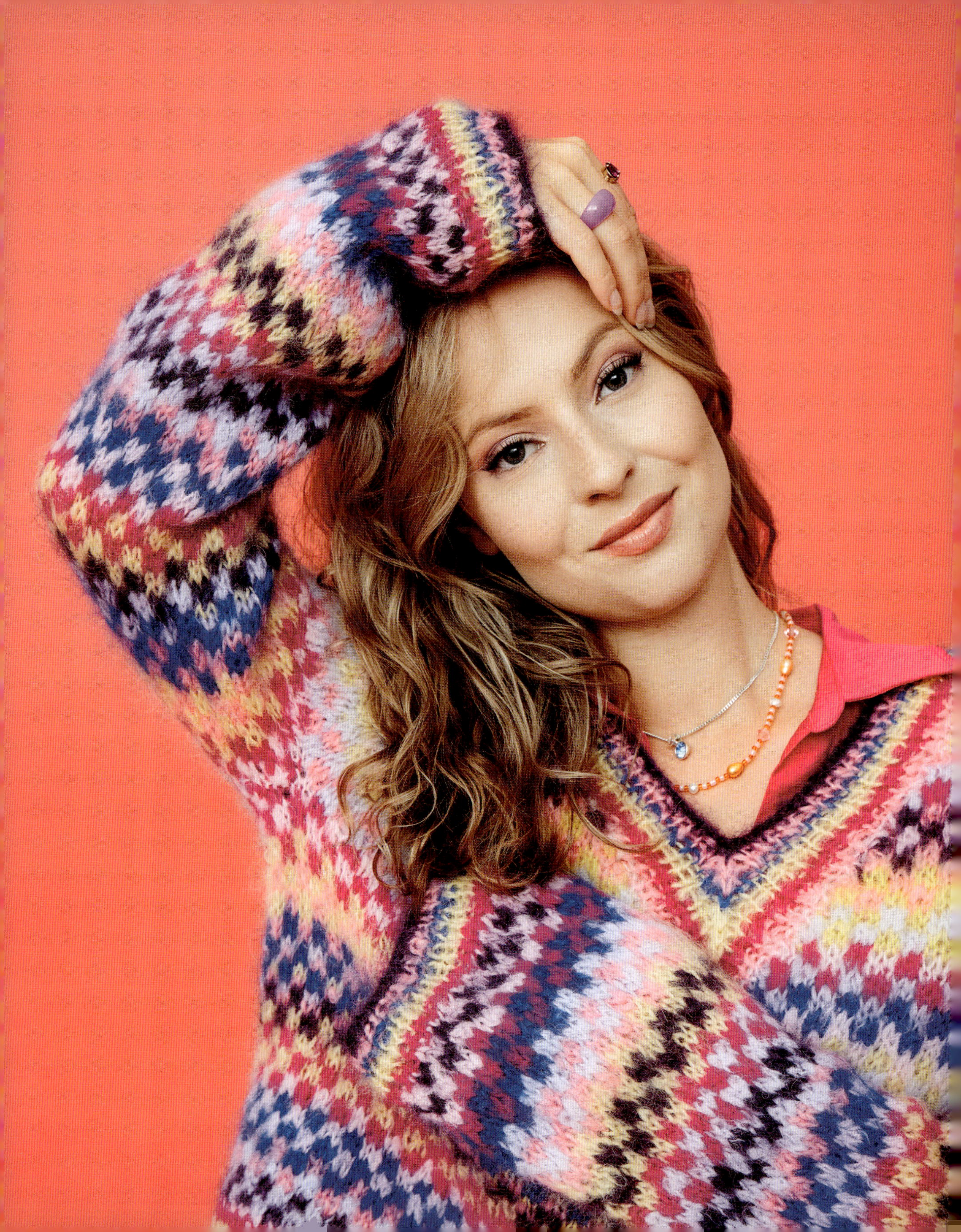

Danke

Ein Traum ist in Erfüllung gegangen, und was war dieses Projekt für ein Abenteuer! Herzlichen Dank an den Kagge Verlag und meine Redakteurin Solveig Øye, die an mich und mein Projekt geglaubt haben. Es war eine Ehre, mit euch zusammenarbeiten zu dürfen. Für diese Möglichkeit bin ich euch ewig dankbar. Herzlichen Dank an alle, die zu diesem Buch beigetragen haben: Danke an die Fotografin Guro Sommer. Die Zusammenarbeit war ein Traum. Du hast den Bildern in diesem Buch eine einzigartige Verspieltheit gegeben und hattest immer wieder gute Ideen und Ratschläge parat, die ich sehr zu schätzen weiß. Danke an Trine + Kim für eine fantastische Arbeit das grafische Design des Buches betreffend. Ebenso muss ich meinen Teststrickenden danken, die die Anleitungen in diesem Buch probegestrickt und somit die Qualität abgesichert haben. Ohne euer Feedback und eure Hinweise hätten die Anleitungen nicht den gleichen hohen Standard.

Herzlichen Dank an meinen Lebensgefährten Isak, der das Chaos ertragen hat, das das Stricken von 20 Restgarnprojekten mit sich bringt. Du hast mich in den Arm genommen, wenn ich gestresst war, und hast mich während des gesamten Projekts unterstützt. Danke, dass du bei allem, was ich tue, geduldig, großzügig und engagiert bist.

Dieses Buch wäre auch ohne die Unterstützung meiner Familie nicht entstanden. Danke an Mama und Papa, die immer für mich da sind, die mir bei meinen Projekten helfen und mich bei allem unterstützen. Danke auch an meinen großen Bruder Ulrik für gute und motivierende Gespräche im Laufe des Entstehungsprozesses.

Danke an alle Freunde und Freundinnen, die mich unterstützt und inspiriert haben, die für mich da waren und mich angefeuert haben und bereit standen, um mich aufzunehmen, wenn ich meine zeitweise isolierende Schreibblase verlies. Ihr seid Gold wert.

Zum Schluss muss ich der Person danken, die den Ausschlag für das Ganze gegeben hat: meiner Großmutter mütterlicherseits, Evelyn, die mir geduldig die grundlegenden Stricktechniken beigebracht hat und die meine allererste, kleine Strickarbeit eingerahmt hat. Herzlichen Dank, dass du mein Interesse für das Stricken geweckt hast, dass du immer engagiert und fürsorglich bist und mich unterstützt.

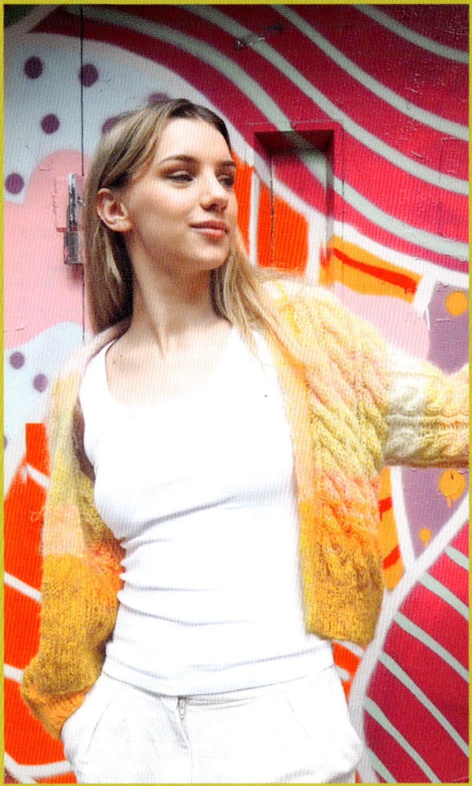

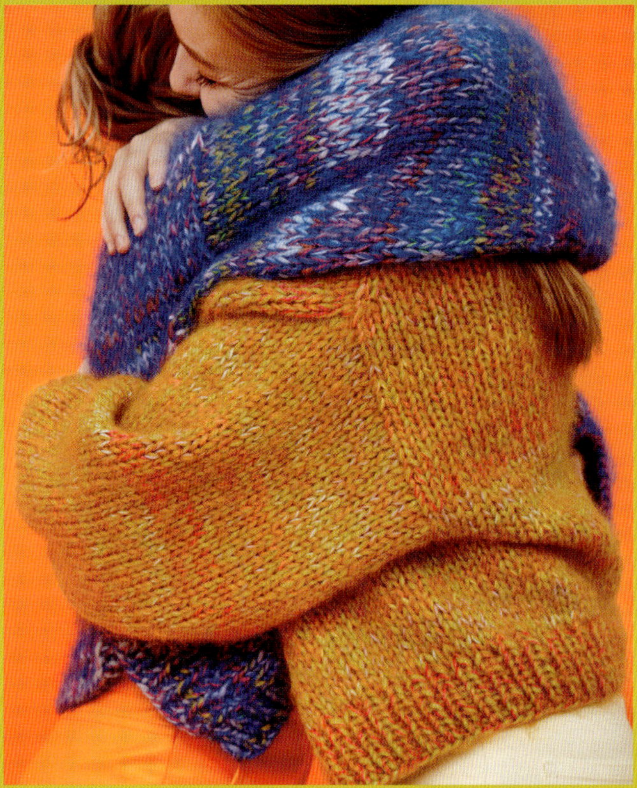

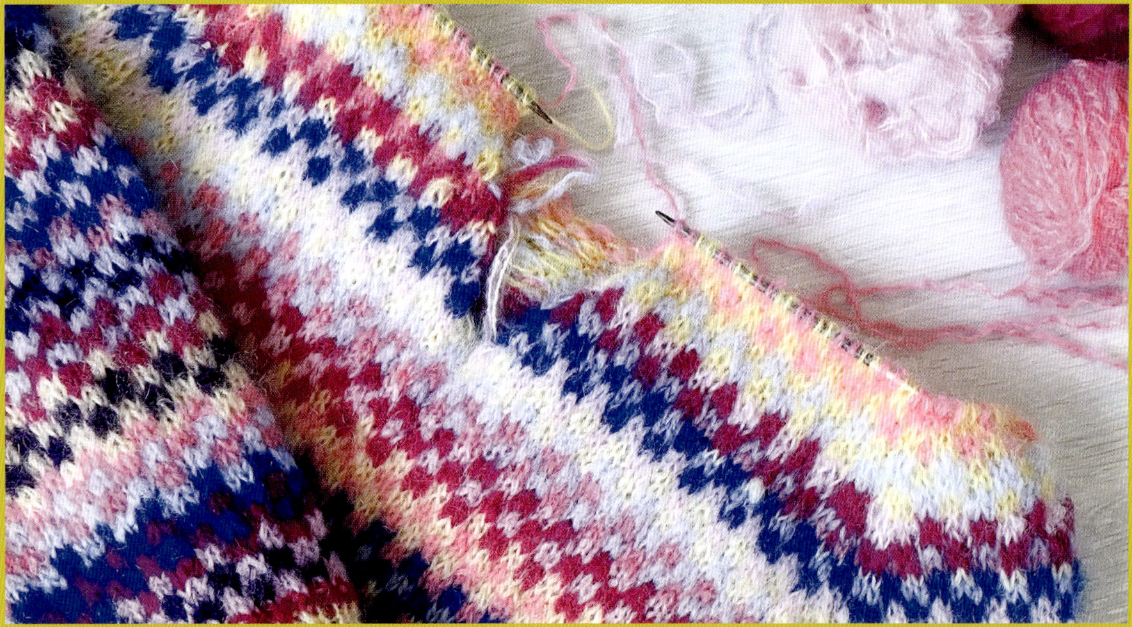

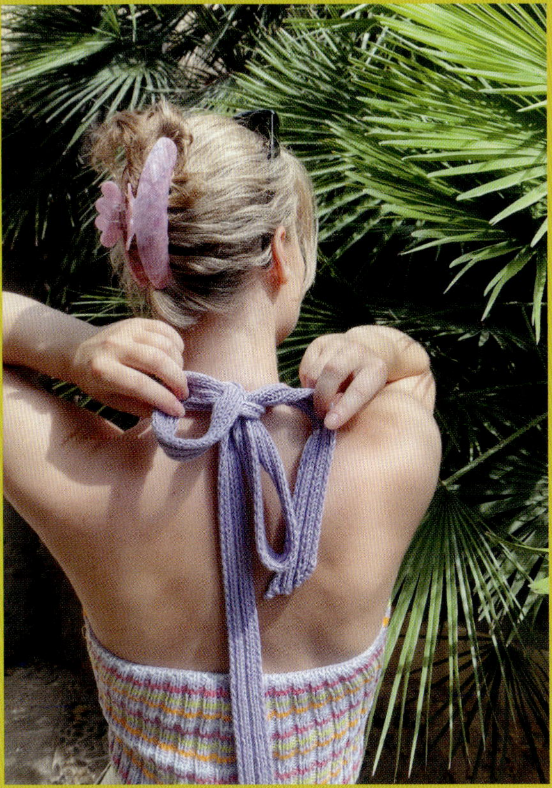
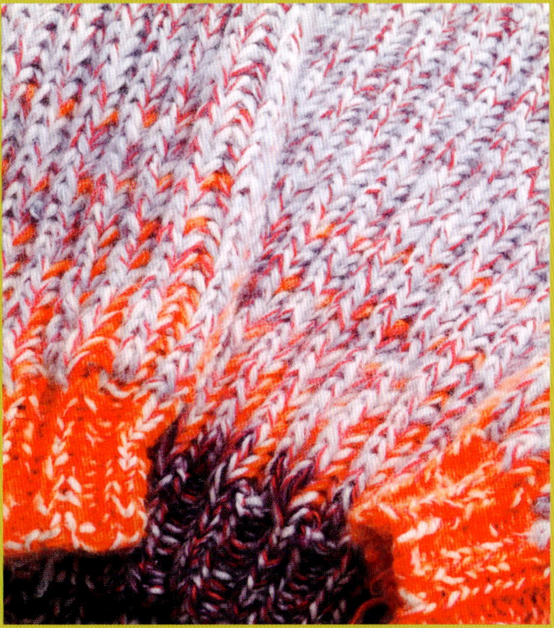
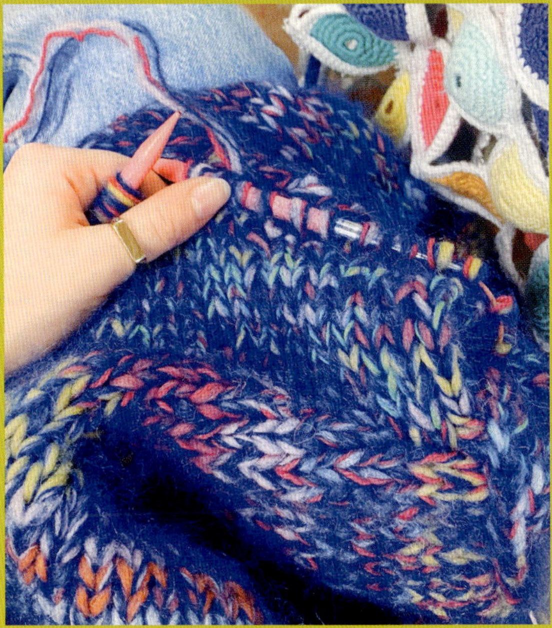
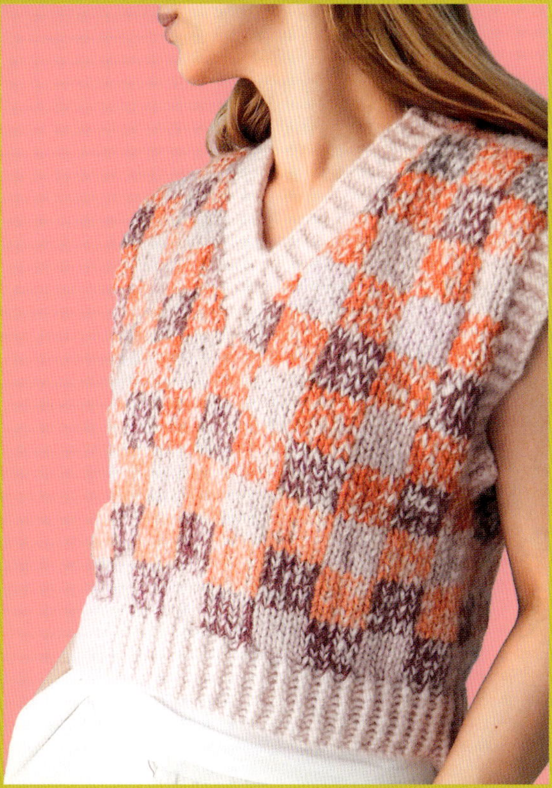